평생학습:
내 삶의 행복레시피

조대연 · 남윤철 · 서영아 · 양은아
유기웅 · 이범수 · 정홍인 · 현영섭

Lifelong Learning

박영story

이 저서는 2021년 대한민국 교육부와 한국연구재단의 지원을 받아 수행된 연구임(NRF-2021S1A5C2A03087949)

머리말

지금까지 우리나라가 선진국으로 발전할 수 있었던 원동력은 '교육'의 힘이었다라는 말은 누구도 부인할 수 없다. 그러나 여기서 교육은 주로 '학교교육'을 줄여서 쓰는 표현이다. 유치원부터 대학교까지 정규 학교교육을 통해 지적자산을 축적하고 이를 바탕으로 이룩한 성과라고 볼 수 있다. 그러나 저출산 고령화 사회와 ChatGPT로 대표되는 인공지능 및 디지털 전환 시대에 우리는 살고 있다. 이제 우리나라의 성장이 '학교교육'에서 그 원동력을 찾기에는 한계에 직면해 있다. 물론 학교교육은 지금도 우리 사회의 지속가능한 발전을 위해 묵묵히 그 역할을 하고 있다. 그러나 사회가 급속히 변화하면서 교육분야 내에서도 다양한 원동력을 찾아야 한다. 예를 들면, 저출산으로 학교교육의 수혜자는 점점 줄게 되고 생산가능인구의 유지 및 확대를 위해 중장년층 이상이 계속해서 upskilling과 reskilling을 통해 경쟁력을 갖추고 경제활동을 해야 할 시대가 곧 도래하고 있다.

우리나라의 평생교육은 수십 년 동안 많은 성장을 이루어왔다. 중앙정부에서부터 마을 단위까지 평생교육 프로그램들은 쉽게 우리의 삶 속에 어우러지고 있다. 중앙정부와 시도 차원에서 평생교육 정책은 주로 '진흥'에 초점을 두어왔다. 덕분에 '교육=학교교육'이라는 인식의 틀은 많이 깨졌다. 그럼에도 불구하고 아직 우리나라 평생교육 참여율은 30%대에 머물고 있고 최근 몇 년간 그 수치는 계속 감소하고 있다.

지역상생의 해결책으로 현 정부가 역점을 두고 있는 정책 가운데 하나
가 대학의 평생교육적 기능 확대이며 대학을 통해 지역 주민에게 평생
직업교육을 제공함으로써 대학과 지역이 함께 동반성장하는 모델을
구현하고자 노력하고 있다.

이 책은 현재 우리나라 정부에서 추진하고 있는 다양한 평생교육 정
책들을 국민이 보다 알기 쉽고 친근감 있게 소개하고 각 정책의 성과
그리고 한계점을 극복할 수 있는 방안들을 젊은 평생교육 연구자들의
시각에서 제안하였다. 또한 각 정책 사업들에 참여하여 긍정적 경험을
했던 학습자들을 찾아 인터뷰하여 그들의 삶 속에서 평생학습이 어떤
역할을 했고 어떻게 학습자들은 평생학습을 즐겼는지 그들의 생생한
목소리를 담고자 했다. 평생학습에 참여하게 된 목적과 이유는 다양하
다. 그리고 모든 학습자의 삶의 배경과 방식도 다양하다. 이들의 삶 속
에서 과연 평생교육의 의미가 무엇이었고 어떤 과정을 통해 어려움을
극복하였으며 인생 여정에서 어떻게 평생교육과 함께 했는지를 찾고
자 하였다.

이 책은 고려대학교 HRD정책연구소에서 진행하는 과제의 일환으로
시작되었다. 보통 연구소에서 발간하는 연구성과는 학술논문이나 정
책연구보고서의 형태이다. 그러나 이 책은 우리나라 평생교육 정책들
에 대해 연구자의 시각과 함께 참여자의 시각에서 각 정책의 성과와
고민해야 할 과제들을 담았다. 이 책을 위해 애써주신 집필진과 인터
뷰에 응해주신 학습자들에게 진심으로 감사드린다. 또한 이 책의 탄생
을 위해 주도적으로 많은 노력을 해 주신 고려대학교 이경호 박사님과
박사과정인 김동주 선생님에게 특히 감사의 마음을 전하고 싶다. 그리
고 박영스토리 노현 대표님과 편집과 교정을 담당해 주신 배근하 선생
님을 비롯한 직원 선생님들께도 감사드린다. 끝으로 이 책이 우리 인

생의 여정 속에서 평생교육이 멀리 있지 않음을 알리는 계기가 될 수 있기를 바란다.

2023년 초겨울

대표 저자 고려대학교 HRD정책연구소장 / 교육학과 교수

조대연 올림

목 차

PART 01

미래사회와 평생학습

PART 02

평생교육 사업 우수·성공 사례

CHAPTER 01   대학의 평생교육 사업 우수·성공 사례

CHAPTER 03　**대상에 따른 평생교육 사업 우수 · 성공 사례**

PART 03

AI시대 평생교육의 과제

누구나 누리는 맞춤형 평생학습 시대를 위하여 /남윤철(교육부)
·· 313

PART 01

미래사회와 평생학습

평생학습: 내 삶의 행복레시피

우리가 사는 세상이 교실입니다

조대연(고려대)

1. 왜 평생학습인가?

환경이 변하면서 과거 교육과 학습이 이루어졌던 영역 이외에서, 다양한 형태와 내용의 교육과 학습활동이 이루어지고 있다. 예를 들면, 과거 대표적인 교육과 학습이 이루어졌던 곳은 학교였다. 그러나 지금은 학교뿐만 아니라 지역사회, 온라인, 직장 등 다양한 장소에서 다양한 형태의 교육과 학습에 우리는 참여하고 있다. 한편 지식은 기본적인 경제자원이며 개인의 삶의 질 향상과 사회적 통합을 위한 중요한 기제이다. 과거에는 지식을 얻기 위한 주요 통로가 학교였다면, 평생학습시대에 살면서, 앞에서 언급한 학습의 개념과 관점이 보다 다양해지고 학교와 같은 공식적인 교육활동만으로는 개인 및 사회발전에 한계를 보임에 따라 점차 학교 이외의 학습 체제에 대한 관심이 증대해왔다.

평생학습은 우리가 사는 사회적 맥락이나 환경변화 속에서 이루어진다. 먼저 우리에게 직접적으로 영향력을 미친 사회변화와 글로벌 환경변화의 이슈들을 다음과 같이 살펴보자.

먼저, 우리나라 사회변화의 가장 큰 이슈 중 하나는 저출산과 고령화이다. 우리나라의 최근 출산율 현황을 살펴보자. 통계청의 2021년 출생 통계에 따르면, 우리나라 출산율은 저출산(2.1명 이하)보다 낮은 0.81명의 초 저출산(1.3명 이하) 상태가 2002년 1.18명을 기록한 시점부터 20년이 넘게 이어지고 있다. 이는 38개 OECD 국가 중 가장 낮으며[1] 유일한 1.0명 미만의 국가가 우리나라이다. 인구감소 측면에서, UN의 '세계인구전망 2022'를 살펴보면 우리나라는 2020년부터 출생아 수가 사망자 수를 밑도는 자연감소 현상을 말하는 'dead cross'가 발생하고 있다. 2022년 52백만 명의 인구는 2070년에 이르러 38백만 명(↓26.9%)으로 감소할 것으로 예상된다. 반면 세계의 인구는 2022년 79.7억 명에서 2070명 103.0억 명(↑29.2%)까지의 증가가 예상된다. 상반되는 우리나라와 세계인구 추세를 고려하면 인구의 감소로 국가에 미칠 어려움은 여러 측면에서 나타날 수 있다.

둘째, 저출산과 함께 고령화는 우리 사회의 가장 큰 현안이다. 고령화는 위생, 영양 및 의·약학 분야 등에서의 발전과 개선으로 기대수명이 높아지는 것도 영향이 있을 수 있으나, 출산율이 감소하면서 국가의 연령대별 인구분포에서 차지하는 비율이 높아지는 것 또한 큰 이슈이다. 우리나라 통계청의 국가지표체계에서 제공하는 기대수명 통계를 살펴보면, 우리나라는 2021년 기준 전체 83.6세(남자 80.6세, 여자 86.6세)이며, 1970년 전체 62.3세(남자 58.7세, 여자 65.8세) 대비 계속적

---

1) 상위 국가는 이스라엘 2.90명(1위), 멕시코 2.08명(2위)이 있으며, 하위권에는 이탈리아 1.24명(37위), 그리스 1.28명(36위), 일본 1.33명(35위)이고, OECD 평균은 1.59명이다.

인 증가를 보이고 있다. 또한 우리나라 65세 이상의 고령인구 구성비는 2022년 17.5%이며, 2050년에는 37.4%, 2070년에는 46.4%까지 높아질 것으로 전망하고 있다(통계청, 2022). 이는 OECD 국가 중 고령인구 비중이 높은 일본, 이탈리아, 스페인 3개국과 비교하여도 빠른 고령화비율 상승이 예상되며, 2036년에는 고령화비율이 OECD 3위인 이탈리아를 넘어설 것으로 예상된다.

셋째, 4차 산업혁명과 디지털 전환의 시대에 우리 삶과 환경은 급속히 변화하고 있다. Wikipedia(2022)에서 제공하는 세계 기업의 시가총액을 살펴보면, 2021년말 기준 1위부터 10위까지 기업 중 투자회사인 버크셔 해서웨이를 제외하고 모두 디지털 산업내 기업이라 볼 수 있다. 10년 전 금융, 정유기업들이 주요 순위에 포진해 있던 것과 비교하면 디지털이 국내·외 경제, 사회, 그리고 우리 삶의 전반에 미치는 영향이 커지고 있음을 의미한다. 4차 산업혁명이라 일컬어지는 변화의 흐름은 컴퓨터와 인터넷 확산이 중심이 되었던 3차 산업혁명과 비교하였을 때 그 변화의 속도와 범위 그리고 시스템의 영향 측면에서 큰 차이가 존재한다.

넷째, 코로나19로 인한 자가 격리 등 물리적 거리두기를 경험한 인류는 우리의 삶과 사고 및 행동방식에 근본적인 변화를 가져오게 되었다. 마이크로소프트 회장은 CES 2021의 기조연설에서 팬데믹으로 인하여 2년이 걸린 디지털 전환이 2개월만에 이루어졌다는 발언을 하였을 정도로 디지털화의 흐름에 팬데믹이 외부요인으로 강력하게 작용하였다. 한 가지 중요한 점은 개인과 조직은 팬데믹이 종식된 이후 다시 이전의 일하는 방식, 삶의 방식으로 100% 돌아가지 않을 수 있다는 점이다. 또한 디지털 전환 시대에 정보와 지식의 격차는 단순히 지식 및 정보 불평등에 그치는 것이 아닌 경제적, 사회적, 문화적 불평등과

맞물려 사회갈등을 야기할 수 있는 요소가 될 수 있다. 또한, 디지털 역량의 부족은 정보와 기술의 악용으로 인한 감시 등 사생활의 침해, 정보재해, 정신적 또는 경제적 피해와 같은 문제들에 노출될 수 있다. 특히 정보격차 현상은 노인, 장애인, 저소득층 등의 소외계층에 더 크게 나타난다.

다섯째, 미래 사회로 갈수록 성인들에게 필요한 역량이 다양해지고 있다. 누구나 예상할 수 있듯이, 전통적인 문해 영역에서 확장한 디지털 문해는 현대사회에서의 필수영역으로 자리잡고 있다. 디지털 리터러시에서 나아가, 디지털 전환의 핵심 기술이라 할 수 있는 인공지능 리터러시, 디지털의 논리적인 사고과정, 문제해결의 과정 일체를 의미하는 '컴퓨팅 사고'와 같은 접근방식을 이해하는 것이 중요해지고 있다. 그러나 미래 사회는 인공지능과 같은 기계와 협력하여 일을 하고 학습을 하게 될 것으로 예상된다. 이때 더욱 강조되는 역량은 감성과 인성 중심의 소프트 스킬이다. 예를 들면, 창의성과 비판적 사고, 감성과 공감, 의사소통, 다양성과 실행력 등이 소프트 스킬의 대표적인 역량들이다. 이들 역량들은 기존에도 강조되어 왔지만, 인공지능, 머신, 디지털 등 새로운 협업의 대상이 등장하면서 사람 중심의 소프트 스킬이 상대적으로 더욱 강조될 것으로 예상된다.

앞에서 강조한 저출산으로 학령인구가 급속히 감소하고 고령화로 인해 직장을 은퇴한 인구가 급속히 증가함에 따라서 일터에서 경제활동에 참여하는 경제생산인구의 감소가 예상된다. 우리나라 통계청의 발표에 따르면, 완전히 경제활동으로 은퇴하는 평균 연령이 73.8세로 은퇴 후 가교 일자리를 통해 경제활동에 참여하는 인구의 숫자는 유지될 것으로 전망할 수 있다.

그러나 문제는 4차 산업혁명과 디지털 전환의 시대에 중고령자 인구의 증가는 새로운 일터 환경에 적응하는 데 한계가 있고 가교 일자리 역시 새로운 변화에 적합하지 않을 경우 중고령자의 참여는 제한될 수밖에 없다. 그리고 평생직장에서 평생직업의 시대가 도래함에 따라 인생 2모작 또는 3모작을 준비하는 경력개발의 책임이 직장에서 개인으로 이동하고 있다. 과거 한 직장에서 오래 근무하는 경우 경력개발의 무대가 그 직장 내부였다면 이제 건강이 허락하는 한 그리고 적어도 평균 73.8세까지는 직업을 가져야 하는 상황에서 한 직장에서만 근무하는 것은 기대할 수 없다. 또 현재 내 직업이 은퇴 후에도 동일한 괜찮은 일자리로 이어지는 경우는 매우 드물다. 결국 다른 직장 그리고 다른 직업을 찾아야 한다. 이를 위해 성인의 평생 경력개발이 강조되고 있고 따라서 경력개발의 주도성과 책임이 개인들에게 있다. 개인들이 학습민첩성에 기반하여 지금과는 다른 업무를 수행하기 위해 새로운 기술을 학습하는 리스킬링(reskilling)과 현재 업무와 관련된 기술을 향상시키는 업스킬링(upskilling)을 미리 준비해야 한다. 즉 성인들은 직업 및 직무관련 역량 향상과 경력개발을 통해 지속적인 고용가능성을 향상시켜야 하고 이는 결국 우리가 평생학습에 참여해야 하는 이유이다.

앞에서 언급한 우리나라가 당면한 현실과 대내외 급속한 환경변화 속에서 미래 사회의 경제와 산업의 핵심은 융복합을 통해 생성된 새로운 지식들을 누가 더 신속하게 학습하여 그 가치를 창출하고 이를 통해 우리 사회의 변화를 이끌 것인가이다. 새로운 지식의 소멸 주기는 점점 빨라지며 글로벌 사회 전반의 변화 주기 역시 짧아질 것이다. 이런 변화 속도에 대응하기 위해서 20대 초중반까지 학교교육을 통한 공식적 학습활동은 더 이상 우리 사회를 이끄는 경쟁력의 핵심이라고 볼 수 없다. 더욱이 우리나라 경제성장에 대한 전망 역시 밝지만은 않다.

미국의 투자은행 골드만삭스에서 발표한 '2075년으로 가는 길' 보고서에서는 한국의 경우 2020년대 경제성장률이 2%에서 지속적으로 하락하여 2070년대에는 −0.2%가 될 것으로 예측했는데, 마이너스로 떨어지는 나라는 분석 대상인 34개 국 중 우리나라가 유일하다. 실질 국내 총생산(GDP) 또한 2075년에는 인도네시아, 필리핀, 말레이시아 등의 동남아시아 국가보다 낮을 것으로 예상하였다. 2022년 경제규모가 12위 정도로 예측된 대한민국은 2075년에 가까워졌을 때 15위권 밖으로 밀려날 것이라는 예상도 있다. 결국 우리나라의 지속가능한 경쟁력의 원천으로 평생학습을 통해 우수한 인적자원의 경쟁력을 지속적으로 높일 필요가 있다.

2. 평생학습이 뭘까요?

오늘날 급변화는 사회 환경 속에서 과거 교육이나 학습으로 생각하지 못했던 다양한 형태와 내용이 교육 및 학습으로 인식되고 있다. 사실 우리 민족은 평생학습의 오랜 문화적 전통을 갖고 있다. 우리나라 평생교육 1세대 연구자 중 한 분인 권대봉 교수님은 그의 저서 '평생교육의 다섯마당'에서 아래와 같이 밝히고 있다.

한국 사회에서의 평생학습의 개념은 서양보다 더 오래 전에 정립되었을 것으로 추정된다. 한민족은 관직에 오르지 않고 일생을 마친 모든 남자를 사후(死後)에 모두 학생이라고 부른다. 그 증거는 옛날부터 지금까지 고인(故人)을 지칭할 때 학생(學生)이라고 표기하는 것에서 찾아볼 수 있다. 선친의 제사 때 지방을 '현고학생부군신위(顯考學生府君 神位)'라고 모시는 것에서부터 평생학습의 전통을 찾아볼 수 있는 것이다.

즉 돌아가신 분도 학생이라 칭하는데 현세에 살아있는 사람이야 당연히 학생이 되어야 하지 않을까?

국내에서 평생교육의 개념은 크게 다음과 같이 세 가지 차원에서 논의되고 있다.

첫째, 평생교육은 기존 교육과는 완전히 새로운 평생학습사회에 어울리는 교육이라는 관점이다. 평생학습사회에서 모든 교육은 평생교육이라는 깃발 아래 녹아져야 하며 이때 평생교육이라는 깃발은 하나의 기준점이며 조직원리가 될 수 있다. 학교교육과 성인(사회)교육이 벽을 허물고 평생교육이라는 통합된 하나의 교육활동으로 보아야 한다는 견해이다.

둘째, 평생교육은 요람에서부터 무덤까지의 전생애(lifelong)와 개인의 모든 생활 영역의 범생애(lifewide)에서 발생하는 교육들을 물리적으로 통합하는 총칭으로 보는 견해이다. 이 견해는 특히 '평생(lifelong)'이라는 단어의 의미에 초점을 둔다. 즉 평생교육이란 요람에서부터 무덤까지의 모든 교육활동을 의미한다. 교육은 학교를 넘어 다양한 시기와 다양한 장소에서 발생할 수 있다. 평생교육은 학교뿐만 아니라 학교 밖 교육과 성인교육 등 개인 삶의 모든 영역을 포함한다. 즉, 인간의 전 생애(lifelong)에 걸쳐 이루어지고 있는 유아교육, 아동교육, 청소년교육, 성인교육, 노인교육 등 생애교육을 포함하고, 가정, 학교, 사회, 기업, 사이버 등 삶의 모든 영역에서 발생하는 범생애적(lifewide) 교육을 통칭한다.

셋째, 평생교육은 성인교육과 같은 개념이라고 보는 견해이다. 사실 국내와 유럽의 많은 학자들은 위에서 언급한 두 관점으로 평생교육의 개념을 강조하나, 위 두 견해는 몇 가지 단점들이 존재하며 현실적으로 평생교육은 학교교육 이외의 성인을 대상으로 한 교육으로 본다. 우리나라 평생교육법 2조에도 평생교육을 '학교교육을 제외한 나머지 교육'으로 정의하고 있다. 이는 평생교육을 성인교육으로 보는 견해를 뒷받침한다.

성인교육은 경제활동에 참여하는 사람들을 위한 개인개발, 시민을 위한 자유교양교육, 성인을 위해 특별히 설계된 모든 교육적 활동, 성인학습의 원리이며 성인학습자의 이해를 도모하는 데 기여하는 안드라고지,[2] 계획적으로 설계된 교육활동, 기초문해, 다문화교육, 일터학습과 훈련, 성인고등교육, 지역사회교육, 박물관, 도서관 교육, 원격교육 등 다양한 표현들과 관계된다. 그러나 간단히 말하자면 성인교육은 대상이 성인인 교육을 의미한다. 성인을 정의하는데 일반적으로 성인으로 인식될 수 있는 연령, 성인으로서의 사회적 역할을 수행하고 성인이라는 자아의식을 가진 사람들을 의미한다. 그러나 심리적 성숙과 사회적 역할 등에도 개인차가 존재하기에 정확히 성인을 규정하기는 쉽지 않지만, 학교교육의 대상인 아동, 청소년과 구별되는 것은 분명하다. 결국 성인교육은 다양한 형태의 교육기관이 나이, 사회적 역할, 자아의식의 차원에서 성인이라고 할 수 있는 사람들에게 의도적이고 계획적인 학습 경험을 제공하는 학습활동이다.

여기서 성인의 학습활동은 교육기관에서만 발생하지는 않는다. 성인학습은 교육기관의 조직화된 교수학습과정에 참여하는 것뿐만 아니라 자발적으로 계획하고 실천하거나 우연적으로 경험하는 학습활동도 포함한다. 예를 들면, 직장에서 받는 교육, 성인의 학원수강, 주민자치

---

2) 안드라고지란 성인의 학습을 돕는 예술이고 동시에 과학으로 다른 교육영역과 구별되는 성인교육의 영역을 정의하는 대명사로 오늘날 널리 사용되고 있다.

센터나 지역 평생학습관에서 수강하는 프로그램, 영농교육, TV나 인터넷 강좌, 교도소의 교화프로그램, 가족이나 친구 또는 직장 동료나 상사의 도움이나 조언을 통한 학습, 인쇄매체를 활용한 학습, 인터넷이나 SNS를 통해 새로운 정보나 사실의 학습, 자기주도학습, 생활의 다양한 경험으로부터 학습 등이 성인의 학습활동에 포함된다. 이와 같이 다양한 성인학습활동을 볼 때, 특히 삶을 통해 얻는 경험 등이 성인학습으로 포함될 때 모든 국민은 학습자이다. 단 학습에 참여하고 있지 않다면 비참여자 일뿐 비학습자는 존재하지 않는다.

3. 평생학습을 통해 우리는 어떤 역량을 키워야 할까요?

저출산과 고령화, 4차 산업혁명과 디지털 전환 시대로의 환경 변화 속에서 성인들에게 필요한 역량을 향상시키기 위해 중앙정부와 지방자치단체는 평생교육 활성화를 통해 지역균형발전의 작동기제로 삼아야 한다. 그동안 정부는 다양한 대상을 위해 평생교육지원사업을 전개해 왔고 매년 확대해 왔다. 그럼에도 불구하고 많은 연구자들은 정책 추진에 있어서 현장의 문제점들을 찾고 개선점들을 제안하였다. 그 중 하나가 성인 역량 관련 연구들이다.

앞에서 언급한 급속한 대내외 환경변화 속에서 평생교육과 평생학습을 통해 성인들의 지속적인 역량 강화를 위한 노력이 필요하다. 과거에는 학교교육, 특히 대학을 통해 인적자본을 확보하였으나 미래 사회는 새로운 기술 등 복합적인 역량을 지속적으로 개발하는 노력이 필요하다. 노동시장과 고용 구조의 유연성과 고령화로 인한 경제생산인구의 감소에 따른 퇴직 연장 등으로 성인의 역량 향상을 위한 평생교육 수요는 앞으로도 계속 증가할 것이다.

　　그러나 최근 국내외 보고서들은 우리나라 성인들의 역량 수준에 대해 밝지 못한 내용의 사실을 발표하고 있다. OECD에 따르면 우리나라 성인의 평생교육 참여율이 18개 대상 국가 중 12위였고, 경제활동 주축 연령인 35세부터 44세까지는 최하위로 나타났다고 한다. 또한 국제성인역량조사 PIAAC에 따르면 우리나라는 중고생과 대학생의 역량 수준은 매우 높으나 25세 이후부터 매우 빠르게 역량 수준이 감소하는 것으로 나타났다. 특히 미래 사회에 인간의 소프트 스킬 역량인 협동능력, 문제해결능력, 직장내 학습은 OECD 국가의 평균 이하였다. 결과적으로 국가 경쟁력 제고를 위해 미래사회 신기술 발전의 가속화, 일터의 변화, 고용과 노동구조의 유연성 등으로 인해 개인의 지속적인 직무관련 역량개발에 대한 사회적 요구는 증가할 수밖에 없다. 미래 사회 구성원으로서 성인들이 삶의 여러 영역에서 생애주기에 따라 경험하는 다양한 역할에 요구되는 역량을 갖추고 미래 사회를 이끌 인재로 성장할 수 있도록 필요한 역량을 제시할 필요가 있다.

　　2019년 고려대학교 HRD정책연구소(소장 조대연)는 미래사회에서 한국 성인에게 공통적으로 필요한 역량과 생애주기별 및 삶의 영역별로 필요한 역량을 발표한 바 있다. 관련 문헌조사와 전문가 델파이 조사를 통해 아래와 같이 20가지 성인역량이 도출되었다.

　　이들 역량들은 성인이 전 생애를 통해 갖추어야 할 역량이라고 할 수 있으나 개인의 생애주기 단계, 상황, 직업 등에 개인별로 필요한 역량이 다를 수 있다. 그럼에도 불구하고 이 연구에서 성인의 생애주기별 그리고 삶의 영역별로 우선순위가 높은, 즉 중요하면서 동시에 긴급하다고 판단되는 역량이 제시되었다.

역량명	역량정의
갈등해결	갈등 상황의 본질을 정확히 파악하고 최선의 갈등해결책을 신속히 찾아내어 실행할 수 있는 역량
건강관리	건강수준의 인지와 건강문제의 인식을 바탕으로 건강을 유지, 증진시킬 수 있는 역량
글로벌 (다문화) 시민성	세계시민으로서의 정체성과 책임감을 바탕으로 다양한 문화적 배경을 가진 사람들을 공감·이해하며 이들과 소통하고 협력할 수 있는 역량
대인관계	원만한 사회생활에 필요한 인간관계를 형성, 관리, 유지하는 역량
윤리	정직하고 일관성 있는 도적적 태도를 바탕으로 사회적 책임감을 갖고 행동할 수 있는 역량
디지털 (리터러시)	디지털 기기를 활용하여 원하는 작업을 실행하고 필요한 정보를 수집하고 분석하여 이를 실생활에 활용하는 역량
리더십	목표달성을 위해 방향을 제시하고 본인과 구성원들의 능동적 참여와 협력을 이끌어가는 역량
문제 해결력	문제를 정확히 파악하고 체계적으로 해결하는 역량
문화예술	문학, 음학, 미술, 춤, 연극 등 예술에 대한 폭넓은 이해와 경험을 하고 나아가 이를 도구로 활용할 수 있는 역량
공감	개인이 자신의 정서를 정확히 인식하고 긍정적으로 관리하며 타인의 관점을 이해하고 공감할 수 있는 역량
(공동체) 시민	공동체에서 공적 관심사에 대한 의견을 제시하고 함께 숙고할 수 있으며 협력적인 방식으로 공동의 안건을 해결할 수 있는 역량
신기술 수용	개인이 새로운 기술을 이용하게 될 때 이를 수용해서 활용하는 역량
융복합	서로 다른 분야 간의 경계를 넘어 종합적으로 기술과 아이디어를 재창출하여 성과를 낼 수 있는 역량

의사소통	적극적인 경청을 통해 타인의 의도를 파악하고 개인의 의사를 적절히 전달하는 역량
인문	문화, 역사, 철학 등의 인문학적 지식을 통해 세상을 보는 안목과 인간을 이해하는 역량
정서조절	자신의 정서를 상황에 맞게 효율적으로 잘 조절하며 사회에서 기대하는 상태로 적응하는 역량
창의	기존의 틀에 얽매이지 않고, 새로운 관점에서 참신한 생각이나 아이디어를 만들어 내는 역량
자기개발	개인이 일생동안 끊임없이 새로운 지식 및 기술의 습득과 경험을 통해 다양한 삶의 영역에서 발휘되는 능력을 지속적으로 개발하는 역량
비판적 사고	어떤 사안에 대해 그 주장의 근거와 적절성을 검토, 분석하고 평가할 수 있는 역량
문해력	문자 정보를 이해하고 해석할 수 있으며, 이를 활용하여 지식과 정보에 접근하고 나아가 이를 실생활에 활용할 수 있는 역량

첫째, 생애주기에 관계없이 성인들이 갖추어야 할 우선순위가 높은 역량은 '대인관계', '윤리', '시민', '자기개발', '의사소통', '정서조절', '디지털(리터러시)', 그리고 '공감' 역량이다.

둘째, 특정 생애주기에 우선순위가 높게 나타난 역량은 '신기술 수용(성인 입문기)', '건강관리(중장년 이상)', '문해'와 '문화예술' 역량은 노년기에 우선순위가 높았다.

셋째, 일, 생활, 여가의 삶의 영역별로 우선순위 역량을 확인한 결과 3개 삶의 역령 모두에서 우선순위가 높은 역량은 '대인관계', '윤리', '시민(공동체)', '의사소통', '정서조절', '자기개발', 그리고 '공감' 역량이었다.

　넷째, 생애주기와 삶의 영역을 동시에 고려할 때, 모든 생애주기와 삶의 영역에서 공통적으로 도출된 우선순위가 높은 역량은 '대인관계', '의사소통', '자기개발'이었다. 그리고 4개 생애주기 중 4개 단계와 3개 삶의 영역 가운데 2개 영역(생활, 여가)에서 우선순위가 높은 역량은 '윤리'와 '공감'이었다.

　끝으로 HRD정책연구소는 최상위 우선순위 역량인 '대인관계', '의사소통', '자기개발' 역량과 차상위 우선순위 역량인 '윤리' 및 '공감' 역량 그리고 특정 생애주기와 삶의 영역에서 우선순위가 높은 6개 역량에 대해 아래 그림과 같이 도식화하여 제시하였다.

삶의 영역 생애주기	일	생활	여가
노년기 (65세 이상)		정서조절	문해
중장년기 (40세-64세)	신기술 수용	디지털 (리터러시)	디지털 (리터러시)
청년기 (26세-39세)			
성인입문기 (20세-25세)		시민	문화예술
최상위역량	대인관계, 의사소통, 자기개발		
차상위역량	윤리, 감성		

　성인들은 전 생애에 걸쳐 그리고 범생애(생활의 영역)적으로 대인관계, 의사소통, 자기개발 역량은 가장 중요한 역량이다. 즉 남녀소노를

불문하고 이들 3개 역량은 지속적으로 함양할 수 있어야 한다. 이를 위해 평생교육기관들은 모든 성인학습자들이 이들 3개 역량을 함양할 수 있는 프로그램을 제공해야 한다. 나이가 들수록 대인관계의 방식이나 의사소통의 방식에 대해 새로운 접근이 필요한 경우가 있다. 예를 들면, 아이들이 성장하면서 부모로서 초등학생 자녀와의 대화법은 중고생일 때 그리고 대학생일 때의 대화법과 다르다. 또한 대인관계 역시 20대 때 대인관계 기술을 40대에 그대로 적용한다면 무리가 있다. 우리는 그동안 삶의 경험을 통해 그리고 실패를 통해 이런 노하우들을 학습해 왔지만 평생교육 프로그램을 통해 미리 준비할 수 있다면 우리의 삶이 더욱 가치있고 여유가 있을 것이다. 더불어 윤리역량과 감성역량 역시 모든 성인학습자들을 위해 필요한 역량이므로 계속해서 관심을 가져야 한다.

삶의 영역이 범생애적 측면에서 볼 때 디지털 리터러시는 남녀노소를 불문하고 일과 여가 영역에서 필요한 역량이다. 따라서 지역사회 평생교육기관과 직장내 학습에 필수 프로그램으로 제공할 필요가 있다. 또한 일 영역에서 신기술 수용역량은 중장년기까지 중요한 역량으로 확인되었다. 새로운 테크놀로지, 인공지능 등 신기술 수용을 위해 지속적으로 직장내 교육에서 관심을 가져야 한다.

여가 영역의 경우 노년기에는 문해역량이 중요하게 부각되며, 성인 입문기와 청년기까지는 문화예술 역량이 중요하게 자리를 잡고 있다. 특히 노년기 문해역량은 단순히 읽고 쓰는 역량을 의미하지는 않는다. 생활 속에서 스마트폰 뱅킹, 온라인 주문, 키오스크로 대표되는 생활방식의 변화에 적응할 수 있는 생활문해를 포함한다. 즉 노인들이 새로운 환경변화에 소외되지 않도록 해야 한다.

특히 노년기는 상황에 맞게 효율적으로 정서를 잘 조절할 필요가 있다. 자녀들의 독립과 은퇴 후의 삶 속에서 느끼는 무기력감 등을 잘 조절할 수 있는 능력이 필요하며 이를 위해 평생교육 프로그램에서 제공하는 시니어 엑티브 프로그램이나 지역사회에서 제공하는 봉사 연계 프로그램에 적극적으로 참여하여 정서 조절뿐만 아니라 노년기 삶의 새로운 활력을 찾아야 한다.

성인입문기의 젊은 층들은 학교를 졸업하고 사회에 첫걸음을 내딛는 순간 사회 구성원으로서의 책무성이 부여된다. 학생으로서 학교라는 울타리를 벗어나 사회의 시민으로 기대되는 역할을 부여받게 된다. 이때 시민 역량을 통해 성숙한 시민이 되기 위해 기본적인 역량을 갖출 필요가 있다.

마지막으로 4차 산업혁명, 인공지능, IoT, 머신러닝 등 미래 사회의 주요 핵심어들이 정보통신, 데이터 처리 및 능숙도, 코딩 능력이 필요한 역량으로 인식될 수 있다. 물론 이런 역량들이 중요하지 않다고 이야기하는 것은 아니다. 지금까지 전생애 그리고 범생애적으로 우선순위가 높은 역량들을 보면 역시 사람이 참사람이 되기 위해 기본적으로 갖추어야 할 역량들인 소프트 역량들이 강조되고 있다. 미래 사회에서 정보를 다루고 기계와 함께 일하는 것은 사람들이다. 사람다운 사람, 인간다운 인간! 아마도 미래 사회에서 더욱더 강조될 것이다.

PART 02

평생교육 사업 우수·성공 사례

대학의
평생교육 사업
우수·성공 사례

평생학습: 내 삶의 행복레시피

I

K-MOOC

유기웅(숭실대)

1. K-MOOC이란 무엇이고, 출현 배경 및 목적은 무엇인가?

2015년에 출범한 K-MOOC는 한국형 온라인 공개강좌를 의미하여 Korean Massive Open Online Course 단어의 첫 글자를 따서 만든 용어이다. 인원의 제한 없이 누구나 웹 기반 강좌를 무료로 수강할 수 있는 공개강좌 서비스로, 2010년대 초반 미국의 Stanford, MIT, Harvard 등을 중심으로 대학 강좌를 MOOC 서비스로 제공하게 되면서 대중들에게 큰 관심을 받기 시작했다. MOOC는 미국을 선두로 하여 이후 영국, 프랑스, 독일, 일본, 중국, 그리고 한국 등이 서비스를 제공하고 있다. 미국의 경우 민간 기업과 대학이 주도하여 서비스를 시작하였으며, Udacity, Coursera, edX 등이 대표적이다. 미국과는 달리 영국의 FutureLearn, 프랑스의 FUN, 한국의 K-MOOC는 정부가 주도하여 출범한 서비스이다.

대학의 강의를 온라인을 통해 대학생 또는 일반 대중에게 공개하려는 움직임은 MOOC 서비스가 개시되기 이전부터 오픈코스웨어(OCW, Open Course Ware) 형태로 진행되고 있었다. OCW는 주로 대학의 일반 대면 강의 형태를 촬영한 영상을 탑재하는 형태로 강의를 일방향적으로 전달 또는 공유하는 서비스라면, MOOC는 일반 대학 강의와 동일하게 수강신청을 하고 주차별로 강의가 교수자에 의해서 '운영'된다는 점에서 차이가 있다. 즉 OCW는 촬영한 강의 영상을 온라인에 탑재하여 학습자들이 해당 강의 동영상을 단순하게 시청하는 형태라면, MOOC는 학습자가 수동적으로 듣기만 하던 기존의 온라인 학습 동영상과는 달리 교수자와 학습자, 학습자와 학습자 간에 다양한 상호작용, 퀴즈, 과제 제출 등이 가능한 형태의 교육 환경을 제공한다는 점에서 차이가 있다.

MOOC의 목적은 한마디로 우수한 고등교육을 온라인과 테크놀로지를 활용하여 개방하여 전 세계 학습자들에게 교육의 기회를 제공하여 배움을 통한 개인의 삶의 질 향상과 공동체의 발전을 위함이라고 볼 수 있다. 예를 들어, 미국의 Coursera의 경우 2011년 Standford 대학교의 머신러닝(machine learning) 강의가 온라인을 통해 공개되면서 상당한 관심과 호응을 불러일으켰다. 특히 쉽게 접할 수 없었던 내용에 대한 강의가 장소와 시간에 구애받지 않고 무료로 공개되면서 학습자가 특정 대학의 특정 전공에 등록하고 있지 않더라도 원하는 교육을 받을 수 있게 되었다는 점에서 전 세계적으로 큰 반향을 일으켰다. 미국의 또 다른 MOOC 서비스인 Udacity도 '인공지능 입문' 강의를 온라인 무료 강의로 공개하면서 Standford 대학의 학생뿐만 아니라 인공지능에 관심이 있는 모든 사람들에게 양질의 교육 콘텐츠에 접근할 수 있게 했다는 점에서 고등교육의 민주화에 크게 기여했다는 평가를 받고 있다.

MOOC가 비교적 짧은 시간에 우리에게 친숙하게 다가온 배경에 대해 다음과 같이 생각해 볼 수 있다. 첫째, 고등교육의 민주화 또는 대중화의 관점이다. 여전히 대학 교육은 아무나 접할 수 있는 기회는 아니다. 물론 우리나라처럼 대학 교육이 보편화되어 있는 사회도 있지만 아직도 많은 나라에서 대학 교육은 혜택을 받은 소수의 사람들만이 접할 수 있는 제한된 교육의 기회이다. 특히 2010년대 초반 전 세계적으로 MOOC 열풍을 불러일으켰던 대학 강의는 소위 Standford대, MIT, Harvard대 등 소위 미국의 명문대에서 제공했다는 점이다. 아무나 접할 수 없었던 대학의 강의가 무료로 일반 대중에게도 개방되었다는 점은 교육의 민주화 내지 대중화가 이루어지고 있다는 점으로 해석해 볼 수 있는데, 이는 MOOC의 개방성(openness)과도 연관이 깊다. 여기에서 말하는 개방성은 누구나 자유롭게 대학 강좌에 접근 가능하며, 강좌를 이수하는 데 있어 별다른 자격이나 조건이 필요하지 않고 누구에게나 오픈이 되어 있다는 점이다. 양질의 대학 강의를 수강함으로써 학습자로서 앎과 배움의 욕구를 충족하고 학습의 결과를 다양하게 활용하고자 하는 요구를 MOOC가 반영함으로써 교육에 대한 새로운 패러다임으로 주목 받고 있다.

둘째, MOOC의 빠른 성장과 확산의 배경에는 대학의 오프라인 강의라는 폐쇄성과 물리적, 시간적 제약을 넘어설 수 있게 해준 테크놀로지의 비약적 발전이 있다. 고도화된 정보기술(information technology)의 발달로 인해 온라인으로 접속이 가능한 환경에서는 언제, 어디서나, 누구든지 강좌에 접근할 수 있다는 점이다. 첨단 테크놀로지의 발전은 교육을 포함한 모든 분야의 큰 변화를 가져오고 있다. 인터넷의 상용화와 함께 등장한 e러닝(e-learning)을 필두로 원격교육(distance education), 사이버교육(cyber education), 온라인학습(online learning), 가상학습(virtual learning) 등 정보통신기술이 교육 분야에 미친 영향은 지

대하다. 더군다나 최근 코로나 팬데믹으로 인해 비대면·비접촉 환경
이 도입되고 있는 상황에서 교육 분야의 디지털 전환이 신속하게 이루
어졌으며, 교육과 지능형 정보기술을 융합한 에듀테크의 역할과 기능
이 크게 주목받고 있다. 앞으로 정보기술의 고도화에 따라 다양한 신
기술이 MOOC에도 도입될 것으로 예상할 수 있다.

셋째, 디지털 대전환, 인구구조 변화 등 급격한 사회변화에 따른 평
생교육의 수요가 증가하고 있다는 점이다. 특히 최근에는 4차산업혁
명, 첨단 테크놀로지, 인공지능 등 신기술혁신에 기반한 일자리 지형
및 직무의 변화뿐만 아니라 사회 전반에 걸친 변화가 예견되는 상황에
서 개인의 적응, 성취, 사회문제 해결, 생존 등 평생교육의 중요성이
대두되고 있다는 점이다. 또한 우리나라의 경우 인구구조의 변화, 성
인기 역량 감소 등으로 인해 성인교육에 대한 관심과 수요는 갈수록
증대되고 있다. MOOC는 온라인을 통한 평생학습 수요에 충족할 수
있는 역할과 기회를 제공한다는 측면에서 평생교육의 새로운 플랫폼
으로서 자리매김하고 있다고 해석할 수 있다.

한국의 K-MOOC는 2015년 MOOC의 세계적 확산과 미래 고등교
육 및 평생교육 패러다임 변화에 적극 대응하고 국내 대학의 글로벌
경쟁력의 강화를 위해 교육부에서 주관하여 정부지원을 통해 기반을
조성하게 되었다. K-MOOC의 운영은 국가평생교육진흥원이 맡고 있
으며, 신규 가입자와 수강 신청이 매년 확대되고 있는 것으로 나타났
다. 또한 학습자들의 학습 서비스에 대한 전반적인 만족도 및 학습목
적 달성도 또한 증가하고 있는 것으로 나타났다. 최근에는 인문·사
회·과학 분야의 해외 석학의 마스터클래스 강좌 및 세대별 주요 관심
사항을 반영한 교양강좌를 개발하여 운영하고 있으며, 해외 우수
MOOC 플랫폼의 콘텐츠를 선별하여 한국어 자막 지원 서비스를 제공

하는 등 양질의 콘텐츠를 개발하고 제공하는 데도 힘쓰고 있다.

2. K-MOOC 활용 사례

가. 대학 학점인정

초창기 MOOC가 대학 강좌를 온라인을 통해 공개하면서 시작되었듯이 K-MOOC도 2015년 도입 이후 대학이 중심이 되어 강좌를 개발하고 운영해오고 있다. K-MOOC를 개발하여 운영하는 대학에서는 학생들을 위해 학점인정 규정을 만들어 운영하고 있으며, 국가평생교육진흥원의 2021년 연차보고서에 따르면 2021년 기준 대학 정규학점인정 과정은 577개 정도로 나타났다. 특히 코로나 팬데믹으로 인한 비대면 수업의 증가로 인해 K-MOOC 강좌에 대한 관심이 높아졌으며 단순히 자기개발과 지적 호기심 충족을 위해 K-MOOC에 참여하기보다는 대학 학점으로 인정받을 수 있다는 이점이 더 크게 작용한 것으로 해석할 수 있다.

 성균관대학교 K-MOOC 온라인 강의 학점인정제도 사례

- 배경: 본교 교수가 개설한 K-MOOC 온라인 강의를 본교 학생들에게 학점이 인정되는 정규강의로 제공하여 다양한 교육기회 제공
- 신청자격: 성균관대학교 학부생(재학생)
- 이수 구분 및 학점 인정
- 일반선택: 졸업이수 요건 중 총 학점에만 해당(재학중 최대 4학점)
- 수강 주차 수가 기준을 충족하여 이수증을 발급 받아 해당 학점 수만큼 학점 인정
- 수업운영: 모든 강의는 K-MOOC에서 운영

2023학년도 1학기 K-MOOC 개설 강좌

분류	강좌명		학점	학점인정
인문 (언어· 문학)	철학 테제로 보는 유학: 한 문장이 세계를 디자인하다		1학점 / 2학점	1학점: 14~27 주차 이내 2학점: 28주차 이상
	인접학문에서 유학을 바라보다			
	논쟁으로 유학을 새롭게 바라보다			
인문 (인문 과학)	동양고전 <사서>에서 찾는 인간의 길		1학점 / 2학점	1학점: 14~27 주차 이내 2학점: 28주차 이상
	20세기 대한민국 문화사			
사회 (경영· 경제)	한국창업정책 60년사와 우수 기업 사례		1학점	1학점: 14~27 주차 이내
자연 (수학)	미적분학 I		1학점	1학점: 14~27 주차 이내
공학	스마트폰이 낳은 신인류 포노사피엔스		1학점	1학점: 14~27 주차 이내
공학 (컴퓨터· 통신)	인공 지능 (AI)	딥러닝 시대에도 필요한 고급기계학습	1학점 / 2학점	1학점: 14~27 주차 이내 2학점: 28주차 이상
		인공지능을 위한 기초수학 입문(High school)		
		인공지능을 위한 알고리즘과 자료구조		
예체능 (연극· 영화)	감각과 불안의 서사		1학점 / 2학점	1학점: 14~27 주차 이내 2학점: 28주차 이상
	정신 분석으로 읽는 영상과 인간심리			
	뉴노멀 시대의 영상미학			
공학 (컴퓨터· 통신)	(묶음 강좌) 인공 지능	인공지능 수학 입문	1학점 / 2학점	1학점: 14~27 주차 이내 2학점: 28주차 이상
		인공지능 수학 기초		
		인공지능 수학 활용		
		인공지능 수학 고급		

출처: 성균관대학교 통합 공지사항

나. 대학 전공 관련 보충/심화 학습

K-MOOC는 대학 강좌를 온라인을 통해 공개한 플랫폼으로써 대학생들에게 대학 수업과 관련된 수강 목적으로 활용되고 있다. 대학에서 정규 학기에 개설되는 일반 강좌의 경우 학기초에 제시된 강의계획서에 따라 비교적 안정적으로 운영되는데, 다양한 배경 또는 수준의 학생들이 수업에 참여하기 때문에 개별 학생의 요구와 수준을 맞추기에는 어려움이 있을 수 있다. 초·중·고등학생들의 경우 학교 이외의 학원 등에서 교과 보충 또는 심화 학습을 통해 학업성취를 높이는 활동에 참여할 수 있는 반면 대학생의 경우 전공 교과와 관련하여 보충/심화 학습을 별도로 받을 수 있는 학원 등이 없다. 물론 학교 내 교육개발센터 등에서 제공하는 비교과 활동, 특강, 전공 학과 내 학습동아리 등 소모임 활동 등에 참여하여 부족했던 전공과목을 보충하는 활동에 참여하기도 한다.

한 학기에 수강할 수 있는 학점이 제한되어 있고, 수강 시간이 겹치는 관계로 수강하고 싶은 과목을 마음대로 수강하기에는 현실적으로 어렵다. 시간, 공간적 제약, 그리고 비용적인 측면에서 이점이 있는 K-MOOC는 대학 전공과목 보충/심화 학습을 위해 활용될 수 있다.

 K-MOOC를 활용한 대학 전공 보충/심화 학습 사례

'오랜 소원이 현실이 된 순간 K-MOOC'

김ㅇㅇ(2020년 K-MOOC 우수사례 공모전 최우수상)

"대학교 1학년 겨울방학 때 학교 중앙도서관 홈페이지를 통해 K-MOOC

를 처음 알게 되었습니다. 당시에 가장 관심 있었던 분자생물학과 생화학을 좀 더 공부해보고 싶어서 서울시립대의 분자생물학 강의인 "알기 쉬운 분자생물학"을 이수하였습니다. 그리고 완전히 이수하지는 못했지만, KAIST의 "바이오에너제틱스"를 청강했습니다. 이 두 과목을 들으면서 저는 정말 행복했습니다. 좋아하는 분야의 학문이었고 꽤 오래 꿈꿔온 길이지만, 운이 따르지 않았고, 평생업으로 삼을 자신이 없어 전공으로 택하진 못했던 그 길을 조금이나마 엿볼 수 있어서 진심으로 행복했습니다. 전공 수준의 강의를, 좋은 학교의 좋은 교수님께 배울 수 있어서 영광이었습니다."

"그다음 방학인 2학년 여름방학 또한 K-MOOC와 함께 즐겁게 보냈던 기억이 납니다. 학교에서 전공기초로 미분적분학과 공학수학1을 듣고, 저는 좀 더 심화된 미적분학과 선형대수를 공부해보고 싶었습니다. 하지만 미적분학과 선형대수는 공부하기 위해 시간을 꽤 많이 쏟아야 하는 이공계 과목입니다. 또한, 저는 수학을 그리 잘하는 학생도 아니었기에, 학교에서 타학과의 전공과목인 그 과목들을 수강신청하는 것이 몹시도 부담스러웠습니다. 하지만, K-MOOC에서라면 얼마든지 용기 내어 수강할 수 있었습니다. 성균관대학교의 "다변수 미분적분학"과 "선형대수학"을 방학을 이용해 들으면서 저는 즐거웠습니다."

"한편, 학기 중에 들었던 강의 중에서는 즐거움뿐만 아니라 제게 큰 도움이 되었던 K-MOOC 강의들도 있었습니다. 가장 도움을 많이 받았던 과목은 작년 가을학기에 이수한 금오공과대학교 기계공학과 박준영 교수님의 "유체역학"과목입니다. 당시에 전공과목으로 수강했던 환경유체역학 과목의 이해를 높이는 데 큰 도움을 받았습니다. 저는 환경공학을 전공하고 있습니다. 환경공학과에서도 유체역학이라는 과목이 전공을 이해하는 데에 필요하기에 전공선택과목으로 설치되어 있지만, 4대 역학을 다루는 기계공학과만큼 유체역학을 자세하게 다루지는 못합니다. (중략) 미지의 부분에 대한 호기심과 답답함을 K-MOOC 강의를 통해 해소할 수 있었습니다. 지적 호기심을 충족시킬 뿐만 아니라, 전공과목의 이해에도 큰 도움을 얻을 수 있어서 감사했던 경험이었습니다."

"K-MOOC를 이용한 그룹스터디를 계획했습니다. 친구들과 함께 수업을 들으면 서로 의지를 북돋우며 끝까지 이수할 수 있을 뿐만 아니라, 함께 수업주제에 대해서 토의하고, 서로 이해를 도울 수 있을 것이라는 생각이 들었습니다. (중략) 그래서 K-MOOC 강의 중 '진화와 인간 본성'이라는 과목을 수강하기로 선택했습니다. 주변의 학우들 중 본 강의에 관심이 있고, 자유롭게 토의, 토론하며 그룹스터디 활동을 하고 싶은 친구들을 모았습니다. 저는 당시에 생물학에 관련된 교양과목을 수강하고 있었는데, 심리학에 관련된 교양과목을 수강하고 있던 친구와, 진화와 관련된 교양과목을 수강하고 있던 친구와 함께 활동할 수 있었습니다."

"거의 모든 방학과 학기를 K-MOOC와 함께 했습니다. 지난 겨울방학인 2020년 초부터 현재까지는 K-MOOC를 이용하여 통계와 R 프로그래밍을 공부하고 있습니다."R 데이터 분석 입문", "통계학의 이해 1,2", "시계열분석 기법과 응용"을 참고하여 공부하고 있습니다. 이번에도 스터디 그룹으로 공부하고 있습니다. 지난 겨울에 저와 함께 K-MOOC를 통해 환경데이터 분석을 공부할 친구들을 모아 4명이서 스터디그룹, ENV-DATA를 시작했습니다. 이번 여름방학에는 후배들을 모집하여, 현재 16명이 함께하고 있습니다."

출처: 제5회 한국형 온라인 공개강좌 K-MOOC 우수사례 공모전 수상작 수기집(교육부, 국가평생교육진흥원 발행)에서 발췌

다. 학점은행제 과정

교육부에서는 K-MOOC 이수결과를 학점은행제 학점으로 인정받을 수 있는 법적 근거(「학점인정 등에 관한 법률」)를 마련하여 K-MOOC 학점은행제 과정을 2019년부터 시행하고 있다. K-MOOC 학점은행제 과정으로 인정받기 위해서는 학점은행제 평가인정 절차에 따라 '평가인정 학습과정'으로 승인받은 강좌에 한해 학점은행제 학점으로 인정되며, 학기당 최대 24학점, 연간 42학점까지 이수가 가능하다. 학점은

행제 학사 또는 전문학사 과정에 참여하고 있는 대학은 'K-MOOC 학점
은행제 학습과정' 홈페이지를 통해 안내받을 수 있다. 무엇보다도 학습비
용은 일반 K-MOOC 강좌와 마찬가지로 무료이며, 학점은행제 과정에
서 별도로 정하는 출석률과 성적을 충족해야 학점을 인정받을 수 있다.

🏫 성신여자대학교 2023년 상반기 K-MOOC 학점은행제 학습과정 강좌 운영 리스트

학습과정명 (표준교육과정)	학습과정명 (K-MOOC)	수강신청 시작일	수강신청 종료일	개강일	종강일	총정원	학점	과정분류	전공분류
e-비즈니스 전략	비즈니스를 위한 인공지능	2월 13일	3월 5일	2월 27일	6월 16일	400	3	학사	학사: e-비즈니스학 전공
경영혁신	4차 산업혁명과 경영혁신	2월 13일	3월 5일	2월 27일	6월 16일	400	3	학사, 전문학사	학사: 경영학 전공, 회계학 전공 전문학사: 경영 전공
국토와 환경	한국의 자연지리	2월 13일	3월 5일	2월 27일	6월 16일	400	3	학사, 전문학사	학사: 교양 전문학사: 교양
보건의류법규	의료사고, 법으로 이해	2월 13일	3월 5일	2월 27일	6월 16일	400	3	학사, 전문학사	학사: 물리치료학 전공, 방사선학 전공, 안경광학 전공, 의무기록학 전

	하기							공, 임상병리학 전공, 작업치료학 전공, 치기공학 전공, 치위생학 전공 전문학사: 보건행정 전공, 이료 전공
설득 커뮤니 케이션	설득의 과학	2월 13일	3월 5일	2월 27일	6월 16일	400	3	학사, 전문 학사	학사: 광고학 전공, 심리학 전공, 이벤트경영학 전공 전문학사: 식공간 연출 전공
인간학	역사와 문화 속의 인간	2월 13일	3월 5일	2월 27일	6월 16일	400	3	학사, 전문 학사	학사: 교양 전문학사: 교양
헌법I	헌법: 갈등 해결의 코드	2월 13일	3월 5일	2월 27일	6월 16일	400	3	학사, 전문 학사	학사: 법학 전공, 지식재산학 전공, 행정학 전공 전문학사: 경찰행정 전공, 군사행정 전공
헌법II	기본권, 세상과 통하는 法	2월 13일	3월 5일	2월 27일	6월 16일	400	3	학사	학사: 법학 전공, 행정학 전공
현대 인의 정신 건강	현대 인의 정신 건강	2월 13일	3월 5일	2월 27일	6월 16일	400	3	학사, 전문 학사	학사: 청소년학 전공, 교양 전문학사: 교양

출처: K-MOOC 학점은행제 학습과정 공지사항

라. 진로직업탐색 및 취업 준비에 활용

K-MOOC의 다양한 콘텐츠는 진학, 취업, 자격증 취득 등 진로 및 취업역량 향상에 활용될 수 있다. 특히 청소년과 청년층의 경우 생애주기 특성상 자신의 진로와 직업을 탐색하거나, 외국어, 자격 취득 등에 관심이 많고 이와 관련된 지식과 정보를 쉽게 접하고 관련 역량을 향상시키기 위해 노력하고 있는 세대이다. 시간, 공간, 비용면에서 제한을 받지 않고 자신의 진로와 적성에 맞는 강좌를 K-MOOC에서 선택하여 수강할 수 있다는 점은 진로직업탐색과 취업 준비에 많은 도움을 줄 수 있다. 예를 들어, 고교학점제의 원활한 시행을 위해 보조수단으로써 K-MOOC를 활용하여 학생들이 자신의 진로와 적성을 고려하여 선택과목을 수강할 수 있도록 관련 지식과 정보를 제공한다면 교사, 학교의 부담이 상당히 줄어들 수 있을 것이다.

K-MOOC를 활용한 진로 탐색 사례

'K-MOOC 강의를 통한 송학연 탐구'

주○○ (2020년 K-MOOC 우수사례 공모전 장려상)

"고등학생 시절은 자신의 진로, 즉 공부의 목적을 찾는 게 매우 중요한 시기입니다. 그동안 저희 학교 동아리에선 외부에 나가 진로 견학을 하거나 부스 운영 활동을 하는 등으로 이 중요한 시기에 자신의 진로에 대해 생각해보는 시간을 가졌으나, 이번 코로나 19 사태로 인해 이런 모든 활동이 불가능하게 되었고, 이 어려운 상황에서 온라인으로는 우리가 무엇을 할 수 있을까 고민하던 도중 K-MOOC을 이용하자는 의견이 나왔습니다.

무모해 보일 수 있는 도전이었을 수도 있지만, 저희는 같은 진로를 가진

동아리 친구들과 신창환 교수님의 '반도 채 몰라도 들을 수 있는 반도체 소자 이야기'라는 K-MOOC 강의를 듣기로 결정했습니다. 강의를 들으며 어렵거나 이해가 되지 않는 부분도 있겠지만, 반도체와 전자 엔지니어라는 진로에 대해 깊이 알아가고, 교과 과정에 대한 심도 있고, 주체적인 학습을 실현할 수 있는 좋은 기회가 될 것이라 생각했습니다.

그렇게 저와 제 친구들 4명은 같이 매주 토요일 오전에 만나서 K-MOOC 강의를 1강씩 수강한 후 그 내용으로 토론, 토의하고 서로 모르는 게 있으면 질문하여 같이 답을 찾아내는 방식으로 활동을 진행했습니다. 이렇게 저희는 K-MOOC을 온라인 학습자료로써, 그리고 미래 진로의 탐색 방안으로 활용했습니다."

출처: 제5회 한국형 온라인 공개강좌 K-MOOC 우수사례 공모전 수상작 수기집(교육부, 국가평생교육진흥원 발행)에서 발췌

K-MOOC를 활용한 진로 탐색 사례

'K-MOOC와 함께 꿈을 향해 가다'

전○○ (2021년 K-MOOC 우수사례 공모전 우수상)

"고등학교 1학년 2학기 때부터 K-MOOC 강의를 듣기 시작했는데, 가장 처음 들었던 강의는 서울대 김건희 교수님의 인공지능의 기초입니다. 그 강의가 큰 도움이 되었고 이후 다양한 인공지능 강의를 K-MOOC에서 들었습니다. K-MOOC를 알기 전에는 책으로 공부를 해보기도 했지만 제대로 이해가 되지 않을 때가 많았습니다. 유튜브 등의 플랫폼에서 무료로 공개되는 강의가 더러 있었지만 강의 수준이 현재 K-MOOC에서 수업을 하는 교수님만큼 높지 않았습니다. K-MOOC는 진도에 따라 현직 교수님이 해주는 수준 높은 강의를 무료로 들을 수 있어 본인이 원하는 학습을 해나갈 수 있습니다. 비싼 수강료 때문에 하고 싶은 공부를 머뭇거리며 도전하지 못한 사람이라도 누구나 시작할 수 있다는 게 장점입니다. K-MOOC 강의를 보는 것을 포함하여 인공지능을 실습하고 웹 개

발을 하는 것은 매우 많은 시간이 소요됩니다. 저의 경우에는 보통 하나의 개념을 배우고, 완전히 이해하는 데 평균적으로 한 달 반 정도 걸렸습니다. 학교 수업까지 듣고 있어 물리적인 시간이 부족한 것은 사실입니다. 하지만 진로와 관련된 역량을 성장시키는 것 역시 저에게 중요했습니다. 그래서 학교 공부 외에 일주일에 5시간은 무조건 코딩하며 실력을 키워나갔습니다. 돌이켜보면 고등학교 생활에 있어 가장 잘한 선택이라고 생각합니다. (중략)

고등학교 시절은 대입을 위한 학교 공부도 중요하지만, 자신의 진로를 정하는 데도 중요한 시기입니다. K-MOOC에는 다양한 분야에서 연구를 하고 있는 교수님들이 있고, 그분들의 강의를 들으면서 진로의 방향을 정해볼 수 있습니다. 내가 원하는 것이 무엇인지, 그리고 그것이 내가 원하는 게 정말 맞는지 확인할 기회가 필요하다면 K-MOOC를 활용해보길 바랍니다. 또한 진로가 확고해진 친구들이라면 K-MOOC가 진로에 대한 새로운 지식과 정보를 얻을 기회가 될 것입니다."

출처: 제6회 한국형 온라인 공개강좌 K-MOOC 우수사례 공모전 수상작 수기집(교육부, 국가평생교육진흥원 발행)에서 발췌

K-MOOC를 활용한 취업 준비 사례

'알아야만 보이는 즐거움'

김○○ (2020년 K-MOOC 우수사례 공모전 우수상)

"기계공학이라는 큰 틀에서 공부를 하는 것 자체가 재미있지 않았다. 게다가 어릴 적 자동차 사고에 대한 끔찍한 기억은 더더욱 나를 흥미와 멀어지게 했다. 이런 상황에서 설상가상으로 우리 학교는 자동차 관련 취업을 가장 많이 하고 국제 자동차 대회를 주관하는 '자동차를 배우는' 기계공학부였다. 부모님께서 무릎 닳아 가며 벌어주신 돈을 한낱 유흥거리로 전락시키고 싶지 않아서 악착같이 공부했지만 흥미를 잃은 공부는 날개 잃은 이카루스처럼 무의미 속으로 나를 끌고 들어갔다. 그 무렵 군

입대를 생각했다. 아마 그 무의미함 때문이었던 것 같다.

군 입대를 하고, 1년 남짓 흐를 무렵, 나와 함께 다니던 여자 동기가 이미 저만치 앞서 가 있다는 걸 느꼈다. 갓 입학했을 때와 별반 다를 것 없이, 한 자리에 머물러 서 있는 나 자신을 보고 한심하다고 느낀 순간이었다. 아무것도 알지 못했고, 배우지 못했다. 그때, 위기의식은 나를 사방팔방으로 무언가를 배워야 한다는 압박감을 주었다. 군인이라는 신분이 자유롭지 못했기에 세상과 연결될 통로는 오직 '사이버지식정보방'에서 인터넷이었다.

그 때 처음으로 K-MOOC라는 곳을 알게 되었다. 1학년 들어왔을 때부터 학교 공지사항에 계속 홍보를 했지만, 정규 수업을 듣지 않는 지금에 와서야 눈에 보인 것이다. 그리고 처음 가입을 하고, 여러 강의를 둘러보던 중에 눈에 띈 강의가 '전기자동차 구동제어'였다. 강의는 정말 명료하고 간결했다. 설명은 필요한 부분을 콕콕 잘 찍어 주셨고, 영상으로 제작되어 있어서 모르는 부분을 여러 번 돌려볼 수도 있었다. 게다가 직접 찾아가지 못하는 군인 특성상, 질문을 메일로 주고받으며 궁금증을 풀 수도 있었다. (중략)

그렇게 K-MOOC에서 전기자동차 구동제어를 들으며 공부를 했다. 전혀 모르던 자동차 구조에 대해서 조금씩 알고 나니, 이상하게도 흥미가 생기기 시작했다. 대학교에 들어올 무렵, 자동차를 극도로 싫어하던 신입생이 이제는 흥미를 가지고 즐거움을 느끼는 학생이 된 것이다."

출처: 제5회 한국형 온라인 공개강좌 K-MOOC 우수사례 공모전 수상작 수기집(교육부, 국가평생교육진흥원 발행)에서 발췌

마. 직무능력 향상 및 경력개발

K-MOOC의 다양한 콘텐츠는 재직자의 직무능력 향상과 경력개발 활동에 활용될 수 있다. 특히 최근 신산업 분야에 대한 일자리 수요가 증가하면서 구직자 또는 재직자의 업스킬링(upskilling)과 리스킬링(reskilling)의 필요성이 대두되고 있다. 교육기관에 등록하여 학업을 수

행하기가 쉽지 않은 일반 성인학습자의 경우 K-MOOC를 통해 자신의 직무능력 향상 또는 경력개발과 관련된 강좌를 수강함으로써 많은 도움을 받을 수 있다.

 ### K-MOOC를 활용한 직무능력 향상 사례

'새로운 시작, 새로운 도전! 자신감을 불어넣어준 K-MOOC'

안○○ (2021년 K-MOOC 우수사례 공모전 최우수상)

"명예퇴직으로 신입사원 때부터 26여 년간 몸담아온 직장을 떠나게 되었습니다. 처음에는 재취업에 대한 걱정이 없었는데 막상 사회에 나와 보니 유통업계에서 쌓아온 저의 경력은 온라인 비즈니스가 대세인 시대에 큰 도움이 되지 않았습니다. 코로나19 팬데믹마저 길어지자 재취업의 문은 더욱 열리지 않았습니다. 제법 시간이 흐른 뒤에야 선배가 운영하는 증강현실 기술을 개발하는 벤처회사에 운영본부장 역할을 담당하게 되었습니다. (중략)

증강현실(AR) 기술 기반의 스타트업으로 취업을 하긴 했는데 유통 업무를 오래 해온 저에게 생소한 분야였습니다. 회사에 잘 적응도 해야 해서 퇴근 시간에 관련 공부를 해볼까 하던 차에 K-MOOC를 알게 된 것이 하나의 기회였습니다. 제가 다니는 회사가 현재는 증강현실을 포함한 초실감형 기술 및 서비스를 제공하고 있지만 머지않아 인공지능을 접목하는 단계가 올 것이라 생각해 인공지능 기반 디자인 트랜스포메이션이라는 강의를 선택했습니다. 강의를 들으면서 인공지능이 곧 우리 생활 전반에 폭넓게 활용될 것이며, 우리 회사의 비즈니스와도 연결될 것이라는 확신이 들었습니다."

바. 자기개발에 활용

K-MOOC의 다양한 콘텐츠는 관심 분야에 대한 지적 호기심이나

흥미를 충족시키거나 자기개발 활동에 활용될 수 있다. 최근 지식과 정보를 쉽게 접할 수 있는 온라인 교육 콘텐츠, 인터넷 강의 등에 대한 관심이 높아지면서 학습 방식에 있어 큰 변화를 가져오고 있다. 다양한 이유로 교육기관에 등록하여 학업을 수행하기가 쉽지 않은 일반 성인학습자의 경우 K-MOOC를 통해 관심 분야에 대한 지적 호기심을 충족하고 자기개발을 위해 관련된 강좌를 수강함으로써 많은 도움을 받을 수 있다.

 K-MOOC를 활용한 자기개발 사례

'K-MOOC로 꿈을 꾸고 꿈을 이뤄내다'

이○○ (2021년 K-MOOC 우수사례 공모전 대상)

"우선 무료라는 게 가장 좋았습니다. 단순히 '비용이 안 든다.'는 개념을 넘어, 수업료에 구애받지 않고 원하는 강의를 마음껏 들을 수 있었다는 점이 매력적이었습니다. 수강 신청에 많은 고민을 해야 하는 유료 강의와 달리, 무료이기 때문에 오히려 부담스럽지 않게 이것저것 들으며 저의 지적 호기심을 채울 수 있었습니다.

또한 온라인으로 진행되기 때문에 언제 어디서든 들을 수 있는 게 장점입니다. 특히 저 같은 직장인은 출퇴근길을 이용하여 자기개발을 할 수 있다는 점이 매력이었습니다. 그리고 청강코스와 수료코스가 모두 있어서 전체 강의 커리큘럼 중 일부만 듣고 싶을 때는 청강으로 가볍게, 처음부터 끝까지 쭉 듣고 싶을 때는 수료코스를 선택해 과제도 해가며 깊게 공부할 수 있었습니다."

출처: 제6회 한국형 온라인 공개강좌 K-MOOC 우수사례 공모전 수상작 수기집(교육부, 국가평생교육진흥원 발행)에서 발췌

사. 직무 연수, 교육훈련 등에 활용

K-MOOC는 교원 연수, 공무원 연수, 기업 또는 다양한 조직에서의 교육훈련, 각종 연수 과정의 일부로 활용될 수 있다. 미국의 Udacity, Coursera의 경우 AT&T, Google, Microsoft 등의 기업과 제휴하여 특정 분야의 강좌를 개설하여 운영하거나 세계 곳곳에 있는 직원들의 직무연수에 MOOC를 활용하였다. K-MOOC의 경우에도 새로운 연수 영역을 발굴하여 강좌를 제공하고 있는데, 2019년부터 교원연수에 K-MOOC 강좌 중 교육·예술·인문·사회경제 등 직무관련성이 높고 교원에게 필요한 강의 콘텐츠를 선정하여 이를 직무연수 이수 실적으로 인정해오고 있다. 교원연수의 국가평생교육진흥원을 특수 분야 연수기관으로 지정하여 교육부 중앙교육연수원-국가평생교육진흥원 협업을 통한 사이트에 진입하여 연수실적을 인정받도록 되어 있다.

K-MOOC를 활용한 교원연수 사례

2022학년도 교원연수 운영계획(전라북도교육청)

‣ 새로운 연수영역 발굴·지원
- (K-MOOC 연계) K-MOOC 강좌 중 교육·예술·인문·사회경제 등 직무관련성이 높고 교원에게 필요한 강의 콘텐츠를 엄선하여 제공하고, 이를 직무연수 이수 실적으로 인정
  ※ ('20.상) 11개 과정→('20.하) 14개 과정→('21.상) 17개 과정

[참고] K-MOOC 교원 연수 활용

- (K-MOOC 정의) 수강인원에 제한 없이(Massive), 모든 사람이

수강 가능하며(Open), 웹 기반으로(Online) 미리 정의된 학습목
표를 위해 구성된 강좌(Course)
- (연수 지원) 국가평생교육진흥원을 특수 분야 연구기관으로 지정
 (경기도 교육청 협조), 중앙교육연수원, 국가평생진흥원 협업을
 통한 사이트 진입, 연수실적 인정 시스템 안정화
※ (이수 인정) 지정된 K-MOOC 강의를 수강한 경우 직무연수
 이수 실적으로 인정(학습인정 시간은 예고된 시간 인정)
※ (이수증 발급) 이수증 발급 메뉴 선택→이수증 열람 후 발급

출처: 2022학년도 교원연수 운영계획 전라북도교육청 교원인사과에서 발췌

3. K-MOOC, 더 나은 미래를 위해

2015년에 출범한 K-MOOC는 디지털 대전환 시대 고등·평생교육
의 대표 플랫폼으로서 자리매김하고 있다. K-MOOC에서 제공되는
콘텐츠의 확대와 함께 이용자 수도 날로 증가하고 있다. K-MOOC
운영 주체인 교육부와 국가평생교육진흥원에서는 K-MOOC를 더 나
은 방향으로 발전시키기 위해 다양한 노력을 하고 있다. K-MOOC
선도대학을 선정하여 새로운 강좌개발을 지원하고 있으며, 학습 효과
성을 높이기 위해 교수-학습 측면에서의 지원도 강화하고 있다. 또한
학습자 친화적으로 인터페이스와 서비스 개선을 위해 예산 지원을 강
화하고 있다. 무엇보다도 사회·학습자 수요와 특성을 반영한 강좌를
개발함으로써 K-MOOC 학습 결과 활용 가치 증대를 위해 주안점을
두고 있다.

다양한 학습자의 요구와 특성을 반영하기 위해서는 다양한 분야와

수준의 강좌가 개발되어야 한다. 대학의 전문 분야에 특화된 고급·전문 지식 제공, 자기개발, 직무능력향상, 법정 교육 이수, 자격증 취득, 경력개발, 진로·진학 설계, 외국인 대상 콘텐츠 제공 등이 있을 수 있다. 또한 다양한 콘텐츠를 발굴하고 이를 K-MOOC 강좌로 개발하는 데 있어 대학뿐만 아니라 연구기관, 공공기관, 기업, 직업훈련기관, 각종 협의회·단체 등에서의 참여가 필요하다. 다양한 주체가 K-MOOC 신규 강좌개발에 참여한다면 콘텐츠의 다양화와 다양한 특성과 요구를 가진 학습자들을 유인하는 데 도움이 될 수 있을 것이다.

K-MOOC를 통한 효과적인 학습이 되기 위해서는 교수-학습 측면에서의 지속적인 연구와 개선 노력이 요구된다. 기본적으로 모든 강의가 온라인을 통해 진행되는 K-MOOC 강좌의 특성상 교수자-학습자 간, 학습자-학습자 간 상호작용이 원활하지 못하여 교수-학습에 있어서의 실재감이 오프라인 강의에 비해 높지 않을 수 있다. 상호작용을 강화하기 위한 첨단 테크놀로지의 도입, 온라인 커뮤니티 조성, 댓글 기능 개선, 조교 지원 강화, 멘토링 시스템 개발 등의 방안이 요구된다.

마지막으로 K-MOOC 학습 결과를 인정받게 할 수 있는 다양한 인정제도 개발이 필요하다. 대학 학점인정 제도, 학점은행제, 독학학위제, 평생학습계좌제, 기업/공공기관 연수, 직업훈련, 자격취득제도 등과의 연계·확대를 통해 학습 결과의 활용 가치를 증대하기 위한 행·재정적 개선 방안 마련이 요구된다.

평생교육사업 성공사례_ K-MOOC

이○○

평생교육사업(K-MOOC) 면담자 소개

이○○(34세)는 건양사이버대학교 교육혁신처 교수학습지원팀에서 교육 콘텐츠 개발을 담당하고 있다. 그동안 한국형 온라인 공개강좌 (K-MOOC)에서 하는 강좌들을 아내와 함께 수강하던 중, 2022년 K-MOOC에서 주최하는 영상 공모전에 작품을 출품, 대상(교육부 장관상)을 수상하였다. 교육 콘텐츠 개발에 있어 보다 전문적인 지식과 능력을 향상시키고자 현재 한남대학교 대학원에서 교육공학을 공부하고 있다.

1. 평생교육사업(K-MOOC) 참여동기 및 배움/활동 내용

평소에 온라인 콘텐츠 개발에 관심이 많았고 더욱 효과적으로 학습할 수 있는 온라인 콘텐츠 개발에 대한 강좌를 찾던 중 한국형 온라인 공개강좌를 알게 되었습니다. 그리고 그 당시 저희 아내는 결혼 직후로 경력단절 상태였기 때문에 무언가 공부하여 재취업을 하고자 하는 희망을 갖고 있었습니다. 경제적 부담없이 다시 공부를 할 수 있는 기회를 인터넷을 통해 찾던 중 온라인 무료강좌인 K-MOOC를 알게 되었습니다. 저와 아내는 영상미디어에 관심이 많아서 주로 IT관련 강좌를 다수 수강했습니다. 저희가 수강한 강좌는 주로 영상제작이나 홈페이지 제작과 관련된 것이었습니다. 영상제작을 위해 영상편집 강좌를 수강하였고, 영상제작과정에 디자인이 필요해서 일러스트레이트 프로그램 등과 같은 디자인 소프트웨어 관련 강좌를 수강하였습니다. 그리고 또한 홈페이지 제작에 관심이 생겨 홈페이지 디자인을 위한 홈페이지 소프트웨어관련 강좌를 수강하였고, 홈페이지 제작에 더 고급 기술을 구사하기 위해 홈페이지 제작을 위한 코딩관련 강좌도 수강하는 등 관심의 영역을 확대해나갔습니다. 영상 및 홈페이지 제작을 위해 K-MOOC에서 그동안 수강한 내용들은 2022년 K-MOOC 영상 공모전 출품작을 제작하는 데 많은 도움이 되었습니다.

영상관련 강좌를 수강하는 도중 우연히 한국방송공사(KBS)에서 영상제작을 보조할 계약직 직원을 뽑는 공고를 보게 되었습니다. 평소에 영상제작에 관심이 많았고 K-MOOC에서는 주로 이론을 학습했기 때문에 배운 이론들을 적용해 볼 수 있는 좋은 기회로 생각되어 지원하였고 다행히 합격하였습니다. KBS에서 방영하는 '6시 내고향' 및 다큐멘터리(격렬비열도 사계절 등)를 주로 제작하는 영상팀에서 촬영감독님을 보조하는 역할을 주로 하였습니다. 감독님께서는 촬영에 적극적인 관심을 보이며 열심히 하는 저에게 가끔 실제 촬영을 맡기기도 하셨습니다. 실제 영상 제작과정에 참여하면서 K-MOOC에서 배운 지식을 실제로 적용해 볼 수 있어 매우 의미 있는 경험의 시간이었다고 생각합니다. 촬영활동에 열심히 임하는 저를 보시고 감독님께서는 촬영에 대한 많은 노하우를 전수해주셨고 때로는 '잘 한다'는 칭찬을 주셔서 이 영상콘텐츠제작 분야에 자신감이 생겼고 더 관심을 기울이게 되었습니다.

2. 평생교육사업((K-MOOC)을 통한 성장과 향후 계획

2022년 한국형 온라인 공개강좌(K-MOOC) 영상 공모전에서 대상(교육부 장관상)을 수상하였습니다. 그동안 공모전에 대한 많은 공지를 보았는데, 영상제작에 대한 이론과 경험이 아직은 많이 부족하다는 생각에 도전을 하지 못했습니다. 그러나 K-MOOC에서 영상과 홈페이지 제작관련 강좌를 아내와 함께 같이 수강하고, 한국방송공사 영상촬영팀을 보조하는 경험을 통해 나름 자신감을 갖게 되었고, 영상 공모전에 도전하게 되었습니다. 공모전에 출품한 영상의 주제는 경력단절된 주부가 배우자의 권유로 K-MOOC 강좌를 수강하면서 제

2의 인생을 꿈꾼다는 것입니다. 주변에서 영상제작을 잘 한다는 소리
는 많이 들었지만 교육부 장관상 수상을 통해 저의 실력을 공식적으
로 인정받음으로써 영상제작분야에 더 자신감을 갖게 되었습니다. 그
리고 학생들에게 좀더 독창적이고 나은 교육 콘텐츠 제공을 위해 학
문적으로 더 공부를 해야 하겠다는 생각에 현재 대학원에 진학하여
교육공학을 공부하고 있습니다. 저와 함께 IT관련 분야 K-MOOC 강
좌를 수강하고 이 분야에서 함께 일하고 있는 나의 인생동반자인 사
랑하는 아내와 함께 독창성과 기술력을 갖고 우리나라 교육콘텐츠 질
향상을 위해 끊임없이 노력하고 싶습니다.

3. 평생교육사업(K-MOOC)에 대한 느낌과 바람

제가 아내와 함께 K-MOOC에 개설된 강좌를 수강하면서 느낀 점은
다음과 같습니다. 먼저 평생교육차원에서, 특히 경력단절여성인 아내
의 입장에서 보면, 자신이 꿈꾸는 분야에서 요구되는 지식을 경제적
인 부담없이 언제든 양질의 강좌를 통해 익힐 수 있다는 점입니다. 학
습하는 과정에서 K-MOOC에 바라는 점이 있다면, 초보자도 자신이
원하는 강좌나 메뉴를 직관적으로 알아볼 수 있도록 유저 인터페이스
(User Interface)를 좀 개선해줬으면 합니다. 강좌의 차시 구분을 직
관적으로 정렬, 배치하여 수강자가 원하는 강좌에 바로 액세스할 수
있도록 해주시고, IT관련 전문용어를 초보자들도 쉽게 이해할 수 있도
록 풀어서 설명해주시면 좋겠습니다.

매치업

유기웅(숭실대)

1. 매치업이란 무엇이고, 출현 배경 및 목적은 무엇인가?

매치업(Match業)은 '산업맞춤 단기 직무능력인증과정'을 의미하여 2017년 가칭 한국형 나노디그리(nanodegree) 기본계획 수립에 따라 2018년 정식 명칭을 매치업으로 변경하여 운영하고 있다. 매치업은 4차 산업혁명 분야 직무능력 향상에 필요한 지식과 기술을 온라인 강좌와 실습을 통해 6개월 내외로 운영되는 단기 직무능력인증과정이다. 매치업은 관련 산업분야의 대표 참여 기업이 필요한 직무를 제시하고, 교육기관은 이에 해당하는 특성화된 교육 프로그램을 개설하여 운영해 이수결과를 평가하고 인증하는 과정이다.

매치업의 도입 배경은 다음과 같다. 첫째, 4차 산업혁명 등 대전환 시기에 급격한 기술 변화 및 산업 구조의 전환으로 나타나는 새로운 직업과 직무에 대한 신속한 대응이 필요하다는 점이다. 특히 과학기술·정보통신 등 기술진보에 크게 영향을 받는 업종을 중심으로 고용이 증가하고, 디지털 기술의 고도화, 인공지능의 발전으로 인해 일자리의 생성과 소멸이 빠르게 진행될 것으로 예상되는 인력수요 전망 분석에 따라 산업계의 수요를 반영한 직무능력향상과정이 필요하다는 것이다. 둘째, 기존의 직업훈련과정이 오프라인 출석수업 중심으로 운영되고 있어 시간적·공간적으로 제한이 있는 성인학습자들이 과정 참여에 어려움을 겪고 있다는 점이다. 이러한 물리적 제약을 없애기 위해 성인학습자 친화적 학습방식을 도입하여 대학생, 구직자, 재직자 등이 편리하게 과정에 참여할 수 있도록 개발·운영이 필요하다는 것이다. 특히 코로나 19로 비대면 방식의 교육·훈련 수요 급증에 따른 디지털 신기술 혁신 및 저탄소 경제 전환 등의 사회·경제구조 변화에 대응하기 위해 유연하고 새로운 교육훈련이 요구되고 있다는 점이다.

매치업의 주요 특징을 운영 주체별 흐름에 따라 살펴보면 다음과 같다. 첫째, 매치업에 참여하는 대표기업은 미래유망 산업분야(예: 인공지능, 빅데이터, 스마트물류, 사물인터넷 등) 직무현장에서 핵심직무를 발굴하고 제시하여 직무능력 인증평가 방법 및 내용을 개발한다. 둘째, 교육기관에서는 대표기업이 제시한 핵심직무, 세부직무능력, 직무능력 평가방식 등을 고려하여 특성화된 강좌를 개발한다. 셋째, 품질관리위원회에서는 교육과정 평가 및 자문을 실시하여 교육과정의 질을 관리한다. 넷째, 대표기업은 매치업 교육강좌 이수자를 대상으로 다양한 방식의 직무능력 인증평가(예: 온·오프라인 시험, 발표, 시연 등)를 실시하여, 직무능력 인증평가 합격자를 대상으로 직무능력 인증서를 발급한다. 다섯째, 매치업에 참여하는 학습자의 경우 이수증 및 인증서를 활용하여 취업연계, 사내 인사제도 연계 등 인증서를 활용한다. 매치업 운영의 흐름을 그림으로 정리하면 다음과 같다.

그림 1.1 매치업 운영 흐름도

출처: 매치업 홈페이지(https://www.matchup.kr)

　매치업의 이수결과는 학점으로 인정받을 수 있도록 학점인정법이 2019년 12월에 개정되었으며, 매치업 과정은 2018년 12개에서 2021년 48개로 증가하였다. 또한 매치업 이수결과 및 인증서를 인사제도에 활용하는 기업도 2018년 28개에서 2021년 88개로 늘어난 것으로 나타났다. 학습자 수도 증가하고 있는 것으로 나타났는데, 신기술에 대한 학습자 수요 증대와 참여 기관 등의 확대로 누적 학습자 기준 2019년 4.8천명에서 2021년 4.8만명으로 증가한 것으로 나타났다. 학습 플랫폼의 경우 각 교육과정에서 분절적으로 제공되는 교육과정이 2021년 선정분야부터 K-MOOC 플랫폼 통합 운영으로 대국민 접근성을 제고하였으며, 관련 전문가 등이 참여하는 운영위원회를 통해 교육과정의 질 관리 강화에 힘쓰고 있다.

　2018년에는 인공지능 분야(KT, 전남대, 코리아헤럴드, 엑셈), 빅데이터(엑셈, 코리아헤럴드, 고려사이버대, 포항공대, 한국능률협회, 데이터에듀), 스마트물류(하림, 엔에스 쇼핑, 팬오션, 멀티캠퍼스, 서울디지털평생교육원, 서울디지털대, 중앙대)로 운영되었다. 2019년에는 스마트팜(팜한농, LGCNS, 연암대), 신에너지자동차(현대자동차, 현대엔지비), 블록체인(SK네트웍스, 한양대)으로 운영되었다. 2020년에는 스마트시티(한국마이크로소프트, 네이버, 단국대), 지능형자동차(현대자동차, 현대엔지비)로 운영되었다. 2021년에는 드론(LIG넥스원, 동서울대), 가상·증강현실(유니티 테크놀로지스코리아, 남서울대), 빅데이터(데이터스트림즈, 남서울대), 대체에너지(한국가스공사, 순천향대)로 운영되었다. 2022년 기준 매치업 운영현황은 다음 <표 1.1>과 같다.

표 1.1 매치업 운영현황

분야	대표기업	교육기관
드론	LIG넥스원	동서울대학교
가상·증강현실	유니티 테크놀로지스코리아	남서울대학교
빅데이터	㈜데이터스트림즈	고려사이버대학교
대체에너지	한국가스공사	순천향대학교
스마트시티	한국마이크로소프트(유) 네이버(주)	단국대학교
지능형자동차	현대자동차(주)	현대엔지비(주)
스마트팜	㈜팜한농 ㈜LGCNS	연암대학교
신에너지자동차	현대자동차(주) 현대엔지비(주)	현대엔지비(주)
블록체인	SK네트웍스(주)	한양대학교
D.N.A	건솔루션(주) ㈜프로텍이노션 링크투어스(주)	건솔루션(주)
의료메타버스	㈜메디컬아이피	인천가톨릭대학교
지능형농장 (스마트팜)	㈜팜한농 ㈜LGCNS ㈜엔씽	연암대학교
클라우드	㈜메타넷티플랫폼	㈜IGM세계경영연구원

출처: 매치업 홈페이지(https://www.matchup.kr)

2. 매치업 운영 및 활용 사례

가. 빅데이터실무전문가 기초 과정 운영 사례

고려사이버대학교와 ㈜데이터스트림즈(대표기업)가 컨소시엄으로 개발한 '빅데이터실무전문가 과정'은 빅데이터 분야 실무능력을 향상 시킬 수 있도록 개발된 매치업 프로그램이다. 수강은 K-MOOC 사이트에서 해당 강좌명을 검색 후 수강신청하는 방식으로 이루어지며 수강료는 무료이다. 빅데이터실무전문가 과정에서 제시하고 있는 핵심직무, 교육과정명, 강좌좌명은 다음과 같다.

빅데이터실무전문가과정

- 대표기업: ㈜데이터스트림즈
- 교육기관: 고려사이버대학교
- 수강방법 및 수강료: K-MOOC, 무료
- 이수조건 및 혜택: 과목별 이수기준은 과제, 퀴즈, 시험 등 평가 점수 합계 60점 이상이며, 교육과정별 2개 과목 모두 이수 시 '기초직무능력인증서' 발급

빅데이터실무전무가 기초 과정

핵심직무	교육과정명	강좌명
수학적 사고	빅데이터와 수학적 사고	빅데이터를 위한 확률과 통계
		선형대수로 배우는 빅데이터
빅데이터 기획	정형 데이터 분석	SQL 정형 데이터 분석

빅데이터 가공 및 분석	전문가	대용량 데이터 처리
	비정형 데이터 분석 전문가	머신러닝 빅데이터 분석
		비정형 데이터 분석
빅데이터 플랫폼 구축	빅데이터 처리 전문가	빅데이터 플랫폼
		빅데이터 프레임워크

빅데이터실무전무가 심화 과정

핵심직무	교육과정명	강좌명
수학적 사고	빅데이터와 수학적 사고	R로 배우는 고급통계
빅데이터 기획	정형 데이터 분석 전문가	빅데이터 거버넌스
빅데이터 가공 및 분석	비정형 데이터 분석 전문가	빅데이터 분석 프로젝트
빅데이터 플랫폼 구축	빅데이터 처리 전문가	TeraONE활용 빅데이터 통합 플랫폼 구축

출처: 고려사이버대학교 미래교육원 Match業(매치업) 빅데이터실무전문가과정 수강 안내

나. 스마트팜 운영 사례

연암대학교와 ㈜팜한농, ㈜LG CNS(대표기업)가 컨소시엄으로 개발한 '스마트팜' 과정은 지능형 농장 실무 전문가 양성을 위해 개발된 매치업 프로그램이다. 기초과정은 직무에 대한 지식·기술을 담은 온라인 교육과정으로 K‒MOOC과 연동하여 제공하고, 심화과정은 기업과 연계한 문제해결·실무 프로젝트 기반으로 온/오프라인 블렌디드 형태

로 운영한다. 전체 교육과정수강료는 무료이며 우수 수료생에게는 스마트팜 실습 및 현장 견학이 지원되고, 수료 시 대표기업 직무능력 인증평가 기회가 제공된다. 스마트팜 과정에서 제시하고 있는 기초와 심화과정의 교육과정명, 강좌좌명은 다음과 같다.

스마트팜 과정

- 대표기업: ㈜팜한농, ㈜LG CNS
- 교육기관: 연암대학교
- 수강방법 및 수강료: 온/오프라인 블렌디드, 무료
- 참여대상: 스마트팜(유리 온실/플라스틱 온실)을 활용한 작물(수박, 딸기, 참외, 토마토, 오이) 재배에 관심 있는 자, 농업인 또는 귀농 예정인, 농업회사 재직자 및 취업 희망자

교육과정 신청 ▶ 교육과정 학습 ▶ 교육과정 평가 응시 및 이수 ▶ 교육과정 이수증, 직무능력 인증서 발급 ▶ 교육과정 이수증, 직무능력 인증서 등 학습결과 활용

기초과정

과정명	강좌명
스마트팜 시설 에너지관리 전문가 기초과정	스마트팜 시설 및 기기
	스마트 농업 시설의 구조/종류, 관리와 운영
	스마트 농업 시설의 구축과 관리방법
	농업 시설의 에너지 절감시설 관리와 운영
스마트팜 작물재배 전문가 기초과정	스마트팜 복합환경제어 관리/운영
	스마트팜 광, 이산화탄소, 온·습도 관리
	양액 및 시설 내 시비관리
	생육 단계별 관리방법

스마트팜 작물보호 전문가 기초과정	식물에 병을 일으키는 기작의 종류
	식물병 예찰을 위한 병충해의 특징
	식물병, 해충의 진단 방법
	작물보호제 사용과 작용기작 및 종합적 병해충 관리
스마트팜 데이터 관리 전문가 기초과정	스마트팜 수집 데이터 및 계측 기술 습득
	지상·지하부 환경 데이터 수집 및 계측
	생체 데이터 계측과 수집
	RGB, 기타 영상 데이터 계측과 수집

심화과정

과정명	강좌명
스마트팜 시설 에너지관리 전문가 심화과정	스마트팜 운영사례 연구
	스마트팜 에너지 시설 운영
	스마트 농업의 계측 설비 선정/설치
	스마트 농업의 에너지 기기 선정/설치
스마트팜 작물재배 전문가 심화과정	스마트팜 생육단계별 관리
	스마트팜 영양관리 이해
	스마트팜 생리장해 관리
	스마트팜 수확판정 및 품질관리
스마트팜 작물보호 전문가 심화과정	스마트팜 병해충 방제
	스마트팜 병충해 진단 및 방제법
	품목별 선도 농가 방문
	최신 작물 보호 기술(드론 농업방제)
스마트팜 데이터 관리 전문가 심화과정	스마트팜 데이터관리 이해
	스마트팜 데이터관리 현장 사례

데이터 코딩, 추출, 시각화 및 분석
스마트팜 데이터 추출 분석

출처: 연암대학교 평생교육원 2022년 매치업 스마트팜 구축 전문가 교육 과정 수강 신청 안내

다. 직업 전환을 위한 자격 준비

　매치업은 상설자문단(전문가 협의체)을 구성하여 미래유망 산업분야 및 해당 분야 대표기업을 선정하고, 대표기업이 핵심직무를 발굴하고 제시함으로써 취업과 연계가 가능하도록 하는 방식이다. 이와 같은 취지에 따라 매치업 인증대상자를 일부 해당기업에 직접 채용 또는 채용 시 우대, 관련 기업 추천 등을 기대할 수 있으며, 해당 기업의 교육훈련 실적으로 인정하거나 승진 등 인사평가제도에서 우대받을 수 있다는 장점이 있다.

매치업 드론 과정 참여 사례

'매치업과의 만남: 전환의 시기, "매치業과 레벨 UP·행복 UP"'

박ㅇㅇ(2022년 매치업 우수사례 공모전 수상)

"저는 장교로 약 22년간의 군 복무를 마무리한 중년 남성입니다. 전역을 앞두고 21년 10월 1일부터 주어진 전직 기간 초반 다양한 전직 교육과정을 통해 이직 관련 정보·교육을 듣게 되었는데 대다수 내용들은 기존 직업군에 취업을 위한 경력·자격·학력 등을 활용하는 내용과 워크넷, HRD 넷, 경기기술학교 등의 교육과정 정도가 그나마 실용성이 있어 보였습니다. 그런데 개인적으로 다소 많이 부족하다는 생각이 들었습니다."

"그러던 중 4차 산업 관련 관심이 있어 18년경 취득했던 드론 1종 자격 증을 활용한 취업 준비를 모색해 보기 위해 드론 관련 기술교육 등을 알 아보다가 22년 2월경 인터넷 검색을 통해 "동서울 대학교"의 드론 강좌 가 K-MOOC에 있다는 것을 알게 되어 관련 콘텐츠를 살펴보다가 "Match業"을 인지하게 되었습니다."

"언론 보도나 국가적으로 홍보되는 결과물 위주 또는 개념인식 중심의 4차 산업이 아닌 손에 잡히고 실질적으로 접근해 볼 수 있는 교육내용이 한 과목도 아니고 9개 분야라는 것에 놀랐고, 흥미로워 드론 분야 1과목 을 수강했는데 강좌 내용과 강의 수준이 너무 양질이고 실질적이라 한 번 더 놀랐습니다."

"개인적인 생각은 우리나라에 개설된 드론 교육원의 교육수준보다 월등 히(큰 규모의 2개 교육원 교육을 받아봄) 좋고 구체적이었으며, 이는 22 년 5월부터 드론 지도 조종자 취득 준비에 도움이 되어 별도로 학습시간 을 갖지 않고도 22년 8월에 드론지도조종자 교육과정 이수 후 응시한 시 험에 한 번에 합격했습니다."

"나름 스스로의 학습 성과를 정리해 보면 "Match業" 드론 강좌를 수강 하기 전에는 단순히 드론을 안전하게 날리는 취미 수준의 정도였다면 "Match業" 강좌 이수 후 현재는 드론 산업 관련 법적 배경지식 숙지 하 에 비행, 정비, 산업응용(안전진단, 측량 등)에 대한 지식도 넓혀갈 수 있는 역량이 구비되었다고 자부합니다."

"결론적으로 저는 "Match業"을 알게 되면서 방향성 있는 진로탐색, 목 적 있는 교육 참여 및 자격증 취득 선택·도전이 가능해졌고 4차 산업 분야 접근·종사에 대한 막연함을 줄이고 효율적으로 가시화 및 구체화 할 수 있는 계기가 되었다고 생각합니다."

출처: 2022년 매치업(Mathc업) 우수사례 공모전 수상작, 국가평생교육진흥원 공식 블로그에서 발췌

라. 업스킬링을 통한 업무 개선

매치업은 재직자를 대상으로 필요한 직업훈련에 활용될 수 있다. 디지털 테크놀로지가 고도화되고 이에 따른 업무 수행 방식의 변화 등으로 인해 업스킬링(upskilling)에 대한 수요가 증가하고 있다. 신산업 분야의 경우 기존 산업과의 융합적인 요소가 반영되기 때문에 직무수행의 고도화와 효율화, 직무이동 시 업스킬링 또는 리스킬링(reskilling)의 필요성이 대두되고 있다. 또한 고숙련·전문화된 직무수행에 있어 새로운 기술을 도입할 경우 해당 업무 담당자의 준비성, 심리적 불안감과 부담이 중요하게 작용하기 때문에 고용주 및 근로자들은 효율적인 직무능력 향상을 위한 방안에 고심할 수밖에 없다. 매치업은 재직자를 대상으로 업스킬링과 리스킬링을 위해 효과적으로 활용될 수 있다.

매치업 빅데이터 과정 참여 사례

'매치업이 도와 준 베트남 해외법인 HR 업무 개선'

오ㅇㅇ(2022년 매치업 우수사례 공모전 수상)

"베트남에서 근무한 지도 어느덧 6년이 넘어가고 있다. 모든 것이 낯설고 한국과는 다른 베트남 현지에서의 HR 업무를 하면서 느낀 것은 객관적인 데이터에 근거한 판단보다는 상황마다 인사담당자의 직관을 통해 의사 결정에 근거를 삼는 경우가 많다는 것이다."

"그러던 중 매치업 빅데이터 과정에 대한 내용을 접하게 되었고 초보자도 쉽게 빅데이터에 대해 접할 수 있고 단순하게 빅데이터에 대한 이론적인 교육이 아닌 실제 산업현장에서 유용하게 사용할 수 있는 산업 전분야의 흐름을 주도하는 빅데이터 핵심 직무 능력을 배울 수 있다는 점과 온라인 교육이라 해외법인 근무중에도 여가 시간을 통하여 충분히 학습 가능하다는 부분에 매력을 느껴서 매치업 빅데이터 과정을 수강하게 되었다."

"이번 기회를 통해 매치업 빅데이터 과정을 통해 배운 지식들을 해외 법인의 HR 실무에 적용해보며 인적자원 데이터에는 다양한 요인들이 숨겨져 있고 법인 운영 전반에 큰 영향을 미치는데 이를 파악하기 어렵다고 느꼈고 다양한 방법을 통한 데이터 분석 스킬과 활용에 대한 지식과 노하우를 쌓을 수 있었다. 향후엔 아직은 접근 권한에 제한이 있어 평소 데이터 분석 아이디어 및 실현, 다른 분석 자료를 경험할 기회가 너무 제한되는 인적자원 외 생산, 영업, 물류 등 다른 데이터를 분석하여 인적자원이 각 요소에 미치는 영향에 대해 연구해 볼 예정이다."

출처: 2022년 매치업(Mathc업) 우수사례 공모전 수상작, 국가평생교육진흥원 공식 블로그에서 발췌

마. 스마트 농업 훈련에 활용

매치업 프로그램은 스마트 농업에 필요한 역량을 개발하는 데 활용될 수 있다. 최근 디지털 테크놀로지의 고도화와 확산으로 스마트 농업이 관심을 끌고 있다. 스마트팜은 비닐하우스, 온실, 시설원예, 축사 등에 인공지능, 빅데이터, 사물인터넷, 로봇 등 정보통신기술을 접목하여 각종 작물 또는 가축의 생육환경을 최적으로 유지·관리할 수 있는 농장 등을 의미한다. 좁은 의미로는 농장, 시설 등 물리적 장소를 의미하지만, 이러한 환경에서 생산되는 작물의 가공·유통·소비 등 생산부터 소비까지의 전체 프로세스에 테크놀로지를 도입하는 농업혁신을 의미하기도 한다. 스마트팜을 운영하기 위해서는 농업뿐만 아니라 관련 정보통신 기술과 지식이 요구된다. 매치업은 청년 귀농층에게 맞춤

형 스마트 농업 교육 프로그램을 제공하여 성공적인 귀농 생활에 기여하고 더 나아가 청년층 유입을 강화하는 데 활용될 수 있다.

 매치업 스마트팜 과정 참여 사례

'이론과 경험을 겸비한 스마트팜 전문가를 위한 발걸음'

신○○ (2021년 매치업 우수사례 공모전 수상)

"개인적으로 스마트팜은 농업에 대한 지식만 가지고 있다고 되는게 아닌 IT, 시설, 재배 등 다양한 분야에서의 협업이 이루어져야 한다고 생각한다. 하지만 혼자서 모든 것을 커버할 수 있는게 쉽지 않다. (중략)... 이러한 상황에서 매치업에서 제공하는 스마트팜 교육과정은 한줄기의 빛이나 다름없었고 스마트팜 구축 전문가, 스마트팜 방제 전문가, 스마트팜 영양 전문가, 스마트팜 환경 관리 전문과 과정 모두를 신청하여 이수하게 되었다."

"이론 교육과정이 끝나고 몇 개월이 지난 후 매치업 스마트팜 현장실습 특강에 참여하게 되었다. (중략)... 강의영상으로만 보던 교수님들을 실제로 만나 뵙고 현장에서 다양한 시설과 복합환경제어기, 냉난방기 등 다양한 스마트팜 관련 기기들을 직접 보면서 이론 수업으로 모자랐던 부분을 채울 수 있는 기회가 되었다."

"매치업 스마트팜 전문가 교육을 통해 그 동안 관련 지식을 쌓고 농고-농대까지 축적해온 전공지식을 통해서 모든 질문에 문제없이 답할 수 있었고 그 결과 온실전체의 환경제어와 지배업무를 담당하는 지배관리사로서 근무할 수 있었다."

"베트남 하노이에서 3000평의 연동형 하우스 시설관리사 제안이 들어와 현재 전문가 파견을 앞두고 있다. 지금까지의 나의 과정 중 가장 의미있는 것 중 하나를 뽑으라면 매치업 스마트팜 전문가 교육과정을 뽑을 수 있을 것 같다. 매치업 교육과정을 통해 스마트팜에 대한 깊은 탐구가 가능했고 지금까지 모든게 이어졌다고 해도 과언이 아니다. 지금도 농업과 스마트팜에 관심을 가지고 있는 친구들에게 매치업을 소개하고 있는데 이 교육과정이 더욱 성장하여 많은 청년들에게 큰 힘이 되었으면 좋겠다."

출처: 2021년 매치업(Mathc업) 우수사례 공모전 수상작, 국가평생교육진흥원 공식 블로그에서 발췌

3. 매치업, 성과와 과제

2018년에 출범한 매치업 사업은 산업 맞춤형 단기직무능력 인증 과정으로 매치업 이수결과 및 인증서를 인사제도에 활용하는 기업이 확대되고 있으며, 무엇보다도 과정에 참여한 학습자의 현장 실무능력 강화에 기여하고 있다. 지금까지의 주요 성과를 정리하면 다음과 같다. 첫째, 산업 분야의 확대에 따른 교육과정의 다양화이다. 2018년 3개 분야(인공지능, 빅데이터, 스마트물류), 2019년 3개 분야(스마트팜, 신에너지 자동차, 블록체인), 2020년 2개 분야(스마트 시티, 지능형 자동차), 2021년 4개 분야(드론, 가상·증강현실, 빅데이터, 대체에너지), 2022년 4개 분야(의료 메타버스, 지능형 농장, 데이터·네트워크·인공지능(D.N.A), 클라우드, 5G(인터넷 기반 자원 공유))를 선정하여 신기술 분야로 지원을 확대하고 있다. 이에 따라 대표기업과 교육기관이 협업하여 해당 분야의 교육과정 및 직무능력 인증평가 개발을 추진하였다.

둘째, 매치업의 결과를 활용하는 기업이 확대되었다는 점이다. 신기술 분야 과정이 증가하고 교육과정이 다양화됨에 따라 과정에 참여하는 학습자가 수가 2019년 4.8천 여명에서 2021년 4.8만 여명으로 증가

하였고, 매치업 이수 결과를 채용, 인사, 교육훈련에 활용하는 기업이 확대(2021년 88개 기업)되고 있는 것으로 나타났다.

이러한 성과에도 불구하고 앞으로 매치업이 산업 맞춤형 평생·직업 교육의 대표 플랫폼으로서 성장하기 위해서는 다음과 같은 사항을 고려해야 한다. 첫째, 신기술 분야의 신속하고 유연한 발굴과 교육과정의 개발 측면이다. 교육과정 및 강좌 개발 등에 유연성과 신속성이 떨어지는 일반 대학교 체계와는 달리 매치업 과정의 경우 기업에서 필요로 하는 특정 분야에 대한 교육과정을 신속하고 유연하게 발굴하여 개발할 수 있다는 특징이 있다. 특히 디지털 신기술·신산업 분야, 예를 들어, D.N.A(데이터, 네트워크, 인공지능), 5G(메타버스, 클라우드, 블록체인, 사물형 인터넷 등 초연결 신산업), 차세대 반도체, 미래자동차, 바이오헬스, 탄소중립, 스마트 헬스케어, 스마트·친환경 선박, 핀테크, 항공·드론, 첨단신소재, 차세대 디스플레이, 혁신신약, 프리미엄 소비재 등 관련 대표기업과 교육기관과의 컨소시엄을 통한 교육과정 개발 및 인증평가 체계 구축이 필요하다.

둘째, 교육의 내실화 측면이다. 단순하게 온라인 교육만으로 산업 현장에서 필요로 하는 지식·기술을 익히기에는 한계가 있기 마련이다. 기업에서 근무하는 현장 근무자−수강생 간 멘토링 시스템 구축, 교육조교(TA), 오프라인 병행 또는 교수자−학습자 간, 학습자 간 상호작용을 강화하기 위한 테크놀로지의 도입 등이 필요하다. 또한 교육과정의 질 제고를 위해 환류 체계를 구축하여 매치업 과정의 품질관리를 강화해야 할 것이다.

마지막으로 매치업 이수 결과를 활용하는 기업을 확대하기 위해 매치업 교육과정 개발 및 운영에 참여하는 기업에 대한 인센티브 제공 등 기업 참여 유인을 제고하고, 기업뿐만 아니라 직업능력개발훈련 프

로그램에서 매치업 강좌를 직업훈련, 기업 연수 등에 활용할 수 있도
록 관련 부처와 기업 간의 협의가 필요하다.

평생교육사업 성공사례_ Match業(1)

오○○

평생교육사업(Match業) 면담자 소개

오○○(42세)은 베트남에서 7년 정도 HR업무를 담당하고 있는 회사원으로 매치업 빅데이터 과정을 수강한 후 회사의 인사업무에 이를 폭넓은 분야에 유용하게 잘 활용하고 있다.

1. 평생교육사업(Match業) 참여동기 및 배움/활동 내용

저는 우연히 인터넷에서 매치업 빅데이터 과정을 수강하게 되었습니다. 초보자도 쉽게 빅데이터에 대해 접할 수 있고 이론적인 교육이 아닌 실제 산업현장에서 유용하게 사용할 수 있는 산업 전 분야의 흐름을 주도하는 빅데이터 핵심 직무 능력을 배울 수 있다는 점과 온라인 교육이라 해외법인 근무 중에도 여가 시간을 통하여 충분히 학습 가능하다는 부분에 매력을 느껴서 그 과정을 수강하게 되었습니다.

SQL정형데이터분석, 대용량데이터처리, 머신러닝빅데이터분석, 비정형데이터분석, 빅데이터를 위한 확률과 통계, 빅데이터프레임워크, 빅데이터플랫폼, 선형대수로 배우는 빅데이터 총 8과목을 수강하였고 공부할수록 조금씩 빅데이터에 관한 지식이 쌓이고 이해도가 생기기 시작했고 이론과 실무 간의 간극에 대해 고민해보고 맡고 있는 HR 업무에 적용해보고 싶은 마음이 들어서 빅데이터를 통해 작은 부분에서부터 정확한 데이터에 근거하고 보기 편하게 정리된 실제 데이터를 통해 리더십의 의사결정에 도움을 제공하고 무의식적인 선호나 편견에 대해 어느정도 저항을 갖출 방법에 대해 고민하기 시작했습니다. 그 첫걸음으로 기존 회사가 운영하던 인원 관리 시스템과 베트남 거주지역 정보 및 코로나 확진자 관련 정보를 융합하여 바로 확인 가능한 인원 데이터 내에서 리더십 및 관리자 직급에서 의사결정 시 참고가 될 수 있는 유의미한 자료들만 뽑아서 시각화하는 것을 목표로 인적자원 분석 Dashboard(확진자, 신입사원 현황 등)을 만들어 보기로 했고 베트남 현지 지역 지도 데이터와 각 인원들의 데이터를 연결하여 거주지 구분 표시가 좀 더 명확하게 표시될 방법을 연구해보았습니다.

이를 위해 Dashboard의 형식으로 해외 각 법인의 주요 이슈 사항인 코로나 확진자의 성별, 거주지역, 소속 부서, 근속 연수 등 다양한 자료를 법인 인원 현황과 연결하여 확인이 가능하게 만들고 신입사원 현황 등 코로나 시대 중요 포인트인 인력 운영에 대한 정보와 더불어 접근 권한이 있는 누구나 손쉽게 현재 해당 법인의 인원 현황을 파악할 수 있게 하고 확진자 발생 시 문제가 예상되는 부서 및 지역 인원들을 사전 파악이 가능하게 만들어 보기로 했습니다.

처음엔 막막하고 어디서부터 어떻게 적용해야 할지 모르는 상황이었으나 일주일 간 심사숙고 끝에 우선 법인별 인적자원에 대한 현황 파악 및 장애 요소 사전 발견을 통한 돌발상황 대비라는 주제를 바탕으로 법인 내 인적자원 특성 파악 및 코로나 확진자 발생으로 인한 각 부서별 영향 요소 사전 파악, 확진자 발생 시 지역별, 부서별 접촉자가 격리될 가능성이 높은 점을 통하여 관련 부서에 미칠 영향을 사전 파악 및 대응안 모색, 1년 미만 신입사원의 특성과 상황을 파악하여 조기 퇴사를 방지하고 회사에 장기 근속할 수 있도록 현황 추적 관리라는 세 가지 목표를 세웠습니다.

그리고 데이터 전처리를 최소화하기 위해 사용데이터는 회사에서 기사용하던 인사시스템 상의 직원 인적사항 데이터와 관련 부서와 베트남 지역 CDC의 코로나 확진자 데이터 정보, 지역 지도만을 사용하기로 결정을 하고 다시 세부적인 추진 목표로 코로나 확진자로 인한 생산 인력 공백 최소화를 위한 확진자 발생 시 해당 인원의 소속 부서, 거주지역 파악, 관련하여 인원 공백이 예상되는 부서에 사전 지원 및 충원 준비를 첫번째 목표로 1년 미만 신입사원의 근무 지속 지원을 위해 각 신입사원들의 현재 근무 부서, 직급 등을 지속 파악, 특정 부서에 신입사원들이 과도하게 모여 있는 경우가 없도록 부서간 인원 조정 진행 등을 두번째 세부 목표로 각기 재수립하였습니다.

또한, 기대 효과로 인원 공백으로 인한 생산량 저하 및 차질로 인해 투입되는 초과 인건비 및 불량 비용 절감, 신입사원의 조기 정착 및 장기 근무를 통한 숙련공 및 멀티 스킬 인력 보유, 전체 인적자원의 현황 파악을 통한 적재적소에 인력 운영, BY2 관리 및 잦은 퇴직 인원 감소를 통한 채용, 교육 비용 절감, 인력 운용에 있어서 문제가 있는 부서를 확인하여 사전 발견 및 조치할 수 있는 점에 대해 설정하고 방향성을 잡아서 Dashboard 구성을 시작했습니다.

해당 분석을 위한 가설로 '확진자가 나온 지역의 인원 역시 근태에 영향이 있다', '확진자가 나온 부서의 인원 공백이 증가할 것이다', '신입사원마다 근무 부서나 직급에 차이가 있다', '신입사원이 각 부서마다 골고루 분포되어 있지 않다', '근속년수에 따른 부서별 배치 차이가 있다', '부서별 근속년수에 차이가 있다'라는 주요 가설을 세워서 좀 더 효과적인 결과물이 도출될 수 있도록 재점검의 기준으로 삼았고 이후 Dashboard를 완성할 수 있었습니다.

2. 평생교육사업(Match業)을 통한 성장과 향후 계획

매치업 빅데이터 과정을 통해 배운 지식들을 해외 법인의 HR 실무에 적용해보면서, 인적자원 데이터에는 다양한 요인들이 숨겨져 있고 법인 운영 전반에 큰 영향을 미치는데 이를 파악하기 어렵다고 느꼈고 다양한 방법을 통한 데이터 분석 스킬과 활용에 대한 지식과 노하우를 쌓을 수 있었습니다.

향후에도 아직은 접근 권한에 제한이 있어 평소 데이터 분석 아이디어 및 실현, 다른 분석 자료를 경험할 기회가 너무 제한되는 인적자원 외 생산, 영업, 물류 등 다른 데이터를 분석하여 인적자원이 각 요소에 미치는 영향에 대해 연구해 볼 예정입니다.

3. 평생교육사업(Match業)에 대한 느낌과 바람

매치업 과정은 오래된 사고방식을 버리는 데 도움을 주었고 익숙한 기존의 것들을 이용하여 새로운 정보와 변화를 이끌어 내는 방법이 어떤 것인지에 대해 알게 해준 프로그램으로 저에겐 아주 뜻깊은 기회였습니다. 따라서 어디에서 어떤 일을 하고 어떤 상황에 있든지 매치업을 통해 트렌드를 이해하고 새로운 지식에 눈 뜰 수 있다는 것을 다른 모든 사람들에게도 함께 알리고 나누고 싶습니다.

아쉬웠던 점은 함께 수업을 듣는 인원들과 교류가 부족했다는 점인데 향후에는 함께 화상으로라도 이야기를 나누고 보다 다양한 아이디어와 생각을 나눌 수 있는 기회가 마련될 수 있으면 좋겠습니다.

평생교육사업 성공사례_ Match業(2)

박○○

평생교육사업(Match業) 면담자 소개

박○○(45세)은 직업군인으로서 육군에서 주로 정보분석, 정보계획, 정보자산운용 및 관리 등의 분야에서 약 22년간 근무하였다. 2022년 9월부로 군에서 전역하였고 매치업과정 수강 후 최근 자신이 원하는 분야에 취업하였다.

1. 평생교육사업(Match業) 참여동기 및 배움/활동 내용

저는 다양한 전직교육과정을 통해 이직관련 정보 및 교육을 듣게 되었습니다. 대다수 내용들은 기존 직업군에 취업을 위한 경력·자격·학력 등을 활용하는 내용과 워크넷, HRD넷 등 관련 사이트 소개 수준이었고, 직무능력을 향상시키는 실무교육은 HRD넷, 경기기술학교 등의 교육과정 정도가 그나마 실용성이 있어보였습니다. 그런데 개인적으로 이러한 정보제공 및 교육이 많이 부족하다는 생각이 들었습니다. 저는 학부시절 전기·전자공학을 전공했기에 관련 지식과 軍 경험을 융합해 보고 싶기도 했고 국가에서는 정책적으로 4차 산업을 육성하고 인력양성을 강조하고 있어 관련 분야에 관심을 가지고 있었지만 제가 상담했던 공공·민간의 다양한 전직컨설팅 상담사 분들은 기존 산업의 구직 안내 수준의 설명만 가능할 뿐 4차 산업 관련 사항은 구체적으로 소개해주거나 알려줄 수 있는 분들은 거의 없었습니다. 그리고 스스로 자기의 능력을 진단하며 4차 산업 분야에 접근(진출)하는 것도 저에게는 그저 막연하기만 했습니다. 더불어 다시 관련 분야를 학문적으로 공부하기엔 시간적, 경제적 측면에서 어려움이 있었고, 기존 전공 및 종사분야와 학·경력 면에서 연계성 있는 중장년

인력을 선별 또는 선발 전환시켜 효율적으로 활용하는 시스템도 부재하다고 느끼고 있었습니다. 그러던 중 4차 산업관련 분야에 관심이 있어 18년경 취득했던 드론 1종 자격증을 활용한 취업준비를 모색해보기 위해 드론관련 기술교육 등을 알아보았습니다. 2022년 2월경 인터넷 검색을 통해 "동서울대학교"의 드론강좌가 K-MOOC에 있다는 것을 알게 되었고 관련 콘텐츠를 살펴보다가 [Match業]이라는 평생교육사업을 인지하게 되었습니다.

2022년 10월 기준, 저의 관심분야 위주로 드론 등 약 3개 분야의 29개 [Match業] 강좌를 수강완료하였는데 그중 드론분야는 이직준비와 연계하여 심화해보고 싶어 개설된 모든 과정을 이수했습니다. 개인적인 생각은 우리나라에 개설된 드론교육원의 교육수준보다 월등히 좋고 구체적이었으며, 이는 2022년 5월부터 드론지도 조종자 자격취득 준비에 도움이 되어 별도로 학습시간을 갖지 않고도 2022년 8월에 드론지도 조종자 교육과정 이수 후 응시한 자격시험에 한번에 합격했습니다. 또한 2022년 5월, 7월, 9월 소속 드론교육원의 비행, 드론촬영, 정비 교육시에도 [Match業] 강좌내용을 선행학습한 상태라 학습을 넘어 [Match業] 지식내용을 나눌 수 있을 정도로 관련 직무지식과 자신감 향상에 매우 도움이 되었습니다. 드론 분야는 동서울대학교 주관 K-MOOK에서 온라인으로 2022년 1월 18일 ~ 5월 1일까지, 4개 분야 7과목을 수강하였고, 중간고사, 기말고사 같은 퀴즈, 학습한 내용의 적용 사례 등이나 발전방향에 대한 의견 레포트 제출, 조립 실습, 프로그램 적용 등의 활동을 하였습니다. 각 과목 및 과정별 "직무능력 인증서" 발급과 全과정을 모두 이수하면 "마스터인증서" 발급받을 수 있습니다. 과목편성과 한과목에 편성된 복수의 교수자 배정 뿐 아니라 실제 교육을 들어보면 여느 드론교육기관보다 체계적이고 전문적인 교육과정이어서 충실하게 배울 수 있었습니다.

2. 평생교육사업(Match業)을 통한 성장과 향후 계획

나름 스스로의 학습성과를 정리해 보면, [Match業] 드론강좌를 수강하기 전에는 단순히 드론을 안전하게 날리는 취미 수준의 정도였다면 [Match業] 강좌 이수 후 현재는 드론에 관한 상당한 지식을 갖추게 되었습니다. 드론산업 관련 법률적 지식뿐 아니라 드론 비행, 정비, 산업응용(안전진단, 측량 등)에 대한 지식도 넓혀갈 수 있는 역량이 구비되었다고 자부합니다. 만약에 드론 정비분야나 소프트웨어분야 국가공인자격증이 있다면 도전했을텐데 아직은 관련분야가 별도로 없거나 공신력이 미미한 민간분야 자격증 밖에 없어 좀더 심화시키지 못하고 있어 이 부분에 대한 아쉬움이 있습니다. 추가로 강의를 들었던 신에너지자동차 분야와 스마트시티 분야 등의 강좌를 통해서는 관련지식의 확대는 물론 간단한 전기차 튜닝, 스마트시티의 구성을 위한 학부 전공(전기·전자분야)지식에 대한 직무적용 가능성을 스스로 진단하며 가늠해볼 수 있는 좋은 계기가 되었습니다.

진로결정과정에서 막연해 하다가 [Match業]을 통해 4차 산업의 실체도 인식하게 되었고, 앞으로 무엇을 할 것인가에 대한 방향성도 다듬어졌습니다. 원래는 드론을 이용한 안전진단 등의 일을 생각했었는데, 관련된 사항들을 알아보다 보니 드론도 조종보다는 제어, 정비 분야가 더 필요한 분야라는 인식을 하게 되었습니다. 그래서 이 분야의 기술적 심화를 어떻게 할지 고민하던 중 올해 1월부터 시작하는 산업현장 자동화에 상용하는 주요 기술인 스마트 PLC(Programmable Logic Controller, 프로그램 논리 제어 장치) 교육과정을 접하게 되었고 최근에 성공적으로 그 과정을 마쳤습니다. 또한 PLC교육 기간에 교육받았던 협회 주관 "PLC제어유지보수관리사"라는 자격증도 추가로 취득하였습니다. 이러한 노력 결과 PLC로 산업로봇을 제어하는 회사에 최근 합격하여 출근하게 되었습니다.

3. 평생교육사업(Match業)에 대해 느낌과 바람

취업자리를 알아보면서, 조금 아쉬웠던 점은 아직 이러한 [Match業] 인증서를 인지하고 채용하는 기업(업체)들이 많지 않다는 점입니다. 구직공고에서 다른 국가공인자격증서와 같이 [Match業]관련분야 이수자를 찾는 사례를 거의 보지 못했습니다. 차후 구직자가 자신의 구직관련 서류에 [Match業] 인증서를 기재하여 자신의 직무능력을 표현하는 차원을 넘어 구인을 하는 다양한 곳에서 [Match業] 인증서를 취득한 사람을 기술인력으로 인정하는 분위기가 확산되기를 기대합니다. 이러한 분위기가 확산되기를 바라며, 본인도 구직을 희망하는 분야뿐만 아니라 다른 분야도 틈틈이 교육받고 인증서를 취득해 두어야겠다는 생각을 하고 있습니다.

대학의 평생교육체제지원사업(LiFE)

양은아(나사렛대)

1. 사회의 변화와 대학교육의 혁신:
'고등교육의 평생학습 기능 강화'에 주목하다

대학은 인류의 긴 역사 속에서 그 시대마다 필요한 인재와 인력을 배출하는 역할을 충실히 수행해 왔다. 그러나 2000년대 중반 이후 대학 학령인구의 감소, 4차 산업혁명시대 기술의 변화, 지식경제시대 노동시장의 전환, 저출산·고령화시대 인구구조의 변화 등 사회 변화가 활발히 논의되면서, 대학도 혁신해야 한다는 사회적 요구에 직면했다. 평생 재교육과 역량개발이 요구되는 노동시장 변화에 대응하여, 학령기 학생 대상의 전통적 기능에서 벗어나 성인학습자를 유치할 수 있도록 대학교육체제를 혁신해야 한다는 것이다.

이처럼 고등교육생태계가 구조적으로 변화되는 상황을 평생학습으로의 확장이라는 관점에서 조명하는, '고등교육의 평생학습기능 강화' 정책이 주목받고 있다. 이미 영국을 비롯한 유럽 산업선진국들은 오래 전부터 고등교육체제와 평생교육체제가 긴밀히 연계되는 교육개혁 정책을 추진해나가고 있다(양은아, 2020, 2023). 영국은 1997년 '학습사회에서의 고등교육[Higher Education in the Learning Society]'이라는 고등교육개혁 보고서를 발표하면서 고등교육 비전의 핵심을 "학습사회로의 발전"이라고 밝히고, 평생학습사회에 적합한 새로운 대학의 비전과 역할, 개혁정책들을 제시하였다(한숭희, 2019). 이러한 배경에서 우리나라도 고등교육 혁신을 위한 핵심 정책으로 대학평생교육 정책과 사업을 추진하고 있다. 대학체제 개편 논의가 정책 이슈화되면서 본격적으로 방향 전환이 이루어진 것은 2008년이다. 교육부는 2008년부터 '평생학습중심대학 지원사업'을 추진하였고, 이후 2016년에는 '평생교육단과대학 지원사업' 신설을 통해 대학평생교육의 전환적 분기점을 만들었다. 이를 토대로 2017년에 평생학습중심대학 지원사업과 평생교육단과대학 지원사업을 '대학의 평생교육체제 지원사업'(LiFE: Lifelong education at universities for the Future Education)으로 통합·개편하여 현재에 이르고 있다.

이와 같은 배경에서 2022년 12월에 정부는 관계부처합동으로 '제5차 평생교육진흥 기본계획('23~'27년)'을 발표하였다. 여기에는 "누구나 계속 도약할 수 있는 기회, 함께 누리는 평생학습사회" 비전을 실현하는 6대 과제 중 첫 번째 과제로 "평생학습 상시플랫폼으로서 대학의 역할 확대"가 포함되었다. 이 계획은 국민의 계속적인 역량향상을 위한 기관으로서 대학을 통한 양질의 재교육·향상교육(re-skilling and up-skilling) 지원 정책을 활성화하기 위해 설계된 전략이다(관계부처 합동, 2022: 13). 정부는 이 과제를 추진하기 위해 세 가지의 방향성을 설정하였다. 첫째는 학령기 학생 중심의 대학 교육체계를 성인학습자까지 확대하여 평생학습 거점으로서 대학의 기능과 역할을 강화하는 것이고, 둘째는 언제든 대학을 통해 자신의 역량을 향상할 수 있도록 대학을 평생학습 상시 플랫폼으로 개방·유연화하는 방안이다. 셋째는 현재 성인학습자 전담대학(LiFE 대학)을 점차적으로 확대해 나가겠다는 구체적인 목표를 밝혔다.

대학이 궁극적으로 평생학습사회에서 성인학습자 친화적인 고등교육기관으로 재탄생하기 위해서는 대학의 의미와 지평을 과감히 넓히고, 대학 시스템의 대변화를 단행하는 구조적 변혁이 수반되어야 한다. 이와 같은 맥락에서 본 장은 현재 정부의 대표적인 고등평생교육 정책으로 시행되고 있는 '대학의 평생교육체제 지원사업(LiFE)'을 중심으로 평생학습사회에서의 대학의 역할 변화와 기능 확대를 면밀히 살펴본다.

2. 대학의 평생교육체제 지원사업(LiFE): 성인의 역량향상을 위한 대학의 역할을 강화하다

대학의 평생교육체제 지원사업(LiFE)은 대학 내 성인학습자를 전담하는 과정을 운영함으로써 대학에 (재)진입하고자 하는 후진학 학습자와 성인학습자가 고등평생교육에 참여하는 기회를 확대하는 사업이다. 이를 위해 성인학습자 친화적으로 교육과정 및 학사체제를 개편하고, 다양한 후진학 지원체제를 확충하며, 생애단계별 맞춤형 교육서비스를 제공하는 것에 중점을 두고 있다. 2022년 기준 대학의 평생교육체제 지원사업(LiFE 사업)은 총 30개의 대학(일반대학 23개교, 전문대학 7개교)을 선정·지원하고 있으며, 권역별로는 수도권 9개교, 충청권 4개교, 대경·강원권 6개교, 동남권 6개교, 호남·제주권 5개교이다. '제5차 평생교육진흥 기본계획('23~'27년)'에 따르면, 2023년에 50개교에서

→ 2027년에 70개교로 확대하겠다는 세부적인 목표를 설정하였다(관계부처합동, 2022: 17). 이 절에서는 먼저 대학의 평생교육체제 지원사업 (LiFE 사업)이 출범하게 된 시대적 배경과 구체적인 내용 및 방향을 검토한다.

가. 추진배경

대학은 고등교육기관 중에서 가장 우수한 인적·물적 인프라를 보유하고 있는 기관이지만, 그동안 성인이 원하는 시기에 쉽게 접근하기 어려운 교육기관이었다. 2015년에 교육부는 성인학습자 전담의 단과대학 설치 논의를 본격화하면서 본 사업의 첫 번째 추진 배경으로 고령화·노동시장 유연화 등에 따른 성인학습자의 지속적인 증가가 예상되지만, 대학은 학령기 학생 위주의 교육체제로 인해 성인의 다양한 교육 수요를 충족하기에 비효율적인 시스템이라고 밝혔다(교육부, 2015: 1). 이를 대학교육의 수요 측면에서 보면, 성인학습자의 수요는 계속 증가하고 있지만, 여건상 이들이 실질적으로 대학에 입학할 수 있는 기회는 여전히 제한적이라는 점을 지적했다. 무엇보다 성인학습자의 대학 입학을 가로막는 장벽으로는 일·학습 병행에 따른 시간적 제약, 높은 대학 등록금으로 인한 경제적 부담, 학령기 학생 중심의 대학 학사제도 등을 주된 이유로 제시했다. 이러한 상황에서 성인학습자의 대학 참여 기회를 확대하기 위해서는 재직자의 경우 일과 학습을 병행할 수 있는 긴요한 지원, 비재직자의 경우 교육시간을 다양화하는 방안과 더불어, (연령대가 높아질수록) 성공적인 학업 수행을 위한 기초 학습능력을 지원하는 것 등이 필요함을 내세웠다(교육부, 2020: 3).

두 번째 추진 배경으로는 대학 평생교육체제 정책의 환경이다. 이는 세 가지 측면에서 조명되고 있다. 첫째, 저출산·고령화로 인한 생애근

로기간이 확대되고 있고, 산업·고용 구조가 급속히 재편되면서 성인
학습자의 직업전환교육 및 재취업교육에 대한 수요가 증대하는 것에
비해, 평생교육의 기회는 미흡하다는 것이다(교육부, 2016: 1; 교육부,
2018a: 1, 교육부, 2022: 1). 이에 지역 내 정주하고 있는 중장년층의 지속
적인 역량개발을 지원하기 위한 고등교육 수준의 평생교육이 체계적
으로 이루어질 필요가 있음을 강조한다(교육부, 2022: 1). 둘째, 위에서
제시한 성인학습자의 대학 참여의 제약 요인(시간적 제약, 경제적 부담,
대학 학사제도 등)이 여전히 높은 진입 장벽으로 작용하고 있다는 점이
다(교육부, 2018a: 1; 2019: 1; 2020: 3). 이와 같은 정책 환경과 수요 분석
을 바탕으로 정부는 성인학습자 친화적인 대학체제 전환을 가속화하
고 또한 대학평생교육 기능을 강화하는 방향에서 고등평생교육 정책
과 사업을 구체화하였다(교육부, 2022: 1).

나. 사업목표

대학의 평생교육체제 지원사업(LiFE)이 표방하는 목적은 고등학교
졸업 후 사회에 진출한 성인학습자가 원하는 시기에 대학에 입학하여,
일과 학업을 병행하면서, 학위 취득 및 지속적인 경력개발을 할 수 있
도록 대학체제를 변화시키는 것이다. 이와 같은 정책기조는 2017년에
대학의 평생교육체제 지원사업(LiFE)으로 통합·개편된 이후 7년차를
맞이하는 2023년에도 그대로 유지되고 있다. 다만 그 배경은 보다 구
체화되었다. 4차 산업혁명 시대의 도래와 평균 수명의 연장으로 성인
학습자의 직업전환교육, 재취업교육 등에 대한 교육 수요가 지속적으
로 증대되는 상황에서, 사회 변화에 대응하고 직무역량을 제고하기 위
한 고등수준의 평생교육이 필요하다는 점이 부각되었다. 일·학습을
병행하는 성인학습자가 수준 높은 고등교육을 받을 수 있도록 대학 자

원을 연계한 다양한 후학습 지원체계를 구축하겠다는 내용이다(교육부, 2019: 1; 2020: 1; 2021: 1). 2022년 대학의 평생교육체제 지원사업(LiFE) 기본계획에는 대학의 여건과 특성, 지역사회 환경을 고려하여 성인학습자 친화적인 평생교육체제를 구축하는 것을 구체적인 목표로 제시하였다. 이를 정리하면, 대학 평생교육체제 구축사업이 유도하는 궁극적인 목적은 지금의 대학이 놓이게 된 새로운 존재조건 하에서 대학의 정체성과 플랫폼을 전환하는 작업이라고 할 수 있으며, 그 방향으로는 평생학습이라는 조건을 대학교육체제와 '친화적'으로 결합하는 '성인학습자 친화적인 대학 평생교육체제를 구축하는 것'이라고 할 수 있다.

3. 대학의 평생교육체제 지원사업(LiFE)으로의 확장의 역사

현재 '대학의 평생교육체제 지원사업(LiFE)'이라는 명칭으로 추진되고 있는 본 사업은 2008년에 도입되어 여러 번 이름이 변경되었지만, 현재까지 국가평생교육진흥원에 위탁되어 관리·운영되고 있다. 지금까지 본 사업이 추진·확장되는 과정에서 중요한 변곡점이 되었던 역사를 짚어보면, 2008년 <평생학습중심대학 지원사업>을 시작으로, 2012년 <선취업·후진학 지원시스템 구축사업>이 신설되었고, 2015년에는 두 사업이 통합된 <평생학습중심대학 지원사업>으로 전환되었다. 2016년에는 <평생교육단과대학 지원사업>이 추가 신설되면서 재정지원사업의 규모 역시 확대되었으며, 2017년부터는 이상의 모든 사업들을 통합하여 <평생교육체제 지원사업>으로 통합·개편되었다. 2019년에는 단년도 사업(1년)에서 다년도 사업(4년, 2+2)으로 지원 방식이 개편되면서, 지원 대상 또한 전문대학으로 확대되어 전개되고 있다. 이 절에서는 '대학의 평생교육체제 지원사업(LiFE 사업)'으로의 확장의 역사를 각 시기별로 점검하면서, 고등교육체제가 구조적으로 변화되는 양상을 평생학습으로의 확장이라는 관점에서 조명한다.

그림 1.2 대학의 평생교육체제 지원사업 추진경과

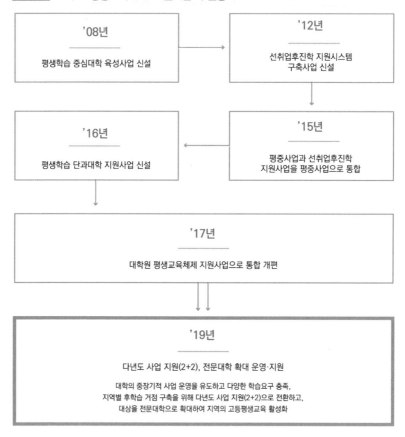

가. 2008년~2011년: '평생학습중심대학 지원사업'이 출범하다

- 먼저 대학 평생교육체제에 대한 국내의 정책적 관심은 2007년에 전부개정된 「평생교육법」과 2008년에 발표된 「제2차 평생교육

진흥계획(2008-2012)」에서 '평생학습중심대학을 통한 성인 전기·
성인 중기 평생학습의 내실화 추진' 관련 내용이 포함되면서부터
이다. 이를 바탕으로 2008년에 <평생학습중심대학 지원사업>
이 출범하였다. 2008년에 교육부는 이전까지 진행해오던 대학평
생교육 지원사업에 '평생학습중심대학 지원사업'을 신설하여 ①
'평생학습중심대학 지원사업'(대학의 체제개편형)과 ② '대학부설
평생교육원 활성화 사업'(평생교육원 프로그램 개선 중심형)을 이원
화하여 추진하였다. 본 사업은 정규 대학들이 대학의 전 과정(학
생모집, 교육과정, 수업 운영, 학생 지도 및 평가 방법 등)을 성인학습자
친화적으로 혁신하도록 유도하는 데 그 목적을 두었다(교육부·국
가평생교육진흥원, 2014).

■ 2010년에는 사업의 중복성 문제가 제기되며 '평생학습중심대학
지원사업'과 '대학부설 평생교육원 지원사업'을 통합하여 대학 전
체 차원의 일관성 있는 정책 추진을 도모하였고, 2011년에는 그간
의 사업 운영을 바탕으로 대학 전체의 체제 개편을 유도하는 '평
생학습 선도대학'이라는 우수모델을 발굴하고자 하였다(교육부·국
가평생교육진흥원, 2010; 2011).

■ 정리하면, 2008년부터 추진된 '평생학습중심대학 지원사업'은 평
생학습중심대학의 학위과정과 대학평생교육원의 비학위 과정을
동시에 추진하는 사업이었다. 여기서 주목할 점은 대학평생교육
사업의 일환으로 본격적인 학위과정 운영이 시작되었다는 것이
다. 2008년~2011년의 4년간 추진된 대학평생교육 지원사업을
종합적으로 평가하면, 지역에 소재하고 있는 대학이 전통적 학령
기 학생 중심의 대학 기능에서 벗어나 성인학습자에게 비학위과
정뿐 아니라 학위가 주어지는 과정을 운영함으로써, 대학의 운영

체제를 혁신적으로 재편하는 계기를 만들었다. 이를 통해 열린대
학으로서의 대학 기능에 변화를 가져오게 되고 대학평생교육의
환경기반을 조성하는 데 크게 기여하였다.

나. 2012년~2014년: '선취업·후진학 지원 시스템' 구축사업이 신설되다

■ 2012년 이후의 교육부의 정책과 사업은 본격적으로 학위과정 중
심의 성인학습자 정원 확보에 주력함으로써, 실질적인 성인친화
형 대학체제 개편을 유도하는 방향으로 전개되었다. 특히 2009
년에 고등교육법시행령 개정으로 재직자특별전형(시행령 제29조
제2항 14호 다목)이 도입됨에 따라 2012년부터 선취업·후진학 지
원 시스템 구축사업을 신설하여 대학 정원 외 재직자전형 운영
대학을 지원하였다. '재직자특별전형'이란 특성화고등학교를 졸
업하고 3년 이상 근무하고 있는 재직자가 대학에 지원할 수 있는
특별전형이다. 이 제도를 통해 선취업한 재직자가 대학에 갈 수
있는 후진학 기회를 확대하고, 인생 제2막을 준비하는 성인학습
자의 제2, 제3의 학위 취득을 지원하는 등 성인친화형 대학체제
개편을 유도하였다(교육부·국가평생교육진흥원, 2022: 335). 이에 기
반해서 2012년에는 '평생학습중심대학 지원사업'을 ① '선취업후
진학형'과 ② '4050세대 재도약형'으로 구분하여 추진하였다(교육
부·국가평생교육진흥원, 2012). 이를 통해 성인학습자를 위한 학위
정규과정 학과(부) 설치를 유도하여 재교육 및 역량개발 기회를
확대하고, 대학 자체적으로 평생교육시스템의 역량을 축적하고
확산시켜 나갈 수 있는 토대를 다지게 되었다.

■ 이어 2013년에는 ① 평생학습중심대학 사업[직무능력향상과정(2030

세대), 재도약능력향상과정(4050세대), 사회공헌과정(6070세대)]과 더불어, ② 비학위 단기전문가과정 사업으로 생애단계별 맞춤형 교육을 제공하는 사업이 추진되었다. 용어는 조금 달라졌지만, 내용은 2012년과 유사하게 제시되었다(교육부·국가평생교육진흥원, 2013). 한편 2014년부터는 대학평생교육 지원사업이 성인학습자의 학점 및 학력 취득 지원 중심으로 전환되면서 '후진학 거점형'과 '성인계속교육형'으로 구성된 학위과정 및 비학위과정으로 구분되어, 다시 정책 초기모형과 비슷한 모형으로 단순화되었다(임영희, 권인탁, 2018).

■ 2012년~2014년의 3년간 추진된 대학평생교육 지원 정책과 사업을 종합하면, 단순하게 비학위교육과정을 통한 성인학습자의 평생학습 지원을 넘어서 정규 학위과정 학과(부)를 대학 내에 설치하여 대학평생교육의 공식적인 지원체제를 구축함으로써, 대학체제 개편의 동력을 확보한 시기이다. 이에 따른 '평생학습중심 대학 지원사업'이 해를 거듭할수록 성인학습자도 두 가지 유형으로 구분되었다. ① 고등학교까지 졸업한 중등학력자를 위해 직업역량 향상을 추구하는 이공계 중심의 선취업 후진학형 트랙과, ② 고등학교 이상의 대학 학력을 이미 취득한 성인학습자까지 포괄하는 이공계 및 인문사회계열의 4050세대 재도약형 트랙으로 분류되었다.

다. 2015년: '평생교육단과대학 지원사업'으로의 개편이 추진되다

■ 무엇보다 대학평생교육 정책의 전환적인 기점이 마련된 것은 2015년 선취업·후진학 활성화를 위한 '평생교육단과대학 지원사업'으로의 개편이 추진되고, 후진학제도 개선(안)이 도입되면서부터이

다. 2008년부터 '평생학습중심대학 지원사업'이 시작되면서 참여 대학은 증가하였지만 장기간 학업공백을 가진 성인학습자의 학위 취득을 지원하는 데는 본질적인 한계가 있었다. 일과 학업을 병행해야 하는 성인학습자를 위해서는 별도의 학위과정 운영과 대학교육체제가 필요함에도 불구하고, 기존 대학 학위과정의 틀 안에서 사업이 진행되었기 때문이다(교육부·국가평생교육진흥원, 2015: 1-2). 이러한 문제점들을 개선하고 성인친화적 대학체계를 좀 더 적극적으로 갖추기 위해 교육부는 2015년에 성인전담 '평생교육단과대학' 개편 방안(시안)을 2015년 5월('15.5.26.)에 발표하고, <평생교육단과대학 지원사업>을 도입하였다. 교육부는 본 사업이 설계되는 단계에서 "후진학 시스템이 잘 갖춰져야 고졸자의 선취업 활성화도 가능"(교육부, 2015: 1)하다는 점을 핵심적으로 부각하였다. '평생교육단과대학 지원사업'은 대학 본부 아래 여타의 단과대학과 동등한 수준의 성인전담 단과대학을 설치하여 정식 학위과정을 운영하는 사업이다.

■ 이처럼 2015년에는 '평생교육단과대학 지원사업'으로의 변화의 전기가 마련되었을 뿐 아니라, 2015년에 한국대학교육협의회에서 운영해 오던 '선취업·후진학 지원시스템 구축사업3)'이 흡수·통합되면서 '재직자·성인학습자 대상 후진학/후학습 지원사업'의 세부유형으로 기본계획이 수립되었다. 이를 계기로 대학중심 평생교육 지원사업은 '선취업·후진학'이라는 정책 방향과 통합되면서 사업내용이 재직자·성인학습자의 선취업·후진학과 계속교육을 강화하는 형태로 전환되었다. 이를 기점으로 대학평생교

---

3) 특성화고·마이스터고 출신 산업체의 재직자가 취업 후에도 지속적으로 경력을 개발할 수 있도록 계속교육 인프라를 구축하는 사업이다.

육 정책은 단순히 대학의 평생교육 기회 제공에서 대학운영 체제 전반을 재직자·성인학습자의 후진학 계속교육을 본격적으로 지원하는 형태로 전환되었다(교육부, 2017).

라. 2016: '성인전담 평생교육단과대학'이 본격 신설되다

■ 2016년 이후에는 성인전담 평생교육단과대학이 본격 신설되면서 고도화되었다. 성인학습자 전담형 대학에 학과(부)를 개설하여 본격적으로 성인학습자를 모집하여 운영하기 시작하였다. 평생교육단과대학 지원사업이 시행된 첫 해인 2016년에 교육부는 "대학의 우수한 인적·물적 인프라를 활용하여 평생학습자가 언제 어디서나 평생교육체제에 쉽게 접근하고, 고등학교를 졸업하고 취업을 먼저 하더라도 후진학 할 수 있는 여건 기반 조성"(교육부, 2016: 1)을 주요 목표로 설계하였다. 이를 위해 평생학습자 친화적인 체제 개편을 통해 다양한 후진학·후학습 기반 생애단계별 맞춤형 교육서비스와 평생경력개발 경로 지원을 주요 내용으로 제시하였다(교육부, 2016: 6). 이로써 대학 평생교육체제 구축 사업은 성인학습자의 후진학 및 계속학습 지원을 대학 조직 내에 공식화하는 발판으로 작용하였다.

마. 2017: '대학의 평생교육체제 지원사업(LiFE)'으로 통합 개편되다

■ 2017년에는 '평생학습중심대학 지원사업'과 '평생교육단과대학 지원사업'이 별도로 시행됨에 따라 일부 내용이 중복된다는 지적이 나오면서 두 사업의 통합 필요성이 제기되었다. 또한 대학에 자율성을 부여하고 사회적 공감대를 확보하는 데에도 일부 미흡했

다는 평가를 받으면서 대학평생교육 정책 변화의 필요성이 강조
되었다(교육부, 2017). 이에 대학평생교육의 중복성을 줄이면서도
효율성을 높이는 방안으로 정책의 초점이 모아지면서, 2017년에
'평생교육단과대학 지원사업'과 '평생학습중심대학 지원사업'을
<대학의 평생교육체제 지원사업(LiFE)>으로 통합하였다.

■ 2017년부터는 사업의 목적이 대학의 체제개편에 더욱 집중되는
형태를 나타내는데, 성인학습자의 특수성을 반영한 성인친화형
학사체제 구축을 유도하고, 대학의 특성 및 지역사회 수요 기반
으로 사업모델을 설계하도록 대학의 자율성과 책무성을 강화하
였다(교육부, 2019). 이에 따라 재직자·성인학습자의 고등교육 진
입 접근성의 확대, 성인학습자 친화형 학사·학제로의 개편, 성
인학습자 친화형 교육과정과 교수학습방법 개발에 따른 지역사
회와의 협력 등 조직, 제도, 교육운영, 네트워크를 포함한 다양한
영역에서 성과관리를 시작하였다(교육부·국가평생교육진흥원, 2022:
337). 그 결과 2017년에는 총 15교(단과대형 10교, 학부형 2교, 학과
형 3교)를 선정하여 총 52개 학과 및 정원 1,990명을 운영하였고,
2018년에는 총 21교(단과대형 10교, 학부형 2교, 학과형 3교)를 선정
하여 총 68개 학과 및 정원 2,707명을 운영하는 성과를 도출했다
(교육부, 2019).

바. 2019년: '대학의 평생교육체제 지원사업(LiFE 1.0)'의 안정
적 추진 기반이 확보되다

■ 2017년과 2018년에 진행된 <대학의 평생교육체제 지원사업(LiFE)>
은 한편으로 단년도 사업으로 실시됨에 따라 통상 4년제로 운영
되는 대학 학위과정을 안정적으로 지원하는 데는 한계가 있다는

지적이 계속되었다. 이에 교육부는 2019년 2월에 기존의 단년도 사업에서 다년도 사업(4년, 2+2)으로 개편을 추진하면서 사업명을 'LiFE(Lifelong education at universities for the Future of Education) 사업'으로 브랜드화하고, 기본계획을 발표하였다(교육부, 2019). 큰 틀에서 볼 때, 2019년 사업 개편의 의미는 대학이 중장기적 관점에서 평생교육체계로 전환할 수 있는 추진 기반을 제공하고, 이를 통해 각 대학은 성인학습자의 고등교육 진입뿐 아니라 진입 이후에도 지속적인 교육과정 개발과 학사관리 유연화 등 질적 개선에 집중할 수 있는 계기를 만들었다(교육부·국가평생교육진흥원, 2022: 339).

이와 같은 정책과 사업 기반이 마련되면서 2022년 사업의 중점 전략은 ① 대학의 특성을 반영한 다양한 평생교육체제 발전모형을 도출하고 우수 사례를 확산하는 것이며, ② 성인학습자의 진학 부담 완화를 위한 사업·제도의 개편으로 대학이 정원 내 전형을 자유롭게 운영하도록 허용하였다. 예컨대, 재직자와 성인학습자의 지역 및 산업 맞춤형 전형을 통한 입학 기회를 확대하고 (시간제등록 및 산업현장 경험, 대학 부설 평생교육원 강좌 수강 등 다양한 사전 학습을 학점으로 인정하여 재학 기간 단축), 대학 진입 단계에서 학습경로 설계를 위한 교양강의를 개설하는 등으로 교수자-학습자 간의 상호작용을 통한 체계적 학습경험인정제를 운영하는 방안 등이다. 대학의 평생교육체제 지원사업(LiFE)은 3년차에 진입하면서 대학이 성인학습자 중심의 대학체제 개편을 중장기 사업계획에 따라 안정적으로 추진할 수 있는 여건을 확보하면서 대학의 실질적인 변화를 이끌어내고 있다(교육부·국가평생교육진흥원, 2022: 342).

지금까지 기술한 대학 평생교육체제 지원사업의 변천사를 간략하게
도식화하면 다음과 같다.

그림 1.3 대학 중심의 평생교육 활성화 정책의 변천 과정

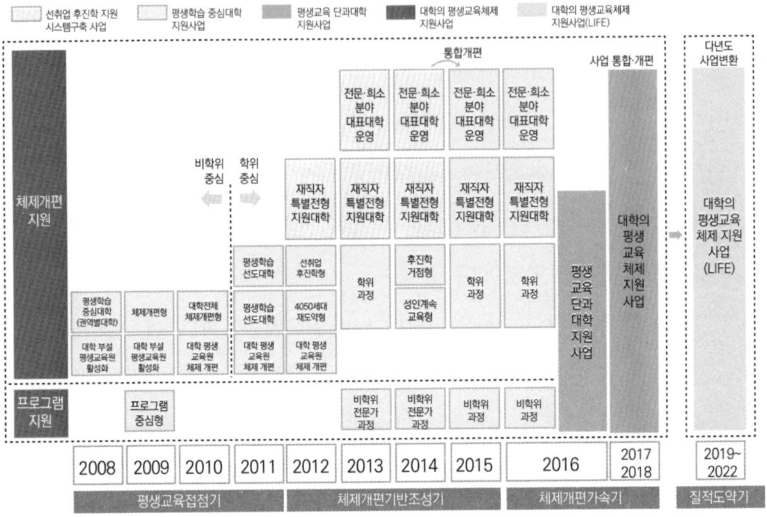

출처: 교육부·국가평생교육진흥원, 2022, p. 336

사. 2023년: '2주기 대학의 평생교육체제 지원사업(LiFE 2.0)'이 시작되다

2023년 교육부는 그간 1주기 LiFE 1.0 사업(2019년-2022년)의 성과
를 바탕으로 2주기 LiFE 2.0 사업을 확대 개편하면서, 대학 내 평생교
육체제 고도화를 가속화하고 있다. 2주기 사업은 1주기 사업보다 2배
가까이 확대된 규모로 운영되며, 주요 추진전략으로는 성인학습자·학
령기 학생 구분 없는 평생교육 특화 대학 육성, 혁신의 추진동력 제고
를 위한 다각적 지원, 함께 성장하는 협력적 거버넌스 구동을 제시하

고 있다. 이를 실현하기 위한 핵심 추진사항으로서 (1) 대학 내 평생교육 운영체제 구축 강화, (2) 성인친화적 교육과정·학사운영 확산, (3) 지역의 인재양성 수요 파악 및 이와 연계한 사업계획·성과지표 마련, 대학 간 협력 및 성인학습 관련 데이터 수집·관리를 통한 동반성장 생태계 조성을 전면화하였다(교육부, 2023: 7). LiFE 2.0 사업은 특히 운영모델에 있어 세 가지 유형(구축형, 고도화형, 광역지자체 연계형)으로 구분해 운영하고, 대학과 지역 간 실제적인 공동 협력 어젠다 발굴과 추진을 강조함으로써 거버넌스로서의 역할 변화를 강조하고 있다.

4. '대학의 평생교육체제 지원사업'은 그동안 어떤 성과를 창출했는가?

그간 대학평생교육체제 정책과 사업을 통해 대학 학령기학생 중심의 폐쇄적인 고등교육체제를 누구나에게 열린 '보편적인 고등평생학습체제'로 재편할 수 있는 기반을 조성했다. 2008년 이후 정부는 대학평생교육 정책과 사업의 핵심을 대학의 구조와 체제, 교육과정 및 학사운영, 학습자 지원체제 등 성인학습자의 고등교육 (재)진입 접근성을 확대하고, 성인학습자 맞춤형 학습지원 체제를 구축하는 등 대학운영형태 전반을 '성인친화형'으로 개편하는 것에 중점을 두었다. 현재 '대학의 평생교육체제 지원사업(LiFE)'에 참여하는 대학은 성인친화형 운영모델을 발굴·확대하면서 학령인구 감소와 지역소멸의 위기에서도 지역의 평생교육 거점대학으로서의 의미있는 성과들을 만들어가고 있다(교육부·국가평생교육진흥원, 2022: 339). 이 절에서는 지금까지 전개된 대학평생교육 정책과 지원사업이 구체적으로 어떤 성과를 창출하고 확산했는가를 중점적으로 검토한다.

첫째는 성인학습자 친화적인 대학 평생교육체제 성장모형을 구축해 가고 있다.

대학 평생교육체제 지원사업은 지역사회 수요 기반의 성인전담 학위과정 운영, 성인친화적 교육 및 학사 운영, 성인학습자 맞춤형 학습지원체제 구축, 성과관리 강화 및 소통채널 확산, 대학의 자율성 및 책무성 강화, 사회적 공감대 확산 등을 목표로 지속가능한 후진학 및 성인 계속교육의 다양한 성장모형을 창출해가고 있다. 지역 인재육성의 지속적인 기반을 제공하는 대학의 평생교육 기능을 강화하고 성인친화형 대학체제 전환을 가속화함으로써 재직자·성인학습자의 후진학 진입 구조를 확대하고 있다. 무엇보다 대학 (재)진입 후 성공적인 계속교육을 수행할 수 있도록 관련 인프라를 확충하면서 대학평생교육의 지속가능성을 구조적으로 강화해나가고 있다(교육부·국가평생교육진흥원, 2018; 2019; 2020; 2021). 결과적으로 대학 평생교육체제 지원사업의 추진을 통해 대학이 성인학습자의 적극적인 생애 전환을 지원하는 평생학습체제로서의 지반을 구축하는 데 중요한 발판이 되었다.

표 1.2 대학의 평생교육체제 지원사업(LiFE) 사업 규모

구분	2018학년도	2019학년도	2020학년도	2021학년도	2022학년도
대학 수	15개교	21개교	30개교	30개교	30개교
전공 수	52개	68개	108개	113개	126개
입학정원	1,990명	2,707명	3,738명	3,912명	4,160명

출처: 교육부, 2022, p. 2.

둘째는 대학-지역사회-산업체 3자 협력 기반의 지역친화적 대학 평생교육체제를 설계하고 있다.

대학의 평생교육체제 지원사업(LiFE)을 통해 대학-지역사회-산업

체 3자 협력의 공고한 체계를 연계해나가고 있다. '제4차 평생교육진흥 기본계획(안)(2018~2022)'에서도 강조한 것처럼, 대학 평생교육체제를 활용한 지역사회의 문제해결 및 인재육성을 지원하고, 대학－지역사회 간의 상생 발전을 도모하는 실질적인 성과가 점차 중시되고 있다. 이러한 배경에서 대학 평생교육체제가 안정적·지속적인 기반을 다지면서 선순환적인 성과를 창출하는 토대로서 지역사회의 평생교육 거점대학을 집중 육성하는 정책(교육부, 2018a: 3)은 핵심적으로 강조되고 있다. 본 사업에 참여하는 대학들은 기본적으로 입학자원 확보를 위한 지역사회(산업체 등)와의 연계뿐 아니라, 학습자를 잘 길러 내고 잘 배출시키기 위한 평생경력개발의 통로로서 지역과의 연계를 다각적으로 모색하고 있다. 지역사회 내의 직업계 고등학교, 산업체, 지방자치단체, 시민사회단체 등 다양한 핵심 주체들과의 네트워크를 구축하는 것을 토대로 대학의 특성화 분야를 보다 육성할 수 있는 내실있는 산학연 협력체계를 강화하는 방향으로 나아가고 있다(교육부, 2022: 2). 특히 본 사업을 통해 대학이 지역사회와 산업 수요에 기반한 성인 친화형 학과를 개설·운영하고, 신설된 학과는 성인학습자 중심의 인재양성 계획을 수립하여 대학이 지역사회에 기여하는 연결고리를 만들어나가고 있다. 이렇게 연결된 대학－지역사회－산업체 간의 네트워크는 또한 대학을 통해 배출된 성인학습자가 진출해서 일자리를 창출하는 결과로 다시 연계된다는 점에서, 지역 평생교육 활성화뿐 아니라 성인학습 수요 발굴, 인재 활용·취업 활성화를 선순환적으로 창출하는 전략모형이 되고 있다(양은아, 2023).

셋째는 성인학습자 친화적인 대학평생교육체제 교육모델을 확산하고 있다.

대학의 평생교육체제 지원사업을 통해 성인친화형 교육운영 모델과 성인학습자 맞춤형 종합적인 지원체제 로드맵을 확산하고 있다. 일과 학업을 병행하는 성인학습자의 성공적인 후학습을 지원하기 위해 대학 내 성인학습자 전담의 행정 체계와 조직을 신설하고, 이들 학습자의 특수성을 반영한 학사체제와 제도적 지원체계를 구축해 나감으로써, 성인친화적인 교육환경을 조성할 수 있는 실질적인 동력을 확보하였다. 특히 대학의 평생교육체제 지원사업(LiFE)에 참여하는 대학들은 성인학습자의 생애주기별 특성 및 심리적 특성 등을 고려한 성인친화형 교육과정 개발, 성인학습자 맞춤형 교수학습방법의 도입, 다양한 유형의 수업방식 운영, 중도이탈 방지를 위한 상담서비스 체계 구축 등 밀착된 학습자 지원방식을 고민하고 있다. 교육운영 측면에서는 직무역량 및 취업·창업 교육의 전문성을 강화하기 위해 학사제도를 개편하고, 성인학습자 수요기반의 지역사회 인재양성(산업체 요구 실무형 인재양성) 프로그램을 다양하게 접목하고 있다(양은아, 2023). 특히 '성인친화형' 학습자 지원체제 측면에서는 성인학습자의 성공적인 대학 학업과 학업성취도 향상을 지원하는 다양한 학습역량 강화체계(기초학습역량에서 실무역량, 취·창업 역량에 이르기까지)와 이에 따른 심리·정서적 문제를 지원하는 상담서비스 체제를 종합적으로 구축하는 것에 중점을 두고 있다. 대학에 입학한 성인학습자가 공유하는 어려움 중의 하나가 장·단기적 학업공백으로 인한 기초학력의 문제라는 점에서, 기초학력 강화를 지원하는 체계를 선제적으로 구축해서 기초학습역량 프로그램을 다각적으로 결합하고 있다(양은아, 2023). 이러한 성인학습자 친화적인 교육체계 구축의 노력은 성인학습자의 교육만족도를 지속적으로 상승시키는 성과를 이끌어내고 있다(교육부, 2022: 2).

표 1.3 대학의 평생교육체제 지원사업(LiFE) 만족도 추이

만족도 추이	
• 교육만족도 　(18년) 75점 → 　(21년) 82점 ※ 7점 상승 • 종합만족도 　(18년) 72점 → 　(21년) 80점 ※ 8점 상승	

출처: 교육부, 2022, p. 2.

5. '대학의 평생교육체제 지원사업(LiFE)'의 미래를 디자인하다

그간 정부가 추진했던 대학 평생교육체제 지원사업은 고등교육을 혁신하는 정책으로서 성인학습자 친화적인 교육모델이 무엇인가에 대해 본격적으로 질문을 던지고 그에 대한 해답을 대학사회에 촉구했다는 점에서, 고등평생학습을 위한 큰 걸음을 내디뎠다고 평가할 수 있다(채재은, 한숭희, 2015). 이제 대학에서의 평생교육은 대학의 주변부 역할이 아닌 지속가능한 대학 생존을 위해 없어서는 안 되는 중요한 축이 되고 있으며, 불가피하게 평생학습정책은 고등교육 기능의 확장을 유도하는 정책의 변화와 함께 가지 않으면 안 되는 구도로 전환되고 있다(양은아, 2020). 이러한 토대에서 향후 대학의 평생교육체제 정책과 사업이 발전적으로 추진되기 위해서는 어떠한 노력과 개선이 요구되는지 평생학습사회에서 고등교육의 발전과제를 모색해본다.

첫째, '성인친화적' 대학평생교육체제 강화를 위한 법규 및 제도 개선을 지속적으로 추진해나가야 한다. 이를 통해 '공급자 중심의 대학행정 패러다임'을 학습자 중심으로 지속적으로 재편하는 작업이 필요하다. 대학행정가나 교수자의 편의보다 '학습자' 개개인의 특성과 다양성이 존중될 때 일과 학업을 병행하는 성인학습자의 특성도 자연스럽게 고려될 수 있기 때문이다. 그런 점에서 기존의 대학 내에서 작동하는 규제와 시스템이 학교·가정에서 복합적 역할을 맡고 있는 성인학습자의 입장에서 적합한 것인지 지속적으로 점검될 필요가 있다. 현재 성인학습자의 대학 진학에 방해가 되는 대표적인 문제는 시간문제, 학비문제, 교육과정 운영문제 등으로 나타나고 있다. 재직자와 성인학습자의 장애요인 및 대학의 참여규제를 면밀히 파악하고, 이러한 문제가 현실화될 수 있도록 법규의 정비 및 제도 개선을 적시에 추진할 수 있는 체계를 갖추어야 한다. 같은 맥락에서 경직적인 학사운영 규제는 일과 학업을 병행하고 있는 성인학습자의 학업지속을 어렵게 한다는 점에서 철폐하거나 완화될 필요가 있다. 누구나에게 열린 성인친화적 대학평생교육체제에 대한 포괄적인 방향성을 점검하고, 필요한 시기에 언제라도 대학교육에 접속할 수 있는 대학평생교육의 법과 제도, 규정과 절차를 상시적으로 보강해나가야 할 것이다.

둘째, 산업현장과 연계된 현장중심의 교육시스템이 대학평생교육체제의 보편적인 모델로 정교화될 필요가 있다. 성인친화적인 운영체제로서 지속적인 자기개발 및 직업기술전문성에 대한 요구가 높은 성인학습자의 역량개발과 더불어, 산업현장의 요구를 충족시킬 수 있도록 교육과정의 구성과 운영을 현장 중심으로 적극 개편해 나갈 필요가 있다(양은아, 2023). 기술 혁신의 속도가 빨라지고 직업이동이 심화되면서 학습과 노동 간의 관계는 더욱 긴밀해지고 있고, 이는 순차적인 관계가 아닌 순환적인 관계로 전환되고 있다. 따라서 일과 학습을 병행할 수 있는 대학교육체제로의 개편을 통한 순환교육체제가 강화되어야 한다. 산업현장과 연계된 대학교육의 운영 부문도 최근 대학개혁의 화두로서 성인학습자뿐 아니라 일반 대학생들에게도 필요한 교육혁신이라고 할 수 있다. 특히 이미 다년간 산업현장 근무경력과 사회생활 경험이 있는 성인학습자들에게는 직무경험 등을 통해서 알고 있는 실제 사례들을 이론과 접목시키는 것은 어느 방법보다도 효과적인 교육방법이 될 수 있다. 산업현장과 괴리된 이론중심의 교육을 탈피하고 성인학습자의 직업역량과 실무능력을 강화하기 위한 '현장친화적'인 교육과정 체계와 로드맵을 고도화해나가는 것이 필요하다(양은아, 2023). 또한 산업체 인사가 교육과정의 개발만이 아니라 수업운영, 학생지도 등에 적극적으로 참여할 수 있는 산학연계 교육시스템이 보편적인 대학교육모델로 자리잡을 필요가 있다. 학습에 의한 고용 증진, 고용을 전제로 한 학습, 학습에 의한 복지의 개선, 복지 보장에 의한 학습 참여, 고용증진에 의한 복지 개선 등이 순환적으로 일어날 수 있는 대학평생교육체제가 모색되고 정비되어야 한다.

셋째, 지역사회와의 협력을 기반으로 한 지역친화적인 대학평생교육체제를 다각화할 필요가 있다. 고등교육의 계속교육 기능을 강화하기 위한 중요한 전략으로 대학과 기업체, 지역사회기관 간의 협력체제를 공고히 하고, 필요한 경우에 고등교육과 관련된 역할과 기능을 분담하는 제도의 마련이 필요하다. 대학이 평생학습사회를 주도하는 고등평생교육기관으로 자리매김하게 하기 위해서는 그것을 소비하고 활용하는 학습자와 지역사회의 입장에서 대학을 재편하는 작업이 필요하다. 대학은 학위 이후에도 지속적으로 되돌아 올 수 있는 계속교육 공간이어야 한다. 대학을 학습의 종결 기관이 아닌, 생애준비교육과 생애현장교육을 병행하는, 평생학습역량을 계속적으로 기를 수 있는 복합적인 교육기관으로 전환해야 한다(한숭희, 2019). 그런 점에서 지역사회 및 산업의 요구와 성인학습자 수요를 매칭하는 지역친화적인 교육과정의 개발과 운영이 보다 강화되어야 한다. 인적자원의 육성과 지역개발이 적극 연계되는 전략으로서 지역산업 수요에 기반한 인력양성 유형을 세부적으로 도출하고, 지역이 필요로 하는 전문인력을 집중 육성하여 지역경제의 활성화를 도모할 수 있는 교육과정 개발을 연동할 필요가 있다. 이를 통해 지역대학은 지역산업과 연계된 교육을 매개로 지역인재를 공급하는 기능을 담당하는 것으로 그 기능이 정착되어야 할 것이다. '제5차 평생교육진흥 기본계획('23~'27년)'에서도 대학–지역사회 연계는 핵심 키워드로 설정되어 있다. 대학의 위기, 지역인구소멸 위기 등에 따른 대처가 긴박해짐에 따라 대학을 지역사회 평생교육기관으로 적극 활용하는 과제가 전면화되었다. 지역과 지역대학 간의 연계·협력을 통한 지역성장, 지역 정주여건 개선 등은 상생적국가 균형발전의 핵심 전략이 되고 있다(관계부처합동, 2022: 7).

넷째, 성인친화적 수업운영과 교수학습방법을 혁신할 필요가 있다. 지역친화적·현장친화적인 교육이 실효성있게 전개되기 위해서는 기존 학령기 학생 위주의 교수학습지원시스템을 혁신할 필요가 있다. 직장생활 등으로 인해 다년간의 학업공백을 가진 성인대학생이 당면하는 학업 곤란은 고등학교를 졸업하고 바로 대학에 진학한 대학학령기 학생들과 다를 수밖에 없다. 아울러, 수업을 마치면 바로 직장 또는 가정으로 돌아가서 일을 해야 하는 성인대학생의 경우 주간에 제공되는 캠퍼스내 학습지원 서비스를 이용하기가 쉽지 않다. 따라서 교·강사에게 성인대학생의 특성을 고려하는 교수법 교육이 강화될 필요가 있고, 성인대학생에게는 이들의 특성을 고려한 학습지원 서비스가 맞춤형으로 제공될 필요가 있다. 대학은 학위과정과 비학위과정, 온라인과정(K-MOOC 포함)과 교실수업, 집중수업과 다학기제 등 영역별, 내용별, 방법별 다양한 요소를 유연하게 구성할 수 있는 거의 유일한 교육기관이다. 따라서 다양한 성인학습자의 경험과 수준에 맞는 창의적이고 혁신적인 교육 체계와 방법을 개발하여 고등평생교육의 우수모델로 확산할 필요가 있다.

다섯째, 성인친화적인 교육 제도와 운영을 적시에 보강해 나가기 위해서는 현장에 대한 모니터링과 지속적인 성과분석이 필요하다. 성인친화적 대학 학사체계를 개편하기 위한 법·제도 개선 등이 지속적으로 이루어지고 있으나, 대학 현장의 변화는 여전히 긴요하다. 이를 위해서 현재 대학에서 실시되고 있는 주요 제도 및 정책, 인프라, 프로그램, 서비스 운영에 대한 성인학습자의 활용수준과 실제 성과를 분석하여 차년도 사업에 반영할 수 있는 성과분석시스템과 환류체계를 견고히 구축해나갈 필요가 있다. 이와 같은 시스템이 구축될 때에 비로소 성인학습자 친화적인 고등교육체제를 위해서 어떠한 변화와 지원이 필요한지도 구체적으로 모색될 수 있기 때문이다.

또한 '성인친화적' 교육에 대한 요구를 상시적으로 모니터링 할 수 있는 시스템도 중요하다. 대학 차원에서 성인학습자뿐 아니라 산업체, 지역사회 등 다양한 수요자 혹은 잠재적 학습자 집단의 의견과 수요를 충분히 반영할 수 있는 체제를 구축하고, 이와 연계된 기반 요소들이 반영되고 개선될 수 있는 피드백 기능을 강화해서 그에 토대한 내실화 전략을 추진할 필요가 있다(양은아, 2023). 이를 통해 성인학습자를 위한 고등교육 기회가 실질적으로 확대되고 있는지, 성인학습자의 지적 성장과 취업역량의 증진에 실질적으로 기여했는지를 확인하고 점검하는 것이 필요하다. 이와 같은 체계가 구축될 때, 성인학습자 친화적인 고등교육체제를 위해서 어떠한 지원이 필요한지도 구체화될 수 있다.

성인의 대학교육 수요가 증가하고 다양화되는 시대적 상황에서 이제 대학에서의 성인교육은 단순히 비학위과정이나 자격증 취득을 위한 부수적인 교육기능을 넘어서, 전문적 계속교육에 대한 필요를 실현해 줄 수 있는 대학평생교육체제를 필요로 한다. 평생학습사회로의 변화 한가운데 서있는 대학이 이에 어떻게 적응하고 진화할 것인가라고 하는 긴박한 당면 문제 앞에서 대학 평생교육체제로의 교육 혁신을 끊임없이 모색해야 하는 이유이다.

평생교육사업 성공사례_ 라이프사업(1)

윤○○

평생교육사업(라이프사업) 면담자 소개

윤○○(56세)는 현재 청운대학교 사회서비스대학 창업경영학과 3학년에 재학 중이며 산학협력단 연구교수로도 활동 중이다. 또한 북유럽 천연이끼인 스칸디아모스관련 사업체를 운영하고 있는 자영업자이며, 소상공인을 대상으로 창업관련 강의 및 컨설팅을 제공하는 중소벤처기업부에 등록된 강사이다.

1. 평생교육사업(라이프사업) 참여동기 및 배움/활동 내용

개인적으로 여러 가지 사업을 해보았지만, 결국은 실패하여 신용이 굉장히 좋지않은 상태에 있었습니다. 그때에 우연히 현재 저의 지도교수님을 알게 되었고, 성인학습자 대상 국비지원의 4년제 학위과정인 청운대학교 창업경영학과가 있다는 사실을 알게 되었습니다. 평생교육원을 통해 학사 학위를 받을 수는 있지만 국비지원과 교수님들과의 친밀한 관계를 통해 4년제 학사학위를 받을 수 있다는 사실이 저를 이 과정으로 이끌었습니다. 또한 경영 및 이 커머스(E-Commerce, 전자상거래)에 대한 이론뿐만 아니라 현장 실무를 충분히 익힐 수 있다는 점이 매력적이었습니다. 입학 후 학과장님이 제시한 졸업후 진로는 창업강사, 창업컨설턴트, 1인창업가, 마케팅창업전문가였고, 이론 중심의 교육보다는 실무인턴십을 4년간 배우는 실습과정이어서 저와 같은 현업의 성인학습자에게 매우 유용한 교육과정이었습니다.

창업경영학과에 재학하면서 다양한 사회적 활동을 하고 있습니다. 먼저 청운대학교 산학협력단 연구교수로서, 창업 강사 및 컨설턴트로서, 그리고 북유럽 천연이끼관련 사업체를 운영하는 자영업자로서 활동

중에 있습니다. 청운대학교 산학협력단 연구교수로서 'SNS를 활용한 무자본 홍보대행 창업', '아마존 해외쇼핑몰 입점 기초 실무', '스칸디아모스를 활용한 온라인 쇼핑몰 창업', '스칸디아모스를 활용한 친환경 차량용 탈취제 만들기' 등의 강좌를 진행하고 현재에도 이와 관련된 강의를 진행하고 있습니다. 또한 관광공사의 지역상품개발에 대한 컨설팅을 진행하고 있으며, ㈜루시아트라는 사업체 운영을 통해 북유럽 천연이끼를 활용한 다양한 사업모델을 개발하고 이와 관련하여 창업 컨설팅 등을 진행하고 있습니다.

2. 평생교육사업(라이프사업)을 통한 성장과 향후 계획

다양한 사업체를 운영하며 어려움을 겪고 있던 와중에 접한 라이트사업은 저에게 제가 기대한 것보다 2, 3배의 기회와 기쁨을 안겨주었습니다. 이러한 경험을 다른 분들과 나누고 싶어 기회가 될 때마다 주변 분들에게 이 과정을 권유하고 있습니다. 라이프사업을 통해 저는 이전에는 꿈꿀 수 없었던 다양한 경력개발을 할 수 있었습니다. 산학협력단 연구교수가 되고, 소상공인 대상의 창업 강사 및 컨설턴트가 되고, 그리고 무엇보다 창업경영학과에서 배운 이론과 실무를 통해 제가 성공적으로 제 사업체를 운영하고 있다는 사실입니다. 그리고 이러한 과정을 통해 얻게 된 인적 자원들은 저의 삶에 너무나 소중한, 그리고 크나큰 기쁨과 기회를 주고 있다는 사실입니다.

학위과정을 성공적으로 마치고, 최근에 개설된 청운대 관련 대학원에 진학하여 석사, 박사 학위를 취득하고 싶습니다. 학위취득 후 기회가 된다면 정식으로 교수가 되어 후학들에게 그동안 제가 배운 창업관련 이론과 실무를 전수하고 싶습니다. 그리고 평생교육사 자격증을 취득하여 기회가 된다면 관련 학원을 오픈하거나 문화센터에 관련 강좌를 개설하고 싶다는 소망도 가지고 있습니다.

3. 평생교육사업(라이프사업)에 대한 느낌과 바람

인생 이모작을 준비하거나 창업을 준비하는 성인학습자에게 라이프 사업은 여러 가지 면에서 매우 좋다고 생각합니다. 먼저 무엇보다 경제적인 측면에서 학비부담을 느끼는 성인학습자들에게 국비지원은 프로그램에 대한 접근성을 높이고 있다고 봅니다. 그리고 학교 수업이나 과제의 경우, 물론 열심히 공부해야 하지만 성인학습자들에게 부담이 되지 않도록 교수진들의 배려가 있어 생업과 학업을 병행하는데 큰 부담이 되지 않았습니다. 더불어 경영에 대한 이론보다는 실무 중심 교육과정 운영은 창업이나 사업 업그레이드를 생각하는 분들에게 매우 유용한 프로그램이라고 봅니다. 아쉬운 점은 장학금 제도가 더 확대되어 교재나 실습재료 등을 구입하는데 들어가는 비용을 커버할 수 있으면 좋겠다는 생각이 듭니다.

평생교육사업 성공사례_ 라이프사업(2)

오○○

평생교육사업(라이프사업) 면담자 소개

오○○(51세)은 50세 생의 전환기를 맞아 네 아이의 엄마로서 늦은 나이임에도 불구하고 늦깎이 대학생이 된 군장대학교 패션산업과 1학년 학생이다. 또한 현재 군산 안전체험관에서 아이들에게 안전을 이해하기 쉽게 가르치고 있는 9년차 강사로 일하고 있으며 대한적십자에서 응급처치 강사로 일하는 등 다양한 기관에서 프리랜서 강사로 활동하고 있다.

1. 평생교육사업(라이프사업) 참여동기 및 배움/활동 내용

내가 바쁘게 지내는 것을 알고 있는 지인이 내가 좋아할 거라며 군장대 패션산업과 교수님을 함께 만날 기회를 제공했다. 평소 군산대 평생학습관에서 심리관련 야간수업을 듣는 것을 알고 있던 터라 배우기 좋아하고 만들기 좋아하면 '따봉'이라며 서류 한 장을 내밀었다. 국가장학금으로 학교를 다닐 수 있다는 말에 솔깃하기도 했고 라이트사업 장학금 또한 구미가 당기기엔 충분했다. 물론 3월 첫 주 개강까지 잘한 선택인지에 대한 고민을 무척 많이 했지만 학기를 다니는 중엔 아주 만족하며 다녔다.

삶을 동적으로 변화시키는 데에는 어떤 계기가 분명 있다. 남편의 몫까지 더 열심히 살아야겠다는 나의 의지가 나를 나로 거듭나게 할 수 있는 것처럼, 내가 열심히 공부하는 것을 보는 아이들이 고맙게도 서로 격려해주고 열심히 응원하고 따르며 성장해가는 모습이 대견하였다. 내가 행복할 권리를 남의 손에 넘기지 않고 내 인생의 주도권을 내가 찾아 갖는 것, 이것이 나와 내 아이들의 앞날을 훈훈하게 하리라

믿는다. 인생의 교육철학은 스스로 이루어가는 것이니까.

공부는 나를 찾아가는 과정이었다. 힘들지만 활동하면서 살아가는 의미를 부여하는 것도 인간의 활력과 삶의 추진력에 보람이라는 성취감과 나의 성장을 안겨주기 때문이다. 인간의 행복은 편안함에서 오는게 아니라 힘은 들지만 무언가 소망했던 것을 성취했을 때 얻어지는 희열이라고 생각한다. 그 희열은 고뇌하고 심혈을 기울인 만큼 어려운 여건 속에서도 힘들게 만들어진 최선의 결과일 것이다.

군장대 패션산업과는 교육부 평생교육체제지원사업(life)에 선정되어 26세 이상의 성인학습자로 구성되고 지속 가능한 평생학습체제 구축으로 성인 친화적 교육과정 및 시스템을 마련하고 패션산업과 문화예술을 융합한 전문인재를 양성한다. 문화체육관광부에서 발행하는 문화예술교육사 2급을 위한 학과 전공 심의 인정과 직무역량 교과목을 설치해 문화예술교육사 자격을 취득할 수 있고, (재)나주천연염색문화재단과 협약하여 천연염색지도사자격증을 취득하여 다양한 모양의 색을 내는 에코프린팅으로 얼마전엔 영호남 천연염색교류전에 작품 전시를 하였다. 또한 패션의류와 패션소품 등을 한지 닥종이를 이용하여 제작하고 재능 나눔의 일환으로 동기들과 나눔 봉사를 하였으며 선배님들이 만든 한지의상으로 모델로 직접 참여하여 패션쇼를 하였다. 컴퓨터로 직접 제작하고 프린팅한 옷감으로 가방을 만들고 소품을 만들며 디자이너로서의 역량을 갖추고 있다. 은을 두드리고 가공해서 만든 반지며 팔지, 목걸이로 주얼리세트를 만드는 과정은 신중하고 정성이 깃들어야 하는 작업이지만 할 수 있다는 의욕이 들었다. 무엇보다도 기존의 수업과 별개로 특강 형태로 자격증반과 체험활동 수업시간에 부족하거나 원하는 과정들을 개설해주신다. 미술심리 상담사나 가죽공예지도사 생활용품 만들기 등 많은 과목 수강으로 일주일이 빠쁘게 흘러간다. 첫 컴퓨터 수업에서 인스타와 페이스북에 자기 홍보를 시작하였다. 인스타에 대한 막연한 두려움이 들긴 했지만 중학교 2학년 막내의 도움으로 글 올리기를 시작하고 하나하나 배운 것들을 정리해 보았다. 일 년 동안 70여 개의 활동들이 게시됐다는 점이 놀랍고 뿌듯했다.

2. 평생교육사업(라이프사업)을 통한 성장과 향후 계획

좌절과 절망에서 헤어 나오지 못하고 그만 주저앉아 원망이나 하고 살았다면 지금의 나는 아이들과 어떤 모습이 되어 있을까? 사람은 마음먹기에 따라 인생이 달라지기도 한다. 내 삶을 긍정적인 마음으로 열어놓고 빛과 같은 따뜻한 열기로 채우고 싶었다. 시간을 쪼개 쓰는 사람이 더 빠르고 민첩하듯이 나는 시간을 쪼개 쓰는 쪽에서 바삐 움직였다. 끊임없이 부족한 나와 싸우며 도전하는 용기를 갖고 싶어 낮과 밤을 가리지 않았다. 이러한 용기는 나를 가다듬어 삭막하고 팍팍한 삶에 윤기를 더하는 윤활유처럼 유연하게 살아갈 수도 있으리라는 생각을 하면서 더욱 굳어졌다.

아는 만큼 보이고 보이는 것을 알아볼 수 있는 혜안이 넓어졌다고 할까? 그만큼 세계는 넓고 할 일이 많아졌다. 나까지 대학생이 셋이고 고등학교 2학년 아들과 중학교 2학년 막내까지 누가 뭐래도 나를 따라 제 할 일들을 한다. 서로 격려하고 감싸주고 공부하라 마라 잔소리 없이도 공부하는 엄마따라 공부하는 아이들이 서로 물어가며 스스로 해내며 성장해가는 모습으로 화목하게 살아가고 있다.

내가 행복할 권리는 내가 찾아야 하듯이 능력에 능력을 더하는 것도 내가 해내야 한다. 힘들고 어렵지만 해냈다는 보람이 더욱 뿌듯하다. 침침해진 눈과 잘 기억하지 못하는 머리로 돌아서면 잊어버리지만, 늦은 밤까지 공부하는 엄마를 바라보는 아이들의 사랑스런 마음과 응원이 감사하게도 힘의 원동력이 되고 있다. 하고 싶은 일을 해야 추진력이 생기듯이 열심히 사는 친구들과 함께 끌어주고 밀어주며 인생의 전환점을 돌고 있다.

내가 잘하는 강사의 일과 배운 예술적 감각을 접목시켜 재능 나눔을 하고 있는데, 앞으로 더욱 더 활발하게 하고 싶다. 어디서든지 불러만

주면 달려가고 싶은 life 사업은 '하고 싶다'에서 '할 수 있다'는 가능성을 열어주었다. 얼마든지 마음만 먹으면 재미난 인생의 터닝포인트를 만날 수 있다. 좀 힘들지만 열정만 가지면 가능한 일인 듯하다. 요즘엔 갱년기와 우울증에 시달리는 주변인들에게 열심히 이 사업을 추천하고 있다. 집에서 쳇바퀴 돌 듯 흐르는 시간을 앉아서 기다리기 보다는 활력과 웃음을 주는 이곳에 와보시라고.

3. 평생교육사업(라이프사업)에 대한 느낌과 바람

라이프 사업의 좋았던 점은 적은 비용으로 최대 효과를 누린 혜택이다. 늦은 나이에 두 아이를 대학생으로 두고 있다. 국가장학금이 없었다면 아마 힘들었을 것이고 학비 걱정만으로 뭔가를 배울 거라는 생각은 전혀 생각지도 못했을 것이다. 군장대학교 패션산업과에 입학하고 직장에 다니면서 바쁜 생활을 하고 있지만 지금까지 해온 것보다 더 다양한 프로그램에 매료되어 설레는 마음으로 하루하루가 즐겁고 행복한 느낌이다. 천연염색을 배우고, 나만의 주얼리를 만들고, 옷본을 떠 가방과 옷을 만들며, 상품디자인과 개발을 해보고 예술교육사 과정을 배우며 미래로 나가는 꿈에 부풀어있다. 또한 아이들을 가르쳐왔던 강의의 틀을 완전히 바꾸며 내가 성장함을 느낀다. 강사가 아는 지식전달자에서 여러 분야를 접목시켜 하나의 기획자가 되어 학습자가 원하는 결과물을 만들어내는 과정을 효과 있게 활용할 수 있는 원대한 꿈을 펼치며 오늘도 새롭게 익힌 콘텐츠를 아직은 서툴지만 열심히 배워내고 싶다.

아쉬운 점은 흘러가는 시간이다. 일과 학습을 병행하다보니 남들보다 배로 시간을 쪼개 써야 한다. 그래서 하고 싶은 것들을 놓쳐야 할 때가 있다. life사업은 시비와 도비로 원하는 학습을 신청할 수 있는데 시간이 없어서 못하니 안타까울 뿐이다.

바라는 점은 막 검정고시를 치루고 오신 분들의 열정과 대학원을 졸업한 사회인과의 갭 차이와 평균나이 55세로 30대 후반과 70대 사이의 나이차 등 학력차이와 나이 차이를 극복하기가 처음엔 어려웠다. 어울려지기 위해 같은 강의를 인터넷으로 미리 학습하고 동기들이 핸드폰 영상으로 찍어 나르고 모르는 것들은 다시 물어보고 하는 등 소통의 어려움들은 처음 마음열기에 따라 다르므로 심리학적 접근법 등이 도움이 많이 되었다. 이런 부분에 대한 지원이 더 있었으면 좋겠다.

IV

학점은행제

이범수(국가평생교육진흥원)

학점은행제(Academic Credit Bank System):
내 맘대로 설계하는 학위 취득
DIY(Do It Yourself) 평생학습제도

1. 대학에 가지 않고, 대학 수준의 학위를 받을 수 있다.

대학에 가지 않고, 대학 수준의 학위를 취득할 수 있다는 말은 자칫 헛소리처럼 여겨질 수 있다. 그러나 대한민국의 국민 중에서 고등학교 이상의 학력을 소지하였다면 굳이 대학에 가지 않아도 법적으로 대학의 학위 수준과 동등한 학위를 취득할 수 있다. 이와 같은 꿈같은 현실을 가능하게 하는 평생교육제도가 학점은행제이다. 온 국민이 알고 있는 천재 소년 송유근과 만 22세에 국내 최연소로 박사학위를 취득한 유호정 박사도 대학이 아닌 학점은행제로 학사 학위를 취득하였다(아시아경제, 2009.02.23; 중앙일보, 2018.08.21). 대학에 입학할 기회를 놓친 만학도가 아닌 소위 비범하다고 여겨지는 사람들도 학점은행제를 통해 학위를 취득했다는 사실에 매우 놀랄 수 있지만, 전통적인 고등교육기관인 대학과는 매우 다른 학점은행제의 개방성과 다양성을 이해한다면 그들의 선택에 저절로 수긍할 것이다.

그리고, 2022년 한 해 동안 대략 15만여 명의 사람들이 학점은행제를 통해 학위를 취득하기 위해 학점은행제에 등록하였고, 무려 7만 5천여 명의 사람들이 학점은행제를 통해 학위를 취득하였다. 학위는 대학에서만 받을 수 있다는 생각을 가진 사람들에게는 이렇게 많은 사람들이 대학이 아닌 학점은행제를 통해 대학 수준의 학위를 취득한다는 사실은 실로 신선한 충격이 아닐 수 없다. 학점은행제가 무슨 제도이길래 이렇게도 많은 사람들이 학점은행제를 활용해서 대학에 가지 않고, 학위를 취득하는 것일까? 자, 이제 학점은행제에 대해서 자세히 알아보도록 하자.

2. 학점은행제, 그게 뭐예요? 학점은행제의 5W1H

가. What?

학점은행제는 1995년 5. 31 교육개혁을 통해 그 당시 소수자만을 위한 대학교육을 일반 대중에게 확대함으로써 고등교육의 보편화를 목적으로 추진된 평생교육제도이다(교육개혁위원회, 1995). 따라서 소수 엘리트를 위한 교육으로 출발한 대학과 달리 학점은행제는 고등교육의 기회를 일반 대중에게 널리 확대하기 위한 목적이 있어서 <표 1.4>와 같이 학점은행제를 운영하는 교육기관, 활용하는 학습자, 그리고 학사운영 방식이 대학과는 뚜렷한 차이점이 있다.

먼저 대학은 엄격한 법적 요건을 갖춘 기관만이 인가되어서 운영할

수 있지만, 학점은행제는 대학, 학원, 평생교육시설, 국가 및 지자체를
비롯한 군의 교육훈련시설 등 다양한 교육훈련기관이 학점은행제를
운영할 수 있다. 우리가 살아가면서 무심코 지나쳤던 대학교 평생교육
원, 미용·요리·방송 등 직업전문학교, 사이버(원격)평생교육원 중 일
부는 학점은행제를 운영하는 교육훈련기관이다.

　다음으로 대학의 학습자는 개별 대학에서 운영하는 별도의 선발전
형을 통과한 이후에 졸업할 때까지 재학 중인 대학에서 학점을 취득한
다. 이에 반해 학점은행제는 고등학교 이상의 학력이면 누구나 별도의
선발전형 없이 학점은행제 학습자로 등록하여 학점은행제에서 운영하
는 다양한 학점취득 방법을 스스로 선택해서 자유롭게 학점을 취득할
수 있다. 예를 들면 A대학에 재학 중인 대학생들은 졸업할 때까지 대
부분의 학점을 A대학에서 운영하는 수업을 이수해서 취득하지만, 학
점은행제를 이용하는 학습자는 출석 또는 원격수업을 운영하는 다양
한 학점은행제 교육훈련기관에서 운영하는 학습과정과 자격 취득 등
다양한 방법을 통해 학점을 취득할 수 있다.

　마지막으로 학사운영 방식에 있어서 학점은행제는 대학과 달리 별
도의 휴·복학 절차 및 수업 연한이 없고, 학점 이수를 위한 방법과 시
기도 학습자가 자유롭게 선택할 수 있다. 다만, 학점은행제를 통한 학
위가 대학의 학위로 동등하게 인정받기 위해 학점인정을 위한 학점인
정 시수는 대학과 동일하게 이론 수업은 15시간, 실습 수업은 30시간
이 1학점으로 인정된다.

표 1.4 대학과 학점은행제의 비교

구분		전통적 고등교육제도(대학)	학점은행제
교육기관	목적	대학은 인격을 도야(陶冶)하고, 국가와 인류사회의 발전에 필요한 심오한 학술이론과 그 응용방법을 가르치고 연구하며, 국가와 인류사회에 이바지 ※ 고등교육법 제28조에 제시된 대학의 목적임.	학점인정을 통하여 학력인정과 학위 취득의 기회를 줌으로써 평생교육의 이념을 구현하고 개인의 자아실현과 국가사회의 발전에 이바지 ※ 학점인정 등에 관한 법률에 제시된 목적임.
	요건	엄격한 법적 요건에 의한 설립 인가 필요(기관 인가)	고등교육 수준에 부합하는 학습과정에 대한 인정(별도의 기관 인가 없음)
	운영기관	대학, 산업대학, 교육대학, 전문대학, 원격대학, 기술대학, 각종학교	대학, 학원, 평생교육시설, 국가 및 지자체의 교육훈련시설, 군 교육훈련시설 등
학습자	입학전형	별도의 선발전형이 존재	고등학교 이상 학력이면 누구나 가능 ※ 별도의 선발전형 없음
	구성	대부분 동일연령대(20대)의 학생으로 구성	다양한 연령대의 학습자로 구성
	학점취득	주로 소속된 교육기관에서 운영하는 수업을 통해 대부분 학점을 취득	다양한 방법을 통해 학점취득 ※ 전적대학 이수 학점 인정, 출석·원격수업 이수, 자격 취득, 독학학위제 시험 등
	학습권	소속된 교육기관에서 허용하는 범위에서 제한된 학습권 보장	학습에 대한 광범위한 학습권 보장 ※ 교육기관, 수업방법, 수업료, 교강사, 수업기간 등
학사	운영중심	공급자(대학) 중심 운영	수요자(학습자) 중심 운영

운 영	수업 연한	대학은 대개 4년(학사), 전문대학은 2년~3년(전문학사)	별도의 수업연한 없음
	수업 방법	원격대학을 제외하고는 출석수업으로 운영	출석수업, 원격수업, 블렌디드 수업
	운영 방식	학기제 운영	총 수업기간에 맞게 운영
	학점 인정	이론 15시간 1학점, 실습 30시간 1학점	이론 15시간 1학점, 실습 30시간 1학점

출처: 이범수·엄문영(2022). p. 145.

나. Who?

학점은행제를 이용하려고 하는 학습자는 얼마나 될까? 학점은행제를 통해 학위를 취득한 사람은 얼마나 될까? 학점은행제를 통해 학위를 취득한 사람은 대부분 만학도인가? 아니면 소위 대학생이라 할 수 있는 20대도 있을까? 학점은행제를 활용하는 사람(Who)에 대해 알아보자.

학점은행제를 활용하여 대학 수준의 학위를 취득하기 위해서는 대학의 입학에 해당하는 절차라고 할 수 있는 학점은행제 학습자로 등록해야 한다. 학점은행제 학습자는 취득하기를 희망하는 학위수준에 따라 학사 과정 또는 전문학사 과정의 학점은행제 학습자로 등록할 수 있다. <표 1.5>는 학점은행제가 시행된 1998년부터 2022년(2022.12.31. 기준)까지 연도별로 학점은행제 학습자에 등록한 학습자를 학위수준별로 제시한 것이다. 학점은행제가 시행된 첫 해에는 단지 학사 학위 학습자 169명, 전문학사 학위 학습자 502명을 포함해서 총 671명이 학점은행제 학습자로 등록하였으나, 1999년에는 11,489명이 학습자로 등록하여 전년 대비 17배 이상 증가하였고, 해마다 학점은행제 학습자가 대폭 증가하여 2013년에는 무려 14만 4천 여명이 학습자로 등록하였다. 2014년부터 2018년까지는 학점은행제 학습자가 감소하여 약 11만 여명으로 수준으로 정체되었으나, 2019년에 다시 15만 여명으로 늘어난 이후 2022년까지 약 15~16만 여명에 이르고 있다. 1998년부터 24년이 지난 2022년까지 학점은행제를 활용하여 학위를 취득하기 위해 등록한 학습자는 약 216.4만 여명에 이르고 있다.

표 1.5 학점은행제 학습자 등록 현황

('22.12.31. 기준/단위: 명)

구분	1998	1999	2000	2001	2002	2003	2004	2005	2006	2007	2008	2009	2010
학사	169	1,575	2,362	5,920	8,701	14,192	19,216	30,647	39,146	51,033	58,096	61,283	56,772
전문학사	502	9,914	9,370	13,395	12,741	10,732	8,755	11,458	12,376	18,022	25,073	34,237	39,802
계	671	11,489	11,732	19,315	21,442	24,924	27,971	42,105	51,522	69,055	83,169	95,520	96,574

구분	2011	2012	2013	2014	2015	2016	2017	2018	2019	2020	2021	2022	계
학사	59,338	60,420	60,563	61,740	66,484	69,937	72,416	77,892	99,957	109,101	108,310	101,976	1,297,246
전문학사	62,087	73,351	83,991	53,721	47,252	46,723	43,026	40,426	50,407	56,227	55,275	47,937	866,800
계	121,425	133,771	144,554	115,461	113,736	116,660	115,442	118,318	150,364	165,328	163,585	149,913	2,164,046

출처: 이범수(2022). 교육부·국가평생교육진흥원(2023) 자료를 토대로 재구성

<표 1.6>은 학점은행제 시행 이후부터 현재까지 학점은행제를 통해 대학교 또는 전문대학과 동등한 학사 학위 또는 전문학사 학위를 취득한 학위취득자를 제시한 것이다. 학점은행제가 시행된 이듬 해인 1999년에 처음으로 학사 학위취득자 25명, 전문학사 학위취득자 9명을 포함한 34명의 학점은행제 학위취득자가 배출된 이후, 학위취득자는 급격하게 증가하여 2014년에는 학사 학위취득자 26,525명, 전문학

사 학위취득자 54,242명을 포함하여 약 8만 여명이 넘는 학점은행제 학위취득자가 배출되었다. 2015년에는 전년 대비 급격히 감소한 약 5만 8천 여명의 학위취득자 수준이었으나, 2017년에 약 7만 3천 여명으로 증가한 이후 2018년에 약 5만 2천 여명으로 급감하였다. 그 이후 2019년부터 2022년까지 학점은행제 학위취득자는 지속적으로 다시 증가하여 2022년에는 학사 학위취득자 44,322명, 전문학사 학위취득자 30,492명을 포함한 약 7만 5천 여명에 이르고 있다. 학점은행제를 통한 학위취득자가 최초로 배출된 1999년 이래 2022년까지 학점은행제를 통한 학위취득자는 약 98.3만 여명에 이르고 있다.

표 1.6 학점은행제 학위취득자 현황

('22.12.31. 기준/단위: 명)

구분	1998	1999	2000	2001	2002	2003	2004	2005	2006	2007	2008	2009	2010
학사	-	25	254	672	1,450	2,898	4,680	9,993	14,009	22,177	26,834	34,058	28,953
전문학사	-	9	766	1,838	3,151	5,351	4,844	3,902	5,084	5,832	8,322	14,058	22,408
계	-	34	1,020	2,510	4,601	8,249	9,524	13,895	19,093	28,009	35,156	48,116	51,361

구분	2011	2012	2013	2014	2015	2016	2017	2018	2019	2020	2021	2022	계
학사	22,769	23,668	24,749	26,525	30,070	31,538	37,889	30,005	32,715	34,812	38,813	44,322	523,878
전문학사	29,585	37,938	45,024	54,242	27,913	26,525	34,877	21,606	22,375	24,253	29,247	30,492	459,642
계	52,354	61,606	69,773	80,767	57,983	58,063	72,766	51,611	55,090	59,065	68,060	74,814	983,520

출처: 이범수(2022). 교육부·국가평생교육진흥원(2023) 자료를 토대로 재구성

<표 1.7>은 2020년부터 2022년까지 최근 3년간의 학점은행제 학위취득자의 연령별 분포를 제시한 것이다. 학점은행제 학위취득자는 특정 연령대에 집중되어 나타나지 않고, 다양한 연령대에서 학점은행제를 통해 학위를 취득하고 있다. 대학의 주된 학위취득자는 주로 20

대의 연령대로 구성되지만, 학점은행제의 학위취득자는 20대뿐만 아니라 30대, 40대, 50대 이상까지 폭넓게 분포되어 있다. 특히 2022년 학위취득자의 연령별 분포를 살펴보면 30대부터 50대 이상까지 학위취득자의 분포가 전체 학위취득자 대비 23.9%(30대), 25.6%(40대), 22.3%(50대 이상)로서 학점은행제 학위취득자가 연령별로 고르게 분포되어 있다. 이를 통해서 학점은행제는 전 연령대의 국민이 활용하는 대표적인 평생교육제도라는 것을 알 수 있다.

표 1.7 학점은행제 학위취득자의 연령별 분포 현황

('22.12.31. 기준/단위: 명/%)

연도	24세 이하	25세~29세	30대	40대	50대 이상	계
2020년	9,900 (16.8)	12,132 (20.5)	13,082 (22.1)	14,003 (23.7)	9,948 (16.8)	59,065 (100.0)
2021년	10,715 (15.7)	12,700 (18.7)	14,787 (21.7)	16,888 (24.8)	12,970 (19.1)	68,060 (100.0)
2022년	10,096 (9.7)	13,366 (18.5)	17,557 (23.9)	18,941 (25.6)	14,854 (22.3)	74,814 (100.0)

출처: 교육부·국가평생교육진흥원(2023). p. 363.

다. Why?

왜 이렇게 많은 사람들이 대학이 아닌 학점은행제를 통해서 학위를 취득하려고 할까? 흔히 우리는 가성비(價性比)를 선택의 기준으로 할 때가 많다. 가성비라는 것은 국어사전에서 '가격 대비 성능의 비율'을 줄여 이르는 말로 어떤 품목이나 상품에 대하여 정해진 시장 가격에서 기대할 수 있는 성능이나 효율의 정도를 말한다. 학점은행제를 활용하여 학위를 취득하려는 사람들은 학점은행제를 통해 학위를 취득하는

것이 대학에서 학위를 취득하는 것보다 가성비가 높다고 생각한다. 학점은행제를 통한 학위 취득이 대학에서의 학위 취득보다 상대적으로 가성비를 높게 만드는 것은 학점은행제가 개인의 다양한 학습경험을 학점으로 인정하는 특징이 있기 때문이다.

학점은행제는 [그림 1.4]에서 볼 수 있듯이 평가인정학습과정, 학점인정대상학교, 시간제등록, 국가자격, 독학학위제 시험합격 및 면제과정, 국가무형문화재 전수교육 등 고등교육 수준에 해당하는 다양한 학습경험을 학점으로 인정한다.

그림 1.4 학점은행제의 다양한 학습경험 방법

평가인정학습과정	학점인정대상학교(전적대학)
대학부설 평생교육원, 학원, 직업전문학교, 각종 평생교육시설 등에서 평가인정 받은 과목	제적 혹은 졸업한 전문대학 및 제적한 4년제 대학에서 이수한 학점 ※ 졸업한 4년제 대학에서 이수한 학점은 인정받을 수 없음
시간제등록	**자격**
시간제등록이란 대학(전문대학 및 사이버대학 포함)에서 일반인에게 해당 학교의 수업을 이수하게 하는 제도 ※ 각 학교의 학칙에 의거하여 운영	교육부 장관의 승인을 받아 국가평생교육진흥원장이 고시한 자격 ※ 고시에 포함된 자격만 학점인정 가능
독학학위제	**국가무형문화재**
독학학위제 과정별 시험에 합격하였거나, 면제교육과정으로 이수한 과목	「무형문화재법」에 의한 국가무형문화재 기·예능 보유자이거나, 그 전수자의 전수교육경험

출처: 이범수(2022). p. 15.

먼저 '평가인정학습과정'은 대학부설평생교육원, 학원, 직업전문학교, 평생교육시설 등 다양한 교육훈련시설에서 운영하는 학습과목이 학점은행제의 평가인정을 통해 고등교육 수준에 부합하는 학점인정 학습과정으로 인정된 것을 의미하며, 학점은행제 교육훈련기관은 평가인정학습과정을 운영하는 기관을 말한다. 둘째, '학점인정대상학교'는 정규대학 또는 전문대학에서 이수한 학습결과로서 학점은행제를 통해 학점으로 인정받을 수 있다. 셋째, '시간제등록'은 정규대학 또는 전문대학의 선발을 통한 입학 절차를 거치지 않고, 시간제로 등록하여 고등교육에 참여한 시간제등록제 학습자의 학습결과를 말한다. 넷째, '자격을 통한 학점'은 국가기술자격, 국가전문자격, 국가공인민간자격을 취득한 경우에 해당 자격에 대한 경험학습을 학점은행제 학점으로 인정받을 수 있다. 다섯째, '독학학위제 과정을 통한 학점'은 독학학위제 시험합격이나 면제과정 이수자에게 시험합격 및 면제과정 이수에 해당하는 학습결과만큼을 학점은행제 학점으로 인정하는 것이다. 마지막으로 '국가무형문화재 전수교육'의 활성화와 전승문화의 계승 발전에 필요한 인재를 육성하기 위해 중요무형문화재 보유자, 이수자, 전수자 등의 전수교육 경험을 학점으로 인정하고 있다(이범수, 2022). 이와 같이 개인의 다양한 학습경험을 학점으로 인정하는 학점은행제의 특징은 학점은행제 학습자들이 학위를 취득할 때까지 소요되는 기간을 대학에 비해 단축시킬 수 있고, 학점취득 과정에서 다양한 학점인정 과정별 학점 이수에 소요되는 비용을 비교할 수 있어서 비교적 저렴한 가성비 높은 학점 이수과정을 스스로 선택할 수 있다.

<표 1.8>은 학점은행제가 시행된 이후부터 2022년까지의 학점은행제를 통해 개인의 다양한 학점인정 현황을 제시한 것이다. 학점은행제의 다양한 학점인정 특징으로 인해 학점은행제 교육훈련기관을 통

해 학점을 이수하는 평가인정 학습과정을 통한 학점인정(초록색 박스 부분)뿐만 아니라 학점은행제와는 별도로 운영되는 자격 취득, 독학학위제, 학점인정대상학교(대학교 학점 이수 경험), 국가무형문화재 전수교육 경험, 대학의 시간제등록제 학습 경험이 모두 학점은행제를 통해 학위 취득에 필요한 학점으로 인정되는 것이다.

표 1.8 학점은행제의 다양한 학점인정 현황

('22.12.31. 기준/단위: 학점, %)

| 연도 | 평가인정학습과정 | 자격 | 독학학위제 | | 학점인정대상학교 | 국가무형문화재 | 시간제등록 | 계 |
			시험합격	시험면제교육과정				
1999	142,852	18,849	646	–	20,039	–	–	182,386
2000	206,433	42,883	1,259	–	111,917	–	19,610	382,102
2001	441,444	97,013	2,682	3,232	156,367	–	24,571	725,309
2002	540,201	106,879	2,437	14,388	170,222	280	26,079	860,486
2003	823,301	212,241	966	3,068	350,450	1,061	53,804	1,444,891
2004	792,691	296,665	14,261	10,610	562,088	820	129,936	1,807,071
2005	952,993	504,443	74,242	11,184	1,029,316	985	362,457	2,935,620
2006	1,105,388	620,634	52,301	6,492	1,800,639	547	524,919	4,110,920
2007	1,428,662	773,799	57,733	7,953	1,971,501	970	793,490	5,034,108
2008	1,630,988	611,545	61,776	7,321	2,074,435	625	1,229,633	5,616,323
2009	1,852,672	492,538	83,157	5,088	1,777,623	1,196	2,028,978	6,241,252
2010	2,249,800	373,264	93,468	3,532	1,765,356	1,122	1,988,179	6,474,721
2011	3,772,465	368,435	122,840	3,482	1,921,036	419	1,070,129	7,258,806

2012	5,147,678	365,940	145,142	3,075	1,838,107	452	482,053	7,982,447
2013	6,224,079	322,716	123,685	2,985	1,695,123	555	357,823	8,726,966
2014	5,841,919	293,942	102,802	3,578	1,680,825	745	300,751	8,224,562
2015	5,812,088	302,151	93,647	2,990	1,647,862	543	216,686	8,075,967
2016	5,899,644	379,914	80,366	2,440	1,586,769	575	174,384	8,124,092
2017	6,247,888	481,627	95,985	2,873	1,590,597	598	136,443	8,556,011
2018	5,857,226	542,831	96,658	3,853	1,616,137	363	126,989	8,244,057
2019	6,559,213	585,783	120,903	2,816	1,786,179	248	123,462	9,178,604
2020	7,896,798	579,852	132,685	3,811	1,878,644	281	128,028	10,620,099
2021	7,966,979	623,729	145,260	3,168	2,123,510	391	109,158	10,972,195
2022	8,050,194	562,847	129,292	2,390	2,058,494	183	87,886	10,891,286
계	87,443,596 (61.3)	9,560,520 (6.7)	1,834,193 (1.3)	110,329 (0.1)	33,213,236 (23.3)	12,959 (0.0)	10,495,448 (7.4)	142,670,281 (100.0)

출처: 이범수(2022). 교육부·국가평생교육진흥원(2023) 자료를 토대로 재구성

학점은행제가 시행된 이후부터 현재까지 학점인정된 총 학점은 142,670,281학점이며, 이 중에서 학점은행제 교육훈련기관의 학점 이수를 통한 평가인정학습과정을 통한 학점인정이 61.3%로 가장 높고, 그 다음으로 개인의 대학교 학습경험에 대한 결과인 학점인정대상학교의 학점인정(23.3%), 시간제등록을 통한 학점인정(7.4%), 자격을 통한 학점인정(6.7%) 순이다. 그 이외의 독학학위제(1.4%)와 국가무형문화재 전수교육(0.0%)을 통한 학점인정은 전체 학점인정에서 차지하는 비율이 다른 학점인정에 비해 매우 낮다.

이와 같은 결과를 토대로 학점은행제 학습자 중에서 대학 중퇴의 경험을 가진 사람은 학점인정대상학교 학점인정을 통해 중도에 포기한

대학에서 이수한 학점을 인정받고, 학점은행제 교육훈련기관 및 시간
제등록의 학점 이수, 그리고 자격 취득을 통해 학점은행제 학위를 취
득할 수 있다. 대학생은 주로 소속 대학에서 학점을 이수하지만, 이에
비해 학점은행제 학습자는 다양한 경험학습을 통해 학점을 이수할 수
있다. 따라서 학점은행제의 다양한 학점인정으로 인해 대학에서 학위
를 취득하는 것보다 상대적으로 가성비가 더 높은 것이다.

라. How?

학점은행제에서 취득할 수 있는 학위의 종류는 무엇이고, 이에 대한
학위 취득의 요건은 무엇인가? 어느 정도의 학점을 이수하면 대학 수
준의 학위를 취득할 수 있을까? 학점은행제에서 어떻게(How) 하면 학
위를 취득할 수 있는지 학위의 종류와 학위 취득의 요건에 대해서 알
아보자.

학점은행제에서 운영하는 학위 종류는 무엇이고, 해당 전공별 교양
및 전공 학점은 얼마나 이수를 해야 학위 취득이 가능한지를 제시한
기준이 '학점은행제 표준교육과정'이다. 교육부장관은 사회의 변화에
따른 신규 전공의 신설 또는 기존 전공의 폐지를 비롯한 학점은행제
표준교육과정에 변화가 발생하면 이에 대한 내용을 국민들이 알 수 있
도록 고시하고 있다. 학점은행제가 1998년 시행된 이후에 2022년까지
표준교육과정은 27차에 걸쳐서 고시되었다. 가장 최근에 고시된 제27
차 표준교육과정은 학점은행제 학사 26개 학위 종류에 포함된 117개
전공, 전문학사 13개 학위 종류에 포함된 111개 전공의 학위 취득 요
건을 제시하고 있다(교육부, 2022).

표 1.9 학점은행제 표준교육과정 학위종류 현황

구분	학위 종류	전공수
학사	가정학사, 간호학사, 경영학사, 경제학사, 공학사, 관광학사, 광고학사, 군사학사, 무용학사, 문학사, 문헌정보학사, 미술학사, 미용학사, 법학사, 보건학사, 세무학사, 수사학사, 신학사, 예술학사, 음악학사, 이학사, 지식재산학사, 체육학사, 패션학사, 해양학사, 행정학사 등 총 26개	117
전문학사	가정전문학사, 경영전문학사, 공업전문학사, 관광전문학사, 군사전문학사, 농업전문학사, 산업예술전문학사, 언어전문학사, 생명산업전문학사, 예술전문학사, 의료전문학사, 행정전문학사, 체육전문학사 등 총 13개	111

출처: 교육부(2022). p.4~5.

　학점은행제 학습자는 다양한 학습경험(평가인정학습과정, 학점인정대상 학교, 시간제등록, 자격, 독학학위제, 국가무형문화재)의 학점인정을 통해 표준교육과정에서 전공별로 제시한 기준에 따라 140학점 이상을 취득하면 학사 학위, 80학점 이상을 취득하면 전문학사 학위를 취득할 수 있다 <표 1.10>은 학점은행제에서 학위를 취득하기 위한 학위수여 요건을 제시한 것으로서 4년제 대학의 학위 수준에 해당하는 학사 학위의 경우에는 총 140학점 이상을 취득하고, 취득한 학점 중에 전공은 60학점 이상, 교양은 30학점 이상을 반드시 포함해야 한다. 2년제 전문대학의 학위 수준에 해당하는 전문학사 학위의 경우에는 총 80학점 이상을 취득하고, 전공은 45학점 이상, 교양은 15학점 이상 포함해야 한다. 3년제 전문학사의 경우에는 전공은 54학점 이상, 교양은 21학점

이상을 포함한 120학점 이상을 취득해야 3년제 전문학사 학위를 취득할 수 있다.

또한, 학점은행제 학습자는 학위 취득을 위해 이수한 학점 중에서 반드시 평가인정학습과정 또는 시간제등록을 통해 이수한 학점을 반드시 18학점 이상 포함해야 한다. 학점은행제의 학위수여 요건을 충족한 학습자 중에 특정 대학에서 운영하는 학점 이수과정을 일정 수준 이상 이수하였을 경우에는 교육부 장관 명의가 아닌 특정 대학의 장 명의로 학위를 취득할 수 있다. 대학의 장에 의한 학위를 취득하기 위해서는 학사 학위는 총 140학점 중에서 84학점 이상, 전문학사 학위는 2년제는 총 80학점 중에서 48학점 이상, 3년제는 총 120학점 중에서 65학점 이상을 학위를 받고자 하는 해당대학에서 운영하는 학점은행제 평가인정 학습과정을 이수해야 한다.

표 1.10 학점은행제 학위수여 요건

구분		학사 학위	전문학사 학위		비고
			2년제	3년제	
①	총 학점	140학점 이상	80학점 이상	120학점 이상	공통
②	전공	60학점 이상	45학점 이상	54학점 이상	
③	교양	30학점 이상	15학점 이상	21학점 이상	
④	이수 학점 중 평가인정학습과정 또는 시간제등록을 통해 이수한 학점이 반드시 18학점 이상 포함되어야 함				
⑤	전공필수는 희망하는 전공에 따라 학점 또는 과목 수로 충족하여야 함				교육부 장관 명의 학위수여
⑥	해당대학의 학점	84학점 이상	48학점 이상	65학점 이상	대학의 장 등에 의한 학위수여
⑦	학칙으로 정한 요건을 충족하여야 함				

출처: 교육부·국가평생교육진흥원(2023). p.360.

마. Where?

학점은행제를 통해 학위를 취득하려면 학점을 이수해야 한다. 학점을 이수하려면 개인의 다양한 경험학습의 학점인정 및 학점은행제 교육훈련기관에서 운영하는 평가인정 학습과정을 수강해야 한다. <표 1.11>은 2022년 학점은행제를 운영하는 교육훈련기관을 제시한 것으로 전체 학점은행제 교육훈련기관은 총 418개이다. 학점은행제 교육훈련기관을 유형별로 살펴보면 대학 부설 평생교육원이 전체 교육훈련기관 대비 124개(29.7%)로 가장 많으며, 그 다음으로 원격수업을 통한 학점 이수 과정을 주로 운영하는 평생교육시설이 109개(26.1%), 전문대학 부설 평생교육원이 66개(15.8%), 직업훈련시설이 59개(14.1%), 정부·지자체 등 교육시설이 31개(7.4%) 등으로 나타났다. 학점은행제 학습자는 총 418개 교육훈련기관 중에서 학습자의 선택에 따라 자유롭게 교육훈련기관을 선택해서 학점을 이수할 수 있다. 예컨대 대학 부설 평생교육원, 직업훈련시설, 평생교육시설에서 개설한 학습과정을 자유롭게 이수할 수 있다.

표 1.11 학점은행제 평가인정 교육훈련기관 현황

('22.12.31. 기준/단위: 개/%)

기관 유형		기관수	비율
대학 등	대학 부설 평생교육원	124	29.7
	전문대학 부설 평생교육원	66	15.8
	전공심화 및 특별과정	4	1.0
	K-MOOC	9	2.2
	소 계	203	48.6
직업훈련시설		59	14.1
평생직업교육학원		9	2.2

특수학교 및 고등기술학교	7	1.7
정부·지자체 등 교육시설	31	7.4
평생교육시설	109	26.1
합 계	418	100.0

출처: 교육부·국가평생교육진흥원(2023). p. 364.

학점은행제 교육훈련기관에서 운영하는 학습과정, 수강료, 학습과정 운영 일정 등 학점 이수에 필요한 정보는 학점은행제 정보공시 사이트인 학점은행제 알리미(https://www.cbinfo.or.kr)에서 확인할 수 있다. 동일한 과목명을 가진 학습과정이라도 개설하는 교육훈련기관이 정부 또는 지자체 교육시설이고, 수업방법이 비대면이면, 민간 교육훈련기관에서 운영하는 대면 수업에 비해 상대적으로 저렴하다. 따라서 학점은행제를 활용하려는 학습자는 학점은행제 알리미에서 제공하는 정보를 통해 가성비 높은 학위 취득과정을 스스로 설계할 수 있다.

바. When?

학점은행제를 통해 학위 취득의 꿈을 이루기 위해서는 학점은행제 학습자로 등록하고, 그 이후에 취득한 학점에 대한 학점인정 신청, 그리고 누적한 학점이 학위 취득 요건에 도달하면 학위 신청을 통해 목표한 학위를 취득할 수 있다. [그림 1.5]는 학점은행제 학위 취득을 위해 필요한 세 가지 절차인 학습자 등록, 학점인정, 학위신청 절차를 제시한 것이다.

먼저 학습자 등록 신청은 학점은행제를 활용하기 위해 최초에 한번만 하면 되며, 신청기간은 매해 분기의 시작월인 1월, 4월, 7월, 10월에 접수받고 있다. 또한, 신청방법은 온라인이나 방문 신청이 가능하며, 등록에 따른 수수료로 4,000원을 납부해야 한다. 다음으로 학점인

그림 1.5 학점은행제의 학위 취득 절차

	학습자등록신청 →	학점인정신청 →	학위신청	
내용	학위종류 및 전공 선택	취득한 학점에 대한 학점인정신청	등록된 학위종류 및 전공으로 학위취득 의사를 표명하는 절차	학점은행제 학위수여
	• 학습자등록신청은 최초 한번만 등록하면 됨 • 학점인정신청과 동시에 할 수 있음 • 학위신청 마감일 75일 이전에 학습자등록신청을 해야 함	• 학점인정신청 후 학점원별 학점인정기준에 따라 학점인정여부 또는 학습구분 등이 결정됨 • (6가지 학점원) 평가인정학습과정, 학점인정대상학교, 시간제등록, 자격, 독학학위제, 국가무형문화재	• 교육부장관 명의 학위 신청은 국가평생교육진흥원 으로 신청 • 대학의 장 등에 대한 학위신청은 해당 대학에 문의하여 신청	매년 2월, 8월 학위 수여 (학위 수여식은 2월에 실시)
신청 기간	1, 4, 7, 10월	1, 4, 7, 10월	• 전기(2월) 학위수여대상자: 전년도 12월 15일~1월 15일 • 후기(8월) 학위수여대상자: 6월 15일~7월 15일	
신청 방법	• 온라인신청 • 방문신청(국가평생교육원, 시·도교육청) • 교육훈련기관 단체신청	• 온라인신청 • 방문신청(국가평생교육원, 시·도교육청) • 교육훈련기관 단체신청	• 온라인신청 • 교육훈련기관 단체신청	
신청 수수료	4,000원	1학점 당 1,000원	없음	
주의 사항	• 학습자등록이 되어있지 않더라도 먼저 과목을 수강할 수 있음	• 평가인정학습과정 수강은 각 교육훈련기관에서 이루어지며, 학점을 취득 이후 국가평생교육진흥원에 학점인정신청을 해야 함 • 취득 학점이 있을 때마다 수시로 학점인정신청	• 학위신청 마감일 전까지 학점인정신청 등 모든 신청절차를 완료해야 함	

※ 학위수여요건 충족

출처: 국가평생교육진흥원(2022). p. 6.

정 신청은 학점은행제의 다양한 학습경험을 학점으로 인정받고 싶을 때 신청하는 절차로서 신청기간은 학습자등록의 신청기간과 동일하다. 신청방법은 온라인이나 방문 신청이 가능하며, 학점인정의 신청에 따른 수수료는 신청학점별 1,000원을 납부해야 한다. 마지막으로 학위신청은 학점은행제 학습자가 학점인정된 이수 학점이 학점은행제 학위 취득에 부합할 때 신청할 수 있다. 당해연도 2월에 학위 취득을 희망하는 사람은 전년도 12월 15일부터 당해연도 1월 15일까지, 당해연도 8월에 학위 취득을 희망하는 사람은 당해연도 6월 15일부터 7월 15일까지 학위신청을 해야 한다. 학위신청은 온라인으로만 가능하며, 학위신청에 따른 별도의 수수료는 없다.

학점은행제를 통해 학위를 취득하고자 하는 사람은 학점은행제 학습자 등록 절차를 거치지 않았어도 학점은행제 교육훈련기관에서 운영하는 학습과정을 이수할 수 있다. 학점은행제 학습자 등록 절차는 학점은행제 학점인정을 위해 제도에 등록하기 위한 행정적 절차에 불과하기 때문이다. 그러므로 학점은행제 학습자의 이전 경험학습 정도에 따라 1년 이내에 전문학사 학위 또는 2년 이내에 학사학위 취득도 가능할 수 있다.

3. 대학원에 가지 않고, 대학원 수준의 학위를 받을 수는 없을까?

학점은행제의 도입을 추진한 1995년 5. 31 교육개혁위원회도 1998년 시행된 학점은행제가 현재와 같이 엄청난 규모로 확대될 지는 예상하지 못 했을 것이다. 학점은행제에 누적 등록된 학습자는 약 216.4만 여명에 이르고, 한 해에만 신규로 학점은행제를 통해 학위를 취득하고자 하는 학습자 등록만 약 15만 명이다. 또한, 학점은행제를 통해 학위를 취득한 사람은 2022년까지 약 98.3만 여명이고, 한 해에만 신규로 학점은행제를 통해 학위를 취득하는 사람은 약 7.5만 명에 이르고 있다. 그리고 학점은행제를 통해 2022년까지 학점인정된 학점은 142,670,281학점이며, 해당 학점은 140학점을 기준으로 학사 학위취득자를 약 102만 명 또는 80학점을 기준으로 전문학사 학위취득자를 약 178만 명을 배출할 수 있는 학점이다. <표 1.12>는 학점은행제가 시행된 이듬해인

1999년 대비 2022년에 학점은행제 학습자, 학위취득자, 학점인정의 규
모가 당시에 비해 얼마나 확대되었는지를 비교한 것으로 학점은행제
학습자는 1999년 대비 2022년에는 13배, 학위취득자는 2,220배, 학점
인정은 약 60배 확대되었음을 알 수 있다.

표 1.12 학점은행제의 시행 이후 현재까지 성과

구분	1999년(①)*	2022년(②)	1998~2022년 누적치	확대 (②/①)
학점은행제 학습자	11,489	149,913	2,164,046	13.0
학점은행제 학위취득자	34	74,814	983,520	2,200.4
학점은행제 학점인정(a)	182,386	10,891,286	142,670,281	59.7
- 학사학위 취득자 (b=a/140)	1,303	77,795	1,019,073	59.7
- 전문학사(2년제) 학위취득자(c=a/80)	2,280	136,141	1,783,379	59.7

* 학점은행제가 1998년 3월에 시행되었기에 2022년과의 비교를 위해 1999년을 기준으로 설정
출처: <표 1.5, 1.6, 1.8>을 토대로 재구성

학점은행제를 통해 대학에 가지 않고도 대학 수준의 학위를 취득할
수 있는 평생교육제도가 마련되어 많은 국민이 고등교육의 기회를 보
장받고 있다. 현재는 대학의 수준에 해당하는 학위를 취득할 수 있는
학점은행제가 향후 대학원 수준의 학위를 받을 수 있는 제도로 발전할
수는 없을까? 교육부는 2022년 12월에 제5차 평생교육진흥 기본계획
('23~'27년)에서 다양한 경력, 자격, 학력 등의 연계를 강화하는 국가
학습경험인정제 신설을 향후 5년에 걸쳐서 추진하는 것을 발표하였다.
다만, 학점은행제를 국가 학습경험인정제의 하위 제도에 포함하는 요
소로 계획되어 있기에 해당과제는 학점은행제가 아니라 국가 학습경

험인정제에서 추진하는 것으로 제시되어 있고, 학점은행제의 과제로
는 학점은행제의 경험학습 인정 범위의 확대 및 외국거주자의 학점은
행제 이용을 위한 글로벌화가 제시되어 있다.

학점은행제를 통한 누적 학습자가 현재까지 약 216.4만 명이고, 학
위취득자는 약 98.3만 명에 이르기 때문에 학점은행제를 통한 대학원
수준의 학위인 석사 또는 박사 학위 취득에 대한 국민의 잠재적 수요
는 적지 않다. 현재의 학점은행제에서 대학 수준을 넘어 대학원 수준
의 학위 취득까지 연결될 수 있게 하기 위한 제도의 발전 방안을 제시
하면 다음과 같다.

그림 1.6 다양한 경력, 자격, 학력 등의 연계 과정

	지금까지	앞으로('23~'27)
국가 학습 경험 인정	· 재직경력, 자격 등을 일부 학점으로 인정하는 제도 운영 ▸ 학점은행제('99년~) - 대학을 다니지 않아도, 다양한 학습을 학점 인정 ▸ 대학 학습경험인정제('17년~) - 대학 밖 연구·재직경력 등을 학점으로 인정	✓ 재직경력, 자격 등만으로도 학력을 국가가 인정하는 제도 신설(전문학사, 학사, 석사)
온라인 묶음 학위 과정	· K-MOOC 등에는 학위과정 없음	✓ K-MOOC, 매치업, 대학, 기업 등 다양한 기관에서 운영하는 디지털 분야 온라인강의를 조합한 학위과정 신설
학점 은행	· 국내거주자만 신청가능	✓ 해외거주자도 신청가능 ✓ 학점원 지속 확대

출처: 교육부(2022.12.28). p. 49.

첫째, 대학원 수준의 학위를 부여하기 위한 검증 체계를 갖추는 것이 필요하다. 1998년 학점은행제를 도입할 당시에는 학점은행제 학사학위를 취득하기 위해서는 논문 시험 또는 실기 시험이 마련되었으나, 제도 시행 이듬해인 1999년에 법령의 개정으로 폐지되었다(이범수, 2022). 학점은행제를 통한 대학원 수준의 학위를 수여하기 위해서는 제도 시행 초기에 마련되었으나, 시행 이후에 바로 개정된 학위의 검정 체계를 대학원 수준의 학위 수여 시에는 적용하는 것이 요구된다.

둘째, 학점은행제를 통한 대학원 수준의 학위 수여는 전면 도입보다는 점진적 확대를 통한 시범 운영이 필요하다. 예컨대 학위 수준은 석사, 박사 중에 위계적으로 학위의 수준이 낮은 석사 학위부터 도입하고, 대학원 수준의 학위 종류에 따른 전공도 사회적 수요가 높으면서, 검정 체계에서 수준의 측정이 비교적 수월한 전공부터 도입해서 운영하는 것이 필요하다. 학점은행제를 최초에 시행할 1998년 3월에 고시된 학점은행제 전공은 단지 학사 18개, 전문학사 23개를 포함한 41개에 불과하였고, 학점은행제를 1998년에 시행할 당시에도 시행연도부터 1999년까지 2년에 걸쳐 시범 운영을 실시하였다. 따라서 향후 학점은행제를 통한 대학원 수준의 학위 취득을 도입할 시에도 대학원 수준의 표준교육과정 고시는 최소의 전공 운영 및 운영 결과에 기반한 제도 개선을 연계할 수 있는 시범운영 기간을 염두하고 추진하는 것이 요구된다.

셋째, 대학원 수준의 다양한 경험학습에 대한 학점인정 기준을 마련해야 한다. 현재 대학 수준의 학위에서 운영되는 학점은행제의 여섯 가지 학점인정 유형도 해당 경험학습의 등가성이 동일하다고 할 수 없다. <표 1.13>은 학점은행제에서 학점인정되는 학점인정 유형별 학점인정의 기준을 제시한 것으로 학교 내 교육에 해당하는 평가인정학습과정, 학점인정대상학교, 시간제등록을 통한 학점인정의 기준은 학점당 이론 수업은 15시간, 실습 수업은 30시간으로 동일하지만, 학교 밖 교육에 해당하는 자격, 독학학위제, 국가무형문화제 학점인정 방식은 각 학점인정의 기준이 상이한 차이를 보이고 있다. 또한, 학교 내 교육이라 할 수 있는 평가인정학습과정, 학점인정대학학교, 시간제등록의 학점과 학교 밖 교육이라 할 수 있는 자격, 독학학위제, 국가무형문화제 학점 간에 등가성이 보장된다고 가정하기는 어렵다(백은순, 2008; 이범수, 엄문영, 2022).

표 1.13 학점은행제의 경험학습 학점인정에 대한 유형 및 기준

구분	학점인정 유형	학점인정의 기준	학습방법
학교 내 교육	평가인정학습 과정	- 학점당 이론 15시간, 실습 30시간	학점은행제 교육훈련기관
	학점인정대상 학교	- 학점당 이론 15시간, 실습 30시간	고등교육기관 (대학)
	시간제등록	- 학점당 이론 15시간, 실습 30시간	고등교육기관 (대학)
학교 밖 교육	자격	- 1등급(45학점)~15등급(2학점) 자격 구분에 의한 학점인정	교육기관 또는 독학
	독학학위제	- 1단계시험: 과목당 4학점 인정 - 2단계~4단계시험: 과목당 5학점 인정	독학
	국가무형 문화재	- 보유자 또는 전수교육 경험기간: 140학점~4학점 인정	도제식 교육

출처: 이범수·엄문영(2022). p. 154.

따라서 대학원 수준의 학점인정을 학점은행제에서 추진하기 위해서는 현재의 여섯 가지 학점인정 유형 중에서 비교적 학점인정의 기준이 동일한 학교 내 교육부터 대학원 수준의 학점인정 기준을 마련하여 운영하고, 학교 밖 교육에 대한 경험학습의 학점인정은 추후에 학교 내 교육과의 학점인정 등가성을 마련한 이후에 추진하는 것이 요구된다.

평생교육사업 성공사례_ 학점은행제(1)

이○○

평생교육사업(학점은행제) 면담자 소개

이○○(38세)는 울산 울주군에 거주하며 창업을 준비하고 있는 건설 안전기술사이다. 가정형편이 좋지 못하여 대학진학을 포기하고 자의 반 타의반으로 20세 때 직업군인으로 입대하여 생활하던 중 대외적으로 여러 불미스러운 사건이 많이 발생하여 전역을 하게 된다. 사회에 나와서 학점은행제 및 여러 자격증 공부와 직장에서의 실무경력을 10여년 정도 쌓았고 현재는 해당분야 최고의 자격인 건설안전기술사 및 산업안전지도사를 취득하여 책임기술자로서 3년 정도 근무하다가 지금은 더욱 원대한 꿈을 이루기 위해 창업을 준비하고 있다.

1. 평생교육사업(학점은행제) 참여동기 및 배움/활동 내용

제가 하는 일은 때때로 중대한 사고를 발생시켜 노동자들을 사망에 이르게 할 수도 있는 위험이 있는 직업입니다. 권한이 있는 책임자의 무리한 진행, 알고도 지키지 않는 노동자의 불안전한 행동 이외에도 사회 제도적 결함, 대·내외 악재에 약한 건설산업의 취약점, 그리고 무지에서 비롯된 사고들도 많이 존재합니다. 제가 미약하여 사회 제도를 바꾸고 대·내외 환경적 여건을 바꿀 수는 없지만 개인적인 능력을 발전시켜 무지함에서 비롯된 사고를 예방할 수 있다고 생각하였습니다.

아무것도 가진 것이 없는 상태로 사회에 진출하였습니다. 능력도 없고 돈도 없어서 우선은 일을 해야만 했습니다. 정말 다행인 것은 그러한 상황 속에서 선택한 이 길이 지금의 저를 만들어주었다는 것입니다. 우선은 생계를 유지해야하니 일은 꾸준히 하였습니다. 다만 그 당시 업무강도가 워낙에 강해서 새벽 4-5시경에 기상을 해야만 했고, 퇴근하고 숙소로 돌아오면 저녁 7-8시 정도가 되었는데, 남는 저의 자유시간 중에 4시간 정도는 항상 배우고 공부하는데 투자했습니다. 스스로 사회에서 뒤처졌다는 강박관념과 업무를 훌륭하게 수행하는 사람이 되고 싶었기 때문입니다. 그래서 학점은행제를 이용하여 수업을 들었고, 중간중간 남는 시간에는 시험일정에 맞춰 자격증 공부를 하였습니다.

여기서도 천만다행으로 고졸임에도 군대생활을 오래하여 바로 기사 자격을 응시할 수 있는 요건이 되어 바로 기사자격 준비를 할 수 있었습니다. 정말 아무것도 모르던 시절임에도 무리하게 이 둘을 병행하려 하다보니 사실 4시간 정도의 공부량으로는 턱도 없었는데, 그래서 자투리 시간을 활용할 수 있는 모든 방안을 동원하여 열과 성을 다하여 배우고 공부하였습니다. 낫 놓고 기억자도 모를 만큼 무지한 저였지만 지금 돌이켜봐도 그때만큼 열정이 있었고 열심히 한 적이 없을 만큼 열심히 했습니다. 시간이 오래 지나 무엇을 어떻게 했는지 기억이 잘 나지는 않지만 정말 간절하고 무식하게 공부했던 것 만은 기억이 납니다.

2. 평생교육사업(학점은행제)을 통한 성장과 향후 계획

사람에 따라 각각의 장단점이 존재하고, 그래서 잘하는 것이 있으면 당연히 부족한 것도 있습니다. 저는 이 프로그램을 접하기 전에는 공부보다는 몸을 쓰는 일에 어울리는 사람이라 생각하였고, 장기적인 안목보다는 눈앞에 있는 것을 쫓는 즉흥적인 사람에 가까웠습니다. 그러나 지금은 장기적인 안목으로 미래를 도모하고, 치밀하게 준비하고 실행하는 것에 더 어울리는 사람이 되었다고 생각합니다. 이러한 행동양식으로 살아가다보면 사회적인 지위나 만족도, 성과, 급여 등은 말할 것도 없이 따라오리라 믿습니다. 이러한 것들은 저의 의식과 체질 변화에서 온 것이라 생각하며 이것이 곧 성장이라고 말씀드리고 싶습니다.

현재 대학원 석사과정에 진학하여 올해로 3학기 차입니다. 자격증 공부나 학교를 가는 것은 게으른 자신을 그나마 움직일 수 있게 만드는 원동력입니다. 석사학위를 취득하고, 박사학위까지 취득하는 것이 저의 목표입니다. 제가 주업으로 삼고 있는 자격 분야는 전문기술사가 아니라 일반기술사로, 공학과 경영, 심리 등이 복잡하게 얽혀 있는 분야입니다. 그래서 연구하고 실증하고 싶은 것이 너무나도 많습니다. 미래에 박사 논문을 쓰게 된다면 당연히 이것들을 바탕으로 쓰게 될 것입니다. 그리고 실증하여 세상 바깥으로 나오게 하는 것이 전문엔지니어로서 저의 목표입니다.

과거의 저처럼 사정이 딱하거나 혹은 무엇을 하고 싶은지 몰라 방황하는 이들이 너무나 많을 것입니다. 이러한 분들을 위해 작게나마 재능기부를 하는 것과 이들이 딛고 올라설 수 있는 발판, 기대어 쉴 수 있는 의자가 되어줄 수 있는 사회적 기업을 설립하여 운영하는 것이 저의 장래 목표입니다.

3. 평생교육사업(학점은행제)에 대한 느낌과 바람

학점은행제에 대해 좋았던 점은 개인적인 사정이 있는 사람들도 쉽게 접근할 수 있다는 것이 가장 좋았습니다. 만약 이러한 제도가 없었더라면 저는 적어도 학위는 엄청나게 늦게 취득했거나 아예 취득하지 못하였을 것입니다. 그리고 경제적으로 주머니 사정이 어려운 사람들에게도 충분히 접근할 수 있는 합리적인 가격 또한 이 프로그램의 장점으로 꼽고 싶습니다.

아쉬웠던 점은 제가 학점은행을 처음 접했을 당시의 교과목 구성이었습니다. 저는 안전공학을 전공으로 선택하여 공학사로 학위를 취득하였는데, 제가 학위를 취득할 수 있게 한 것은 학점은행의 알찬 교과목이 아니라 전공필수로 인정이 되는 자격증 때문에 학위를 취득할 수 있었습니다. 그 당시에 경영이나 사회복지 쪽으로 교과목이 발달되어

저같은 공학도들은 학문적으로 배울 수 있는 기회가 없었습니다. 현재도 교과목 구성이 그러한 상황이라면 반드시 개선이 필요하다고 봅니다.

평생교육사업 성공사례_ 학점은행제(2)

유○○

평생교육사업(학점은행제) 면담자 소개

유○○(29세)은 생물정보학자로, DNA나 RNA 등 방대한 바이오 데이터를 컴퓨터 기술을 통해 분석하고, 질병 진단 및 신약 개발에 기여하는 연구를 하고 있다. 평생교육제도를 통해 학사학위 취득 후 대학원에 진학하여 24살에 생물정보학 박사학위를 취득하였고, 박사후연구원 과정을 거쳐 지금은 사람의 유전체 정보를 기반으로 암 진단이나 모니터링, 헬스케어 기술 개발 등의 일을 하는 연구원이다.

1. 평생교육사업(학점은행제) 참여동기 및 배움/활동 내용

저는 어려서부터 사교육 없이 혼자서 제 호흡대로 공부하던 학생이었습니다. 중학교 때부터 제도권 밖에서 공부하였습니다. 아마 그 전, 아니면 그 즈음일텐데, 과학도 좋아하고, 의료 관련 분야도 좋아해서 과학자이자 의료계에서 일하는 사람이 되고 싶다는 꿈을 가지게 되었습니다. 그 현장에 빨리 들어가고 싶다는 마음에 방법을 찾다가 초등학교 졸업 후 중학교와 고등학교 과정을 검정고시로 2년 만에 마치고 바로 학사학위를 취득할 수 있는 평생교육진흥원의 학점은행제도를 활용하게 되었습니다. 물론 빠른 것이 다 좋은 것은 아니지만, 그 때에는 빨리 뭔가 되고 싶다는 욕구가 더 컸던 것 같습니다. 그렇게 조금 이른 나이이긴 하지만 15살 후반의 저는 학점은행제를 통해 세상으로 나아가기 시작했습니다. 그리고 17살에 대학과정을 마쳤고, 대학원으로 진학하여 박사과정을 밟게 되었습니다. 저는 이 제도를 통해 학사로 총 144학점을 이수했는데, 그 과정에서 사이버대학교를 활용하기도 하고, 유관 자격증을 취득하여 학점을 땄습니다. 독학 학위제

시험을 경험하기도 하는 등 다양한 활동으로 차곡차곡 저만의 길을
걸어왔습니다.

2. 평생교육사업(학점은행제)을 통한 성장과 향후 계획

학점은행제를 통해 저처럼 정규교육이 맞지 않은 사람도 제도권 밖에
서도 학습할 수 있는 기회를 얻을 수 있었습니다. 어린 나이에 스스로
학습하는 것이 익숙했더라도 미숙하고 미진한 부분이 많았을텐데 스
스로 학점을 이수하기 위해 이것, 저것 많은 것을 시도해본 경험이 지
금의 저를 만들었다고 생각합니다. 목표를 정하고, 그것을 위해 달려
갔던 것 같아요. 정규교육에서는 배워야 할 교육과정이 정해져 있는
데, 제가 밟은 과정은 그런 것이 없으니까 그 점에서 많이 배울 수 있
었습니다. 홀로 정보를 수집하고, 계획을 짜고, 그것의 큰 그림을 설계
해서 실제로 이행하는 과정에서 많이 성장했다고 생각합니다. 애초에
제가 가진 주도성의 크기가 더욱 커졌다고도 볼 수 있을 것 같아요.
앞으로의 계획은 제가 학점은행제를 통해 다양한 학위를 취득한 것을
더욱 잘 활용해볼 생각입니다. 현재 일하고 있는 곳에서 더 정밀한 개
인 유전체 및 임상정보 기반 맞춤형 헬스케어 분야에 많은 기여를 하
고 싶습니다. 궁극적으로는 제가 할 일들을 통해 많은 사람들이 조기
에 병을 진단받을 수 있고, 큰 고통 없이 치료를 받을 수 있는 세상에
도움이 되는 사람이 되고 싶습니다. 제가 경험한 학점은행제는 제가
튼튼하게 저만의 공든 탑을 쌓을 수 있는 데에 단단한 초석이 되어주
었고, 미래의 제가 살아가는 데에 큰 도움이자 힘이 될 것이라고 생각
합니다.

3. 평생교육사업(학점은행제)에 대한 느낌과 바람

스스로 지금 그 사업을 통해 어떤 결과를 얻었는지 돌아보면, 참 많은
것을 이룩할 수 있는 발판이 되었다고 생각합니다. 세상에는 다양한
종류의 사람들이 있겠지만, 이 모든 사람들의 욕구를 충족시키는 정

책 수립은 힘들다고 생각합니다. 그러나 정책적으로 평생교육사업이 활성화된 덕분에 제가 이렇게 성장하여 지금까지 달려왔다고 생각합니다. 대부분 사람들은 학생은 학교에 있어야 한다고 생각하지만, 저는 그런 학생이 아니었기에 더욱 감회가 남다른 것 같습니다. 그리고 이러한 제도를 발견하고, '아, 저만 그런 것이 아니구나!'하고 안도하는 계기가 되었던 것 같습니다.

또한 학교 밖에서 이루어지는 다양한 활동을 경험할 수 있었고, 그 활동을 인정받아 학위를 취득할 수 있는 이 제도가 저는 정말 큰 장점을 갖고 있다고 생각합니다. 그래서 더 많이 홍보되어 더욱 많은 사람들이 이 제도를 활용할 수 있었으면 좋겠습니다. 다만, 제가 아무리 혼자서 공부하는 것을 좋아한다고 하지만 이 기간이 길어지니 조금 아쉬운 점이 생겼습니다. 약간 집단지성처럼, 학점은행제에 참여하는 사람들끼리 이 제도를 활용하는 법을 공유하는 등 커뮤니티가 형성된다면 더욱 좋을 것 같다는 생각이 들었습니다. 그러면 혼자 가다가 넘어지더라도 주변의 사람들이 이끌어줄 수 있듯, 많은 사람들과 교류하는 기회를 가질 수 있다면 더욱 즐거운 마음으로 이 제도를 훨씬 잘 활용할 수 있을 것이라고 생각합니다.

CHAPTER 02

지역의
평생교육 사업
우수 · 성공 사례

평생학습: 내 삶의 행복레시피

평생학습도시

정홍인(대구대)

1. 평생학습도시란 무엇인가?

평생학습도시란 언제, 어디서나, 누구나 원하는 학습을 배우고 즐기며 주민이 함께 성장하고 발전하는 도시를 말한다. 우리가 사는 시대는 시민의 역량이 도시의 경쟁력을 결정하는 시대로, 평생학습에 대한 지자체의 책임이 그 어느 때보다 중요한 시기이다. 이에, 평생학습도시는 모두를 위한 학습을 지원할 수 있는 보편적 체제를 갖추고 개인의 평생에 걸친 다양한 생활 장면에서의 학습을 장려하고 지원하는 도시로, 개개인의 임파워먼트를 통해 사회적 통합, 경제발전과 문화번영 및 지속가능한 발전을 강화하는 것을 목적으로 한다(UIL, 2015). 우리나라의 평생학습도시 조성사업은 평생교육법 제15조에 근거하여 국가가 기초자치단체에게 직접 지원을 행하는 사업으로 2001년 9월부터 시작되었다.

제15조(평생학습도시) ① 국가는 지역사회의 평생교육 활성화를 위하여 특별자치시, 시·군 및 자치구를 대상으로 평생학습도시를 지정 및 지원할 수 있다.

우리나라에서는 다음 세 가지 이유로 평생학습도시 조성사업을 추진하게 되었다. 첫째, 평생학습도시는 급격한 고령화와 변화의 시대 등에 필요한 대응 전략이다. 우리나라 인구의 기대수명은 1970년 65.8세에서 2021년 83.6세로 꾸준하게 늘어나고 있으며 동시에, 지식의 양이 넘쳐나고 지식의 질적 가치가 높아짐에 따라 학교에서 배운 지식만으로는 평생을 살아가기에 어려운 세상이 되었다. 이에 변화하는 상황 속에서 자신의 필요역량을 개발하고, 안정적인 생애를 살아가기 위해서는 국민 누구나 언제, 어디서나 쉽게 배울 수 있도록 평생학습의 일상화가 필요한 사회이기 때문이다.

둘째, 급증하는 학습 자원의 효율적 운용에 대한 문제가 제기되었다. 학교교육의 보급이 일정 궤도에 오른 이후 지역 내 평생학습관, 도서관, 청소년수련관, 주민자치센터, 시민회관, 여성능력개발센터 등 평생교육을 주요 기능으로 하는 학습 자원이 급속히 확충됨에 따라 이들 자원을 어떻게 활용할 수 있을 것인가에 대한 고민이 더해지게 되면서 평생학습도시를 통한 자원 간 연계를 구축할 필요성이 대두되었다.

마지막으로, 지역만의 고유한 특수성을 반영한 지방자치시대가 도래함에 따라 지역중심의 지역주민에 의한 지역의 주체성을 살리기 위한 정책의 중요성이 대두되었다. 이에 정부 중심이 아닌 광역자치단체가 지역주민의 평생학습에 대한 책무를 가지게 됨에 따라 지역주민의 평생학습 기반을 정비하고, 학습한 지역주민들이 학습결과를 지역에 환원해 지역의 변화를 가져오기 위한 최선의 전략으로 평생학습도시 조성사업에 관심을 가지게 되었다.

2. 평생학습도시는 어떻게 발전되어 왔는가?

우리나라에서 평생학습도시 관련 사업은 지역자치단체의 자발적인 움직임 속에서 시작되었다. 1994년 창원시에서 평생교육 관련 조례를 제정하여 평생학습도시 사업을 시작하였으며, 1999년에는 광명시가 한국 최초로 평생학습도시를 선언하였다. 이후 정부는 평생교육의 세계 흐름에 부응하여 2001년부터 평생학습도시 조성사업을 국가정책으로 추진하기 시작하였으며 현재까지 평생학습도시의 수 뿐만 아니라 사업의 종류, 예산 규모 등 모든 면에서 확대되었다.

앞서 설명한 창원시와 광명시는 지자체가 스스로 평생학습도시라 선언한 것이며, 정부 사업이 시작된 2001년에 최초 선정된 도시는 경기 광명시, 대전 유성구, 전북 진안군이었다. 그리고, 2023년까지 226개의 기초자치단체 중 195개(86.3%)의 행정구역이 평생학습도시 조성사업에 참여하고 있으며, 부산, 광주, 울산, 경기, 충남, 충북은 지정률이 100%인 것을 알 수 있다.

그림 2.1 평생학습도시 지정현황

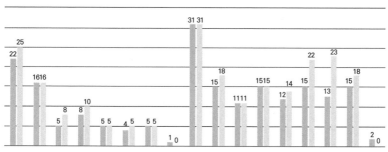

　　그렇다면, 지금 내가 살고 있는 지자체는 평생학습도시일까? 아래 <표 2.1>을 통해 찾아보자. 만약 현재 나의 거주지가 평생학습도시로 지정되었다면, 행정구역의 홈페이지(예를 들어, 관악구청, 연제구청 등)에 들어가 우리 도시는 평생교육 관련 어떤 사업을 하고 있는지 살펴보고 독자에게 필요한 정책을 적극 활용하기 바란다.

표 2.1 우리나라의 평생학습도시 지정현황

지역 (광역)	계	평생학습도시(지정연도)
서 울	22	관악구('04), 양천구('05), 성북구('05), 영등포구('06), 강동구('07), 강서구('07), 마포구('07), 은평구('12), 금천구('13), 송파구('13), 서대문구('13), 강남구('13), 노원구('13), 도봉구('13), 용산구('16), 구로구('18), 중랑구('18), 성동구('19), 동대문구('20), 동작구('21), 광진구('22), 종로구('22)
부 산	16	해운대구('02), 연제구('06), 사상구('07), 영도구('11), 부산진구('12), 남구('13), 사하구('13), 서구('13), 금정구('13), 기장군('14), 동구('16), 북구('17), 중구('17), 수영구('18), 동래구('19), 강서구('22)
대 구	5	달서구('05), 동구('05), 수성구('11), 북구('13), 남구('20)
인 천	8	연수구('03), 부평구('05), 미추홀구('06), 남동구('11), 서구('14), 계양구('17), 동구('22), 중구('22)
광 주	5	남구('05), 동구('06), 광산구('06), 북구('11), 서구('15)
대 전	4	유성구('01), 대덕구('07), 동구('12), 서구('13)
울 산	5	울주군('06), 중구('07), 북구('12), 동구('16), 남구('18)
경 기	31	광명시('01), 부천시('02), 이천시('04), 수원시('05), 구리시('05), 안산시('06), 용인시('06), 시흥시('06), 평택시('06), 과천시('07), 안양시('07), 남양주시('11), 포천시('12), 군포시('13), 의정부시('13), 김포시('13), 성남시('13), 화성시('13), 양주시('13), 의왕시('13), 가평군('13), 고양시('14), 양평군('14), 연천군('14), 오산시('15), 여주시('17), 파주시('18), 광주시

		('19), 하남시('19), 동두천시('20), 안성시('20)
강 원	14	삼척시('06), 화천군('06), 강릉시('07), 횡성군('07), 동해시('12), 평창군('13), 인제군('13), 홍천군('14), 철원군('15), 영월군('16), 춘천시('18), 원주시('20), 양구군('21), 태백시('22), 양양군('23)
충 북	10	청주시('04), 제천시('05) 단양군('05), 진천군('06), 음성군('13), 옥천군('13), 증평군('14), 충주시('15), 괴산군('21), 영동군('21), 보은군('23)
충 남	13	금산군('04), 부여군('05), 태안군('06), 아산시('06), 서산시('06), 서천군('07), 천안시('07), 당진시('12), 홍성군('13), 예산군('14), 논산시('15), 공주시('16), 보령시('18), 계룡시('23), 청양군('23)
전 북	12	진안군('01), 전주시('04), 익산시('05), 김제시('06), 남원시('06), 정읍시('06), 군산시('07), 완주군('11), 부안군('17), 고창군('19), 무주군('20), 순창군('22)
전 남	14	순천시('03), 목포시/신안/무안군('04), 여수시('06), 광양시('06), 곡성군('06), 강진군('07), 영암군('07), 담양군('14), 화순군('15), 고흥군('16), 영광군('17), 완도군('17), 해남군('19), 나주시('20), 구례군('23)
경 북	12	안동시('03), 칠곡군('04), 경산시('07), 구미시('07), 포항시('12), 경주시('13), 영주시('13), 청도군('14), 의성군('17), 상주시('21), 영천시('21), 문경시('22), 봉화군('23)
경 남	14	거창군('03), 창원시('04), 김해시('05), 남해군('05), 양산시('06), 하동군('06), 진주시('07), 통영시('07), 창녕군('13), 합천군('14), 함안군('16), 밀양시('17), 산청군('17), 거제시('20), 고성군('23)
제 주	2	제주시('02), 서귀포시('03)
세 종	1	세종특별자치시('19)
합 계		195개

2008-2010년, 신규 지정사업이 중단되고 기존 평생학습도시에 대한 지원사업만 진행
※ 초록색으로 표기된 글자는 유네스코 글로벌학습도시네트워크(GNLC)에 가입된 도시임

한편, 평생학습도시에 대한 움직임은 우리나라에서만 일어나고 있는 것은 아니다. 1979년 일본의 가께가와 시가 처음 평생학습도시를 선언한 이후 1992년 Gothenburg시에서 개최된 OECD회의가 도화선이 되어 주요 선진국을 중심으로 학습도시는 전 세계적으로 확산되었다. 예를 들어, 1996년 영국 리버풀(Liverpool) 도시는 자체적으로 '학습도시' 선언 후, 영국학습도시연합(the UK Learning Cities Network, LCN)을 설립하였으며, 독일은 2001년 국가 프로그램 'Learning Regions − Providing Support for Networks'를 시행하였다. 또한, 중국은 2011년 10월, 201개 이상 도시(구역, 지역)가 평생학습활동주간에 참여하였고, 대부분의 도시가 학습도시 건설을 위한 목표를 설정한 바 있다. 이렇듯, 전 세계적으로 1,000개 이상의 학습도시를 구축하여 지속가능한 발전을 모색하고 있음에 따라, 유네스코 회원국에서는 학습도시들 간의 국제적인 연계를 도모하여, 상호 간 좋은 사례들은 배우고, 더욱 발전하는 모습의 도시 상을 평생학습의 전문가들과 함께 모색하는 장을 마련할 필요성이 제기되었다. 이에 유네스코 평생학습원(UNESCO Institute for Lifelong Learning)에서는 회원국의 요구를 수용하여, 2015년 국제도시 간 협력 플랫폼으로 글로벌 학습도시 네트워크(Global Network of Learning Cities, 이하 'GNLC')를 구축하였다. 이를 통해 회원 도시 간 정책 대화 및 동료학습 촉진, 파트너십 구축, 역량 강화 증진, 학습도시 구축 지원 및 활동 모니터링/평가 등을 추진하고 있다. 유네스코한국위원회는 GNLC 국내 운영 기관으로서 학습도시 관련 국제사회 동향을 파악하고, 국내 지방자치단체의 GNLC 가입 및 활동을 지원하며, 국내 실무협의회를 운영함으로써 도시 기반 교육 2030 이행을 촉진하고 있다. 2023년 현재 76개국 294개 도시가 가입되어 있으며, 우리나라는 53개 도시가 가입되어 있다.

※ <표 2.1> 초록색 도시명 참고

3. 평생학습도시로 선정되면 무엇이 좋은가?

많은 지자체가 이 사업에 관심있는 이유는 바로 예산지원이 주요한 원인 중 하나일 것이다. 2001년부터 시작된 평생학습도시 조성사업은 2004년까지 신규 평생학습도시 지정과 특성화 프로그램 지원사업이 중심이었다. 신규 지정은 매년 공모를 통하여 기초 지자체 내 조직·인력·예산 등 평생학습 기반을 확인하여 신규 평생학습도시로 지정되는 것이다. 처음 평생학습도시 조성사업이 시작됐을 때만 하더라도 평생학습도시로 선정될 경우 1억원을 1년간 지원했으나, 2007년부터는 사업 안정화를 위하여 3년 동안 매년 2억 원 내외의 예산을 지원하였다. 다만, 선정된 모든 평생학습도시에 2억원씩 지원하는 것은 아니며, 전년도 사업의 성과와 당해연도 사업계획의 적절성을 고려하여 평균 2억 원 지원을 기준으로 하되 지역별로 최대 20% 내외의 차등 지원을 원칙으로 하였다. 한편, 2011년부터는 재원을 일반회계로 전환하는 등 평생학습도시 조성사업의 내용과 예산 지원에 대한 변화가 있었다. 이에 현재는 평생학습도시에 지정될 경우 90백만 원 내외, 평생학습도시 특성화의 경우 ① 지역자원 연계강화형은 30백만원 내외, ② 지역 특화 프로그램형의 평생학습도시는 20백만원 내외, 컨소시엄은 40백만 원 내외로 지원받을 수 있다. 다만, 국고보조금 대비 100% 이상을 지방비로 대응 투자하는 것을 기본 지원 조건으로 한다.

다음으로, 특성화 프로그램 지원사업은 평생학습도시 선정 이후 별도로 추진되는 지원사업 중 가장 오래된 것으로 2002년부터 시작되었다. 이 사업은 평생학습도시의 지역적 특성과 여건을 고려해 전략적으로 추진 중인 프로그램을 지원할 목적으로 추진되었다. 특성화 프로그램 사업은 평생교육사업을 추진할 수 있는 인프라를 갖춘 지자체 중

국고지원 대비 50% 이상 대응투자가 가능하며, 신청한 프로그램을 대상으로 심사를 통해 현재 운영 중이거나 신규 운영 계획 중인 프로그램 중 지역의 특성을 잘 반영한 것을 지원하고 있다. 이에, 2021년부터는 기존에 지속적으로 추진해오던 평생학습도시 특성화 사업의 유형을 크게 두 가지로 세분화하였다. 먼저, 지역자원 연계강화형으로 지역 내 다양한 평생교육 자원(대학, 학교, 평생교육시설 등)과 연계하여, 학습자 중심 지역 평생학습 체제 구축을 목적으로 지원하는 유형으로 ① 지역 내 연계 기관풀 확보계획, ② 학습자 지원방안, ③ 평생교육 전문인력(강사, 평생교육사 등) 역량 강화 방안을 사업의 필수 내용으로 포함하도록 하였다. 두 번째로 지역 특화 프로그램형은 지역 현안을 해결하고 선도할 수 있는 특화사업으로 ① AI·SW 등 미래 디지털 역량 강화 프로그램, ② 지속가능한 환경 친화 교육 및 도시 재생 프로그램, ③ 평생교육 활동가 및 리더 양성 프로그램, ④ 지역 산업 및 일자리 연계 프로그램, ⑤ 기존 평생학습도시 우수 프로그램(컨소시엄 한정)으로 프로그램을 유형화하여 지자체 특성에 맞는 프로그램을 선택 운영할 수 있게 하였다.

<예시: 지역자원 연계강화형>

강원 원주시) 제1군수지원사령부, 공군제8전투비행단, 한라대 등(군장병 및 가족 평생학습)
서울 성동구) 성동구 치매안심센터·자원봉사센터 등(치매예방활동가 양성교육)
울산 동구) 울산과학대, 현대중공업 생애설계지원센터 등(50＋나도야간다 세상속으로)

> **<예시: 지역특화 프로그램형>**
>
> 경남 거창군) 거창 지역학 전문가 양성, 소상공인을 위한 셀프디자이너
> 　　　　　 양성 등
> 대전 유성구) 3040 수리과학 창의 교육 지도사, 5060 디지털 서포터즈
> 　　　　　 전문가 양성
> 강원 인제군) 목공체험지도사 3급 과정, 약선요리 & 꽃차 플레이팅 전문
> 　　　　　 가과정 등

　한편, 2005년 이후부터는 평생학습도시 질 관리 차원에서 평생학습도시 컨설팅 지원사업, 평생학습 결과 표준화 사업, 평생학습도시 네트워크 지원 사업 등이 추가되었다. 2007년부터는 평생학습도시 내 협력적 네트워크와 파트너십 구축을 지원하기 위한 '네트워크 구축 지원 사업'을 시작하였다. 2014년부터 2017년까지 한시적으로 시도 평생학습 네트워크 구축과 읍면동 평생학습센터 운영사업을 추진하였으나, 사업 기간 종료와 함께 2018년부터는 평생학습도시 조성사업만을 유지하고 있다. 그리고 2021년부터는 국가-시도-시군구로 이어지는 지역 평생교육 추진체계를 활성화하고자 평생학습도시 조성사업의 세부 사업인 특성화 지원사업에 시도-평생학습도시 컨소시엄을 새롭게 추가하여 지원하고 있다.

표 2.2 평생학습도시 조성사업 추진 경과

구분	2001~2007	2011~2013	2014~2017	2018~2022
사업 내용	평생학습도시 조성(신규 지정, 旣 선정도시 특성화)			
	–	시도 평생학습 네트워크 구축*, 시도 평생교육정보망 구축		–

			읍면동 행복학 습센터 운영*	-
	-	-	-	평생학습도시 재지정 평가 운영(2020~)
지정	75개	42개	35개	36개

*3년 계속 지원, 2017년 사업 종료
출처: 2021 평생교육백서 및 국가평생교육진흥원 홈페이지

　평생학습도시로 지정된 각 도시에서 독립적으로 실시하고 있는 사업은 크게 다음의 세 가지로 구분된다. 첫째 조례제정, 지방자치단체 내의 전담부서 마련, 시도교육청 등 유관기관과의 네트워크 구축 등의 행·재정적 추진체제를 구축하는 것이다. 둘째, 지자체별 평생학습센터 설립 및 지정, 평생학습정보지원시스템 구축, 마을 단위 교육기관 정비 등 평생학습지원을 위한 인프라를 구축한다. 셋째, 지역 주민의 평생학습을 위한 기반을 확대하고 지역 특성에 부합하는 프로그램을 운영하고 있다.

4. 왜 우리는 평생학습도시를 원하는가?

　평생학습도시 조성사업은 지역 내 평생학습 문화를 형성하고, 평생교육 프로그램을 확대·보급하여 지역주민의 학습기회를 확산하는 성과를 가져왔다. 2001년부터 시작된 평생학습도시 조성사업은 평생학습도시의 양적 증가, 사업의 종류, 예산 규모 등 모든 면에서 확대되어 왔다. 평생학습도시의 사업성과는 양적, 질적 측면에서 살펴볼 수 있다. 먼저, 우리나라의 226개의 기초자치단체 중 2023년 기준 총 195개 (86.3%)의 행정구역이 평생학습도시 조성사업에 참여하고 있다. 평생

학습도시 조성사업 지정을 통해 지역 단위의 평생교육 추진체제를 마련하여 평생학습사회 실현을 위한 기반을 확장하였다는 것은 자명한 사실이다.

둘째, 평생학습도시마다 양상은 조금씩 다르지만, 평생학습센터를 설치하여 평생교육 전문가와 시청 공무원의 협력하에 지역사회공동체 중심의 평생교육 기반을 조성하고, 평생학습을 시정의 주요 테마로 채택하여 시정제반 영역을 평생학습을 통하여 활성화시켰다.

셋째, 읍면동 평생학습센터 운영을 독려하여 더욱 촘촘한 지역 평생교육 인프라를 갖추었다. 읍면동 평생학습센터를 위한 직접 지원은 2017년을 끝으로 더 이상 추진되지 않고 있으나, 그 제도적, 실천적 가치를 감안하여 평생학습도시 지정 및 지원을 통하여 읍면동 단위의 정교한 평생교육 정책 실시를 유도하였다. 그 결과 신규 지정 및 특성화 지원에 참여한 25개 평생학습도시가 총 584개 읍면동 평생학습센터를 운영하여 2,786개의 교육 프로그램을 130,857시간 운영하는 성과를 보여 주었다.

넷째, 평생학습도시 특성화 지원을 통하여 경력단절여성, 은퇴자 등을 위한 '제2의 경력 창출' 지원, 시군구 단위 '학습공동체' 형성, '학습형 일자리' 확대에 기여하였다. 2017년부터 2021년까지 특성화 지원사업에 68,855명이 참여하였으며, 학습자 중 학습 참여에 따른 취·창업 및 사회환원활동 참여 등 학습형 일자리와 연결된 학습자가 총 12,833명 (18.6%)이다.

표 2.3 평생학습도시 특성화 지원사업 학습형 일자리 창출

(단위: 명, %)

연도	이수자	경제활동		사회환원활동		전체 (학습형 일자리)	
		참여자	참여율	참여자	참여율	참여자	참여율
2017	22,532	904	4.01	4,667	20.71	5,571	24.72
2018	10,971	397	3.62	1,324	12.07	1,721	15.69
2019	11,261	434	3.85	1,201	10.67	1,635	14.52
2020	12,213	310	2.54	1,066	8.73	1,376	11.27
2021	11,878	사회환원활동 지표로 통합		2,530	21.3	2,530	21.3
계	68,855	–	–	10,788	15.67	12,833	18.64

출처: 2021 평생교육백서

　다섯째, 자원봉사 등 시민사회 참여의 동기를 마련하여 평생교육이 단순한 여가교육을 넘어 사회적 실천으로 이어지도록 하였다. 이 사업을 통하여 총 28,341명이 평생교육 프로그램을 이수하였으며, 그중 사회환원활동 참여자는 총 3,562명으로 교육 이수자의 사회환원활동 참여율은 약 12.57% 수준이다. 특히 특성화 지원사업의 경우 사회환원활동 참여율이 약 21.3% 수준으로, 평생교육 체계 정비와 평생학습 기회 확대에 주안점을 두는 신규 지정 지역보다 참여율이 다소 높게 나타났다.

5. 2023년부터 달라지는 평생학습도시

　교육부는 2022년 12월 28일 5차(2023－2027) 평생학습진흥 기본계획을 발표하였는데, 우리가 주목해야 할 부분을 살펴보면 다음과 같다.

먼저, 평생학습도시 중심의 지역 거버넌스를 구축한다는 것이다. 과거 교육부가 기초지자체를 평가·지정·지원하는 방식에서 벗어나 광역지자체가 자율적으로 기초지자체를 평가·추천하고 교육부는 지원 및 협력하는 방식으로 전환될 계획이다. 또한, 각 지자체의 산업특성·인구지형·교육인프라 여건 등을 전반적으로 고려하여 평생학습도시의 다채로운 특성화(예를 들어, 청년일자리, 디지털, 친환경, 고령층, 주민참여, 인구감소대응 등) 및 고도화(대학·기업 활용형, 광역 및 교육청 연계형, 외국도시 연계형 등)된 평생학습도시를 추진하고자 한다. 특히, 우수 평생학습도시나 인구감소지역, 고령층 다수 지역 등의 특별지원이 필요한 평생학습도시를 선정하여 해당 지역의 평생학습 진흥을 위하여 3년간 집중지원할 계획이다.

다음으로, 교육부는 고령층 특화형 평생학습도시에 대한 계획을 구체적으로 발표하였다. 먼저, 지자체가 중심이 되어 고령층 학습인프라 구축, 일자리 지원 등을 추진하는 고령층 특화형 평생학습도시를 지정 및 운영할 계획이다. 고령층 특화형 평생학습도시는 5차 계획이 종료되는 해인 2027년까지 최소 30개 지정·운영할 계획이다. 이를 위하여 2023년은 고령층 학습도시를 기획하고, 2024－2025년은 고령층 학습도시를 지정, 2026－2027년은 우수사례를 도출하여 전 도시로 확산할 계획이다. 고령층과 젊은층이 함께 참여하여 서로 간의 지식·기술을 공유할 수 있는 세대 간 융합프로그램을 개발하여 확대할 계획이다. 예를 들어, 세대 간 융합형 평생학습 프로그램을 개발하여 임원 출신의 은퇴기업인이 강사로 학생, 학부모가 학생으로 리더십 교육을 운영하거나 반대로 청년층이 스마트폰 활용법 등을 강의하고 고령층이 학생으로 하는 실버 디지털 교육을 운영할 계획이다. 이를 통해 교육부－국가평생교육진흥원－시도평생교육진흥원이 거버넌스를 구축하여 세계적인 우수 평생학습도시 모델을 창출할 계획이다.

두 번째는, 평생교육법은 2021년 6월 8일 일부 개정되어 장애인을 위한 평생학습을 집중지원하기 위하여 2021년 장애인 평생학습도시 관련 사항이 규정되었다. 장애인 평생학습도시는 모두가 함께 성장할 수 있는 장애 친화적 평생학습 여건을 마련하고, 장애인이 소외됨 없이 양질의 평생학습권을 보장받는 것에 대한 정책적인 형평성과 기회 균등지원을 목적으로 사업을 추진하고 있다. 이에 5차 평생교육진흥 기본계획에서는 장애인에게 지역사회에서 필요한 평생학습 프로그램과 인프라를 제공하는 장애인 평생학습도시를 지속 확대할 계획이다. 장애인평생학습도시는 2020년 5개에서 2022년 32개로 6.4배의 증가율을 보였으며, 2023년 53개 → 2027년 100개로 확산할 계획이며, 2023년부터 지원기간을 1년에서 3년으로 확대하여, 우수모델을 공유·확산할 수 있는 협의체를 구성 및 운영할 계획이다.

2022년 장애인평생학습도시(32개)

[서울] 서대문구 [경기] 김포시, 수원시, 안산시, 의정부시, 이천시, 광명시, 용인시 [대구] 수성구, 달서구, 동구 [경북] 김천시 [부산] 동구, 동래구, 서구, 사상구, 연제구, 수영구, 남구, 영도구 [세종] 세종특별자치시 [전남] 순천시 [전북] 김제시, 전주시 [강원] 춘천시 [광주] 남구, 북구, 서구 [충북] 청주시

---

6. 앞으로 어떻게 발전해야 하는가?

평생학습도시 지정사업을 시작한 2001년부터 2023년까지 양적 측면을 가시적 성과로만 측정해 본다면, 226개의 지자체 중 31개(13.7%)

만이 미지정이라는 사실은 가히 놀랄 만한 성과라고 할 수 있다. 그러나, 평생학습도시로 지정되었음에도 불구하고 전담부서 혹은 전담인력이 축소되었거나, 예산이 확보되지 않는 유명무실한 경우가 대다수여서 학습도시의 질적 성숙과 사업의 내실화를 촉구하는 목소리가 높아지고 있다. 이를 보완하기 위하여 평생학습도시 재지정평가가 2021년부터 시작되었다. 재지정평가는 평생학습도시를 대상으로 주기적인 성과평가와 환류 체계를 통해 지속 가능한 학습도시의 발전을 가능하게 하고 지역의 자체적인 질 관리 기반을 마련하기 위한 목적으로 실시하고 있다. 이를 통하여 평생학습도시의 지속적이고 자립적 운영 및 안정적 관리를 위한 지역의 자체적인 질 관리 기반을 마련하고자 하였다. 평생학습도시 재지정은 최종 지정 4년이 지난 뒤, 지역별 평생교육 사업 추진 현황 등을 점검하는 재지정 평가를 통하여 3개 그룹으로 나누어 3년 주기의 순환 평가로 운영한다. 1그룹은 특별시, 광역시의 자치구(區), 군(郡)이 해당되고, 2그룹은 도 산하의 시(市)가 해당되며, 3그룹은 도 산하의 군(郡)이 해당된다. 2021년의 평가 대상은 2그룹인 도(광역) 산하의 자치 시(市) 58개 평생학습도시와 특별재난지역으로 지정되어 평가가 연기된 1그룹의 3개 지자체(대구 동구, 수성구, 북구)를 포함한 총 61개 평생학습도시이며, 이 중 60개 평생학습도시가 재지정 평가에 참여하였다. 이를 통해 우수 평생학습도시를 선정하고, 자발적인 성과관리 기반을 마련하였다.

표 2.4 평생학습도시 신규 및 재지정 평가항목

	기반 구축 실적(40%)	사업추진 계획의 적절성(40%)	예산 및 성과 관리(20%)
신규 지정	◦ 비전과 목표 ◦ 평생교육 관련 업무수행 ◦ 평생교육 네트워크 구축 ◦ 평생교육 예산	◦ 사업목표 ◦ 사업계획 ◦ 사업추진 ◦ 학습자 지원	◦ 예산 집행 계획 ◦ 성과 지표 ◦ 결과의 활용
	사업 추진체계(40%)	사업 운영(25%)	사업 성과(35%)
재 지 정	◦ 사업계획 ◦ 조직·인력관리 ◦ 평생교육 예산 ◦ 평생교육 접근성	◦ 평생학습 프로그램 운영 ◦ 평생학습 동아리 지원 ◦ 평생학습 네트워크 활성화	◦ 평생학습 성과 ◦ 평생학습 사회적 가치 창출 ◦ 평생교육 우수사례

출처: 2021 평생교육백서 및 2021년 지역 평생교육 활성화지원 사업 추진계획(교육부, 2021)

둘째, 사업 추진 및 운영에 대한 유연화와 다각화 등 고민과 개선이 필요하다. 급변하게 변화하는 시대에서 기존의 교육 프로그램, 교육 운영 방식은 정책사업의 목적을 달성하기에는 제한적인 요소가 많다. 따라서, 포스트 코로나 시대에 유연하게 대응할 수 있는 평생교육 운영 모델의 발굴 및 사업 운영방식의 개선이 필요하다.

셋째, 인구감소, 지방소멸 및 지역 간 불균형을 보완하는 정책사업으로서 재구조화가 필요하다. 최근 지속적으로 제기되고 있는 인구감소 문제가 심각해짐에 따라 행정안전부는 2021년 89개 지역을 인구감소지역으로 지정하고, 범부처 차원에서의 행재정적 정책 지원을 추진

하고 있다. 평생학습도시 조성사업은 국가-시도-시군구-읍면동으로 이어지는 지역 평생교육 추진체제의 구축과 함께 단위 지역의 평생교육이 학습을 통해 일자리와 연계되는 경제 활성화라는 선순환 구조로의 정착을 유도하고 있다. 평생학습도시 사업의 외연 확장과 지방소멸에 대한 정책적 지원에 동참할 수 있도록 사업을 재구조화하여, 지역 편차 완화, 지역 주민의 학습권 보장 등 국가균형발전의 주요 정책사업으로서 검토할 필요가 있다.

평생교육사업 성공사례_ 평생학습도시(1)

김○○

평생교육사업(평생학습도시) 면담자 소개

김○○(56세)은 현재 평생학습도시에서 근무하며 여러 가지 일을 하고 있다. 자원봉사 도슨트(docent) 활동을 하고 있고, 박물관, 과학관, 복지관, 학교 등 다양한 교육기관, 여러 가지 분야에서 프로그램을 기획하기도 하고, 제작, 운영, 직접 강의하는 것까지 꽤 많은 일을 하고 있다. 또한 서대문구에 있는 박물관에서 봉사활동을 한 지 20년이 되었고, 평생학습동아리에도 참여해 많은 일을 하고 있다.

1. 평생교육사업(학점은행제) 참여동기 및 배움/활동 내용

저는 개인적으로 평생학습을 활성화하는 데에는 그 담당자의 역할, 노력이 굉장히 중요하다고 생각합니다. 제가 이 사업에 몸 담게 된 계기도 똑같습니다. 현재 제가 소속되어 있는 서대문구청의 한 주무관님과의 인연으로 기존에 하던 도슨트 봉사활동에서 평생학습동아리 활동에 참여하게 되었습니다. 이게 또 어떻게 하다보니 잘 되어서 우수평생학습동아리로 선정되기도 했습니다. 저뿐만 아니라 업무담당자도 열심히 했지만 동네사람들 서로서로가 지지해주고, 응원해서 좋은 결과를 가져온 것이라고 생각합니다.

우리 서대문구는 평생학습동아리뿐만 아니라 동네배움터도 있고 다채로운 활동이 많습니다. 그리고 자랑이 또 있어요. 세로골목사업이라고 그 사업에서 강사를 양성해요. 아파트를 세로로 된 골목이라고 보는 거죠. 1호라인, 2호라인 이렇게. 저도 그 양성에 참여해서 올해로 벌써 7년차 세로골목사업 강사예요. 이 사업이 정착되기까지 많은 어려움이 있었지만, 다양한 주변분들의 호응과 적극적인 참여 등이 있어 안정적으로 정착될 수 있었어요. 그런데, 저는 이 사업에서 핵심적인 역할을 꼽자면 바로 담당자의 역할이었다고 생각해요. 이 사업이 없었다면 그저 동네주민 1인이던 제가 평생학습사업에서 강사가 될 수 있었으니까요. 또한 강사양성을 위해 워크숍이라던지, 심화교육, 역량강화프로그램 등 다양한 활동에 적절하고 적극적으로 담당자께서 뒷받침을 해주신거죠. 그렇게 지금의 어디 내놔도 뒤지지 않는 평생학습도시 서대문구가 되었다고 생각합니다.

그리고, 당시 평생교육 관련 사업이 우리나라에서는 도입 초창기로, 초석을 쌓아가던 중이었는데, 저는 그 역사를 함께 하였다는 점에서 더욱 감회가 새로운 것 같습니다. 더욱이 서대문구, 그 당시에는 남양주가 우리나라에서 평생교육 분야에서는 1등 도시였는데, 그 찬란한 순간을 함께 할 수 있었던 아주 특별한 기회였죠.

평생학습도시에서 하는 활동으로는 정말 다양한 것들이 있습니다. 제가 참여하고 있는 평생학습동아리 활동은 지역 내 거주민 혹은 직장을 두고 있는 분 8명이 모여서 활동합니다. 제가 속한 동아리는 스팀(S.T.E.A.M.) 교육 동아리인데, 과학적이고 융합적인 교육을 하는 거예요. 각자 하고 싶은 분야의 주제를 가지고 외부 강사를 초빙한다던지, 자료집을 제작한다던지 등의 활동을 평생학습도시에서 지원을 해주는 거죠. 근데 여기서 예산지원은 주제나 기획서를 바탕으로 우수 평생학습동아리로 뽑혀야 가능하답니다. 예산을 지원받으면 강사 초빙비용, 프로그램 개발에 필요한 재료비용 등 자비로 충당하기 어려운 부분을 채워 전문성을 키울 수 있어서 좋아요. 그 외에도 농아인 복지관 자원봉사, 청소년 센터 환경 교육활동, 뜨개질 교육 모임, 1m 재미 강사 활동 등 많은 활동을 하고 있답니다.

2. 평생교육사업(평생학습도시)을 통한 성장과 향후 계획

저는 대학시절 평생교육학과를 졸업하여 평생교육사가 되었고, 자원봉사로 박물관에서 도슨트 활동을 하게 된 것이 이 사업에 몸을 담게

된 계기였던 것 같습니다. 저는 정말 다양한 활동을 하고 있어요. 평
생교육진흥원에서 학습매니저 활동도 겸하고 있고요. 전 연령의 다양
한 프로그램을 기획 및 운영할 수 있는 기회를 가질 수 있게 된 것이
죠. 이러한 다채로운 활동을 통해 아주 다양하고 많은 평생교육 관련
업무를 접하고, 직접 할 수 있게 되었고, 그렇게 저는 누군가가 제게
평생교육이 왜 중요한지 물어보면 아주 중요하다고 말할 수 있는 사
람이 되었답니다.

요즘 특히 코로나를 겪으면서 시대가 급변하고 있다는 것을 잘 느끼
고 있습니다. 그 영향으로 교육적 패러다임 역시 변화되고 있는데, 거
기에 맞춰 저희도 변화해야 한다고 생각합니다. 따라서 이러한 부분
에 대한 역량강화 교육도 듣고 하면서 스스로도 계속 발전하고 있습
니다. 앞으로도 그렇게 발전하고 싶고, 이곳에 있으면서 내 스스로 발
전해야 한다, 자기를 개발해야 한다는 생각을 항상 갖게 된 것 같습니
다. 미래 계획은 거창한 것은 없어요. 그냥 지금처럼 제 삶에 만족하
고, 아프지 않고 건강한 삶을 유지하며 끊임없이 배우는 삶을 살고 싶
습니다.

3. 평생교육사업(평생학습도시)에 대한 느낌과 바람

평생학습도시가 없었다면 저는 그저 자신의 실속만을 추구하는 사람
이었을 것 같아요. 아무리 대학에서 평생교육을 전공했다고 해도, 제
가 먹고살기 바쁘지 않았을까요? 그런 점에서 저는 평생학습도시에
서 하는 다양한 활동을 통해 청소년부터 노인까지 광범위하고 다양한
사람들을 만날 수 있었어요. 제가 가진 사회적 네트워크가 더욱 커진
거죠. 그리고 스스로 교육을 행하면서 그들로부터도 많이 배워요. 상
부상조의 개념이랄까요. 배울 점이 누구에게나 있다는 사실도 몸소
느끼고 있어요.

또, 재능기부, 봉사활동 등 스스로 나누는 삶에 익숙해졌고, 그 나눔
으로서 '나는 좋은 일을 하고 있어' 하는 생각도 들면서 궁극적으로

자긍심도 커지고, 자존감도 높아졌어요. 보람을 느끼게 된다는 것이 제게 주는 영향이 크더라고요. 스스로 작은 일에도 감사하는 법을 배웠고, 그게 지금 자녀 교육에도 좋은 영향을 많이 주었다고 생각합니다. 저는 평생교육의 유용성을 제 자식들뿐만 아니라 주변 지인들에게도 널리 알리고 있습니다. 제 나름대로는 이걸 선한 영향력이라고 생각하고 있습니다.

평생교육사업 성공사례_ 평생학습도시(2)

김○○

평생교육사업(평생학습도시) 면담자 소개

김○○(49세)은 경기 하남시 미사지구에서 커피로 마을과 소통하는 미사동 커피공동체 협동조합 대표이다. 아이 셋을 둔 전업주부로서 7년 전에 평생학습을 접했고 지금은 다양한 마을 공동체 활동에 활발하게 참여하고 있다. 현재 평생교육사로 활동하고 있고, 바리스타로서 이웃들과 함께 협동조합을 만들어 지역 농산물인 커피생두를 가공해서 판매하는 마을 기업을 운영하고 있다.

1. 평생교육사업(평생학습도시) 참여동기와 배움 및 활동의 과정

아이 셋을 데리고 8년 전 당시 허허벌판이던 신도시 하남 미사지구로 이사를 왔어요. 이사 온 아파트에서 공모사업을 하였는데, 거기서 선정이 된 것이죠. 이후 아파트 입주자 대표님의 권유로 평생학습마을을 운영하게 되었는데요, 어떤 목적으로 시작한 것은 아니지만, 신도시 기반시설 부족으로 지역 적응에 어려움을 느꼈었는데 제가 하는 활동으로 아파트 살이가 풍요로워진다는 것을 알고 도전하게 되었었습니다.

처음은 미취학 아동을 대상으로 한 놀이활동가 활동이었습니다. 성인이었지만 아이들과 함께 하는 놀이활동으로부터 제가 긍정적인 에너지를 받고 있더라고요. 아이들의 눈으로 아이들을 이해할 수 있는 계기가 되었어요. 그리고, 첫 해 학습마을 수업 중심으로 꾸려낸 마을 축제도 준비하게 되었고, 마치고 난 후의 성취감과 학습이 마을에 주는 소통의 매력 등 많은 것을 느낄 수 있게 되었습니다. 더 나아가 벼룩시장 등 다양한 마을행사 진행에 참여하며, 마을살이에 학습이 매개가 되어 활동하는 것에 대한 즐거움을 찾았고, 함께하는 마을 주민들과 이웃이 되어가는 모습을 통해 살아 움직이는 마을이 이런 것이구나 하고 깨닫게 되었습니다.

어린 아이부터 어른들까지 다양한 만남 속에서 주민들이 원하는 것이 무엇인지 듣게 되고, 어떻게 해결해야 할지 고민하며 주민들이 마을 일에 손쉽게 다가가고, 자연스럽게 스며들 수 있는 방법이 학습마을 운영이라는 것을 알게 되었습니다. 그러한 확신이 든 이후로 지금까지 학습마을에 참여하고 있습니다.

놀이지도사 활동을 시작으로 마을수업에 참여하고, 학습마을운영회를 운영하면서 매월 정기적인 회의와 만남을 통해 주기적으로 수요조사를 하고, 수업 구성을 논의하는 등 각 분기별 평생학습 프로그램 선정 및 강사 섭외, 참여모집, 수업 관리 등 학습제공활동을 할 수 있었습니다. 또한 공동체 활성화 단체를 구성하고 1년 사업계획을 작성하여 마을로부터 예산을 할당받아 신년 어르신 떡국나눔, 척사대회, 마을 꽃길가꾸기, 마을축제, 벼룩시장, 폐의약품 수거활동, 주변단지 연합 대청소, 크리스마스 영화상영 등 전 연령대를 아우를 수 있는 다양한 마을 자치 활동을 하였습니다. 주민봉사자들로 운영되는 마을 카페로 운영하며 평생학습 수업에 바리스타 과정을 개설, 이수하신 분들 중 마을 카페에서 운영에 바리스타로 지원하도록 하여 일자리 창출 등 참 다채로운 활동을 하였습니다. 그리고 마을에 거주하는 초5~고등학생이 중심이 된 보드게임 학생봉사단의 활동을 지원하기 위해 청소년지도사 수업을 수료하고 봉사단 대상으로 학생워크숍 및 교육을 진행하기도 했습니다. 그 외에도 작은도서관 공간조성 사업 운영위원회 참여, 학습마을 멘토링 활동 등 다양한 일들을 경험할 수 있었습니다. 저는 마을에 큰 도움이 되었다는 생각과 그로부터 비롯된 책임감이 저를 성장하게 만들었다고 생각합니다. 많은 이들은 그런 일을 굳이 할 필요가 있냐고 하지만, 저는 이 일이 제게 아주 큰 힘이 되고 저를 더욱 성장시키는 원동력이 된다고 생각합니다. 이웃과 공생하면서 우리는 더욱 성장할 수 있지 않을까요? 주변의 이웃으로부터 도움을 받기도 하고 주기도 하며 공감하고 소통하는 기회를 가진다면, 우리의 삶이 더욱 풍요로워 질 것이라고 믿어요.

2. 평생교육사업(평생학습도시)을 통한 성장과 향후 계획

마을 일을 통해 스스로 성장할 수 있었어요. 그저 한 사람의 개인이 아닌, 한 지역의 구성원으로서 지역에 도움이 되는 사람, 지역에 쓰임이 있는 사람으로 불려지게 되면서 스스로 자부심을 느낄 수 있었습니다. 그게 스스로 더욱 단단한 마을 활동가로 거듭나게 만들어준 것 같아요. 누구나 가르칠 수 있고, 누구나 강사가 될 수 있다는 마을 내 풍토를 마련하고, 많은 사람들이 평생학습을 접할 수 있게 한 노력은 선순환의 굴레를 타게 된 것 같습니다. 저뿐만 아니라 다양한 많은 사람이 다시 평생교육에 참여하고, 그 사람이 또 다른 사람을 불러오는 등의 순환구조가 형성된 것이죠.

학습마을을 운영하며 힘든 점도 좋은 점도 많았습니다. 하지만 단순한 봉사자로 구성된 활동에는 한계가 있음을 깨달았고, 이를 위해서는 금전적인 도움이 필요하다는 것을 절실하게 느꼈습니다. 이에 3년 전 마을에 있는 국내산 커피 생두 생산 농가를 알게 되었고, 바리스타 경험을 살려 농가에는 소득증대, 활동가는 이윤활동, 지역으로선 하남 특산물 미사동커피라는 제품 생산으로 홍보 효과를 누리게 하는 방법을 찾게 되었습니다. 예비마을기업에 도전하게 된 것이죠. 평생학습운영위원들 8명이 참여하여 협동조합을 만들고, 법인으로 16명의 지역 조합원을 모집, 창업활동을 시작했습니다. 어린이날 아이들을 대상으로 교육용 커피 씨앗 키트 활동, 복지관과 함께하는 치유농업 수업, 남은 원두를 활용한 커피방향제 만들기, 도시재생 센터와 연계한 바리스타 수업 계획 등 단순히 이윤창출이 목적이 아닌 지역사회와 상생하는 학습활동을 찾게 된 것입니다.

앞으로도 저는 우리 협동조합의 대표로서, 우리 마을이 더욱 발전하

길 바랍니다. 마을기업 운영의 대표로서 구성원들이 오래도록 함께 할 수 있도록, 안정적인 소상공인으로 자리잡을 수 있도록 노력할 것입니다. 바리스타교육, 지역특화상품 판매, 마을 컨설팅 등 다양한 활동 역시 계획하고 있고 실제로 행하고 있습니다. 저희의 활동으로 경력단절여성의 재취업 성공, 마을 홍보 등 다양한 나름의 성공을 이루었다고 생각합니다. 그럼에도 저는 여기서 그치지 않고, 더욱 다양한 마을 내 단체들과 유기적인 협력체계를 구축하여 공동체 활성화 활동을 하고 싶습니다.

3. 평생교육사업(평생학습도시)에 대한 느낌과 바람

집이라는 울타리 밖에서 개인이 아닌 사회의 일원으로서 역할을 할 수 있었다는 것이 어떤 소속감이라고 해야 하나요? 그 감정과 함께 책임감을 한껏 느끼게 만들어준 것 같아요. 어려움도 즐거움도 기쁨도 슬픔도 모두 함께 나눌 수 있는 이웃을 만나고, 이들과 공생하는 것만큼 좋은 것이 어디 있을까요? 그리고 주변에서 평생학습 프로그램을 접하고 더 나아가 심화과정을 거쳐 자격증 취득 또는 강사로서 활동을 해나가는 분들을 보게 되고, 이들로부터 감사의 인사를 듣는 등의 경험은 제게 뿌듯함이라는 감정 역시 느낄 수 있게 만들어주었습니다.

Ⅱ

지역시민대학

현영섭(경북대)

지역시민대학에서 공부합시다!

1. 지역시민대학은 어떻게 시작되었나?

대학은 대학인데 입학시험이나 수능점수를 요구하지 않는 대학이
있다. 등록금이 없거나 거의 무료인 대학도 있다. 바로 지역시민대학
이다. 때로는 '지역'이라는 표현은 사용하지 않고 '시민대학'만 사용하
는 경우도 많다. 또 지역의 이름을 붙여서 '**시민대학'이나 '**행복대
학' 등으로 다양하게 불리기도 한다. 예를 들어, '서울시민대학', '대구
시민대학' 등 광역지자체가 운영하는 지역시민대학이나 '평창군시민대
학', '수원자치시민대학'과 같이 기초지자체가 운영하는 지역시민대학
도 있다. 물론 지자체뿐만 아니라 대학이나 민간기관이 시민대학의 이
름을 붙여 운영하는 경우도 있다. 다만 이 장에서는 한국 지역시민대
학의 다수가 지자체에 의해서 운영되고 있어서 지자체 중심의 지역시

민대학에 초점을 두었다.

지자체가 운영하는 지역시민대학은 지역주민의 다양한 학습요구를 충족시키기 위해 지자체가 운영하는 평생교육 프로그램 또는 평생교육기관이다. 해외의 경우에는 지자체뿐만 아니라 중앙정부가 시민대학을 운영하는 경우도 있다. 지자체의 지역시민대학은 주로 주민에게 전문적 내용에 대한 학습기회를 제공하기 위해 운영하는 평생교육 프로그램이었다. 그리고 대학이라는 이름을 붙여서 지역시민대학의 전문성이나 학문적 위상을 높이려 하였다.

그럼 지역시민대학은 어떻게 출발되었을까? 지역시민대학은 유럽에서 시작되었다. 특히 독일은 'Volkshochschule', 즉 '국민대학' 또는 '시민대학'이라는 용어를 사용한 지 100년이 넘는 대표적인 시민대학 운영 국가이다. 독일에서 지역시민대학이 출발한 계기는 18세기의 계몽주의 확장과 관련되었다. 18세기 후반까지 독일에서 일반국민의 정치참여가 금지되었고, 사상 표현의 자유도 부여되지 않았다. 당시 독일은 왕과 일부 귀족을 중심으로 하는 전제정치가 지배하는 국가였다. 하지만 18세기 후반부터 독일 사상가들은 전제정치의 문제를 지적하고 이를 배격하기 위한 사회 개혁 운동을 시작하였다. 이를 토대로 독일 계몽주의 시대가 시작되었다. 특히 대중을 대상으로 하는 문학 잡지 발행, 독서회 운영, 도서관의 도서 대출, 연극 관람 등이 활성화되었다. 그리고 이런 변화는 대중을 위한 교육, 즉 성인교육의 필요로 이어졌다. 예를 들어 쉴러(Schiller) 등의 사상가는 민주적 정치 의식을 대중이 함양한 후에 정치에 참여할 수 있도록 하기 위해 사회문제를 다루는 연극을 더욱 대중화해야 한다고 주장하였다(김수용, 2010). 또한 독일의 관념철학자인 칸트(Kant)도 자율적 결정을 할 수 있는 인간이 되기 위하여 스스로 학습을 하는 자기주도적 학습을 통해 지식을 습득하고 활용해야 한다는 점을 강조하였다(박성희, 권양이, 2019).

19세기에는 계몽주의 사상에 기초한 다양한 학습모임인 학습동아리가 독일에서 확대되었다. 박물관이나 문학 학습동아리가 늘어나서 성인교육의 기회가 확대되었다. 그리고 일요학교나 야간학교 등이 운영되었고, 특히 노동조합이 왕이나 귀족의 억압에 반대하면서 시민권을 강화하기 위한 교육을 시작하였다. 19세기 독일의 성인교육은 노동조합이 주도하는 노동자운동의 일환으로 발전되었다. 이런 변화에 발맞추어 국민도서관 개관, 근로자 교육협회 설립 등이 진행되었고, 이후 대학 교육을 대중에게 제공하는 공개강의가 시작되었다(박성희, 권양이, 2019). 공개강의를 확대하여 기숙 형태의 시민대학이 시작되었다.

20세기에 들어서는 독일연방정부가 시민대학 설립을 공약하고 시민대학운동(Hochschulbewegung)을 선포하기에 이르렀다. 독일의 연방정부 차원에서 본격적으로 지역시민대학이 시작된 것은 20세기 초반이었다. 특히 독일연합정부는 바이마르 헌법을 제정하고, 헌법 148조에 시민대학의 설립을 명시하고, 다양한 성인교육기관의 이름을 시민대학으로 통일하여 바이마르 시민대학을 시작하였다(박성희, 권양이, 2019). 이때부터가 독일 시민대학의 본격적인 출발점으로 평가된다.

하지만 20세기 전반 나치정권이 들어서면서 문학, 사상, 정치교육 등이 폐지되었다. 이 여파로 성인교육기관인 독일 시민대학은 폐교되었다. 역사의 흐름 속에서 한동안 독일 시민대학을 포함한 성인교육 전체가 멈추게 되었다. 이후 제2차 세계대전이 종식되고 1947년 시민대학을 위한 법령이 제정되면서 다시 출발하게 되었다. 20세기 중반 이후 시기를 독일 시민대학의 2기라고 할 수 있다.

20세기 후반 독일 시민대학의 목적은 대학교육의 시민 제공이었다. 시민대학을 통해 얻고자 했던 본질적인 목적은 나치정권과 2차 세계

대전으로 해체되었던 독일 민주주의 재건과 공동체 사회 복원이었다. 이를 위해 독일 시민대학은 비형식교육기관으로 지위가 변화되고 독일 시민대학 협의회가 조성되는 등 체계를 구축하여 최근까지 이어오고 있다.

현재 독일은 연방정부 재원이나 지자체 재원을 통해 성인교육 전담기구를 다수 운영하고 있으며, 시민대학의 연합체인 독일성인교육협회도 독일의 대표적인 성인교육 전담기관이다. 그 외에도 중앙정부의 성인교육연구기관인 독일 성인교육 연구소와 연방 직업 교육 연구소, 평생교육기관 유형별 연합회인 독일상공회의소연합 등이 있다.

표 2.5 독일 평생교육 관련 기구

유형	기관	홈페이지
교육 관련 정부기구	- 독일 성인 교육 연구소 - 연방 직업 교육 연구소	www.die-bonne.de www.dihk.de
연방 교육 협회	- 독일성인교육협회 - 독일상공회의소연합 - 연방직업교육기관연합회 - 독일평생교육단체총괄협회 - 사립학교총괄협회 - 원격교육및학습미디어전문협회 - 성인교육을 위한 독일카톨릭협회 - 성인교육을 위한 독일 개신교 협회 - 교육 및 과학 노동조합 - 일과 삶에 관한 연방 조직	www.dvv.chs.de www.dihk.de www.bildungsverband.info www.dvwo.de www.dvwo.de www.forum-distance-learning.de www.keb-deuchland.de www.dead.de www.verdi.de, www.gew.de www.arbeitundleben.de www.adb.de www.aksb.de

교육 관련 사회단체	– 독일교육 확립을 위한 활성 　화 기구 – 가톨릭 사회 교육 협회	
	– 독일 평생교육 연구원	www.dgwf.net

출처: 고려대HRD정책연구소(2021), 103.

이 중 독일성인교육협회는 독일 시민대학 연합회로서 독일 성인교육기관을 대표한다. 독일성인교육협회에 따르면, 독일의 시민대학은 성인교육센터로서 독일 전역에 895개가 분포되어 있다. 또한 시민대학의 현장사무소는 더 많아서 독일 전역에 약 3,000개가 있다. 현장사무소는 시민대학의 지역분소 또는 지역분과대학 정도로 평생교육 프로그램을 운영하는 기관이다. 이런 시민대학을 통해 독일은 연간 70만 개의 평생교육 프로그램이 제공되고 있다(DVV, 2021).

그림 2.2 독일 시민대학 분포

출처: VHS(2017).

지역시민대학의 시작인 독일 시민대학의 역사를 보면, 지역시민대학의 본질적 특성을 몇 가지 찾아볼 수 있었다. 우선 중앙정부나 지자체의 재원을 활용하여 지역주민을 대상으로 대학 수준의 전문적 학습프로그램을 제공하였다. 여기에서 지역시민대학은 공적 평생교육기관이며, 고등교육 수준의 교육에 지역의 어느 곳에서나 쉽게 참여할 수 있도록 한다는 점이 강조되었다. 둘째, 지역시민대학의 운영 주체는 지자체뿐만 아니라 노동조합, 대학, 시민단체 등 다양하였다. 한국에서는 주로 지자체가 시민대학을 직접 운영한다. 하지만 지자체뿐만 아니라 중앙정부 그리고 각종 민간단체로 시민대학의 운영 주체가 될 수 있다. 셋째, 성인의 교육기회를 보장하기 위해 연령, 성별, 계층 등에 치우치지 않고 다양한 프로그램을 제공하였다. 평생교육 측면에서 누구나 교육받을 기회를 보장받기 위해 다양한 학습자에게 다양한 교육을 제공하였다. 여기에서 다양한 학습자와 함께 다양한 교육 역시 강조된다는 점에 주목할 필요가 있었다. 고등교육 수준의 교육뿐만 아니라 다양한 학습요구를 반영한 교육프로그램을 구성하는 것이 평생교육기관으로서 지역시민대학의 과제이기 때문이다.

2. 한국에는 어떤 지역시민대학이 있을까?

한국에서도 다수의 지역시민대학이 운영되고 있다. 우선 대부분의 광역지자체가 시민대학 프로그램 또는 기관을 운영하고 있다. 상당한 규모로 다양한 과정을 운영하는 서울은 '서울시민대학'으로 2개 캠퍼스와 33개 학습장으로 구성된 학습공간을 운영하고 있다. 서울시민대학은 성인대학의 새로운 모형으로 시민종합교양대학을 추구한다. 구체적인 미션은 '글로벌 평생학습도시 서울 실현', 비전은 '시민력을 강화하는 평생학습 플랫폼', 목표는 '인문적 감성과 지혜를 갖춘 성찰적 시민으로 성장'과 '행복한 배움을 통한 성숙한 시민사회 조성'이다(서울특별시평생교육진흥원, 2023).

서울시민대학의 35개 학습장에는 본부 캠퍼스와 동남권 캠퍼스가 있고, 권역별 학습장 3곳, 대학연계 학습장 30개가 있다. 본부 캠퍼스는 서울시 종로구에 위치하고, 동남권 캠퍼스는 서울시 강동구에 위치하였다. 3개의 권역별 학습장은 은평학습장, 서소문학습장, 시민청이고, 30개의 대학연계 학습장은 KC대, 건국대, 경희대, 고려대, 광운대, 국민대, 덕성여대, 동국대, 동덕여대, 명지대, 삼육대, 서강대, 서울과기대, 서울대, 서울시립대, 서울여대, 성공회대, 성균관대, 세종대, 숙명여대, 숭실대, 연세대, 이화여대, 중앙대, 총신대, 한국성서대, 한국외국어대, 한성대, 한양대, 홍익대이다.

그림 2.3 서울시민대학 학습장

출처: 서울특별시평생교육진흥원(2023).

서울시민대학이 운영하는 프로그램은 학과 체계로 되어 있는데, 인문학, 미래학, 생활환경학, 사회경제학, 문화예술학, 시민학, 서울학의 7개 학과가 운영되고 있다. 학과 교육과정은 오프라인 수업형태가 기본이고, 온라인 시민대학도 운영된다. 온라인 시민대학은 시민대학 과정 중 공통과정 등을 포함하여 다양한 인문학 과정으로 구성된다.

서울시민대학의 7개 학과를 졸업하면 시민학위를 취득할 수 있다. 시민학위는 명예학위제로 시민학사, 시민석사, 시민박사의 세 학위가 운영되고 있다. 시민학사는 시민대학 강좌 100시간을 이수하면 신청할 수 있다. 시민석사는 시민학사를 취득하고 시민대학강좌 100시간과 공통과정 80시간, 전공세미나 20시간으로 총 200시간을 이수하면 신청할 수 있다. 시민박사는 아직 미실시중이다.

표2.6 서울시민대학 학과

학과	교육과정
인문학	다각적으로 자신의 삶을 성찰할 수 있는 시민 양성을 목적으로 심화된 인문강좌로서 현실 생활에 적용가능한 실효성 있는 교육과정
미래학	미래사회를 주도적으로 살아가고 생애설계를 할 수 있는 시민 양성을 목적으로 4차 산업혁명 및 과학기술시대를 이해하고 다양한 분야와 융합한 새로운 직업을 창출하는 교육과정
생활환경학	균형 있고 지속가능한 삶을 사는 시민 양성을 위해 지속가능한 생태주의적 삶을 위한 환경생활 교육과정
사회경제학	사회를 이해하고 대안적 경제활동을 할 수 있는 시민 양성을 위하여 다양한 사회적 이슈에 대한 관심을 바탕으로 사회문제 이해 및 비판적 사고를 위한 교육과정

문화 예술학	삶의 즐거움을 향유할 수 있는 시민양성을 위해 폭넓고 깊이 있는 표현력 및 예술적 상상력 향상을 위한 교육과정
시민학	함께 공동체를 살아가는 민주시민으로서 시민 양성을 위해 실천과정으로서 다양한 분야 시민활동가를 양성하는 교육과정
서울학	내가 사는 서울을 잘 이해하고 좋은 서울로 만드는 시민 양성을 위해 서울에 대한 기본적인 이해를 바탕으로 미래도시를 발전시켜 가기 위한 교육과정

출처: 서울특별시평생교육진흥원(2023).

교육과정을 보면, 본부캠퍼스에는 7개 학과의 교육과정과 함께, 대학연계 시민대학, 네트워크 시민대학, 시민연구회, 디지털 시민교육이 운영된다. 대학연계 시민대학은 30개 대학별로 특화된 교육과정을 운영하는 것으로, 건국대의 통일인문학, 고려대의 한국문화 인문학, 국민대의 성찰과 삶의 인문학 등 대학별로 차별화된 교육과정이 운영된다. 네트워크 시민대학은 서울의 다양한 기관, 예를 들어 대사관, 기업, 각종 단체와 협력 네트워크를 구축하고 다양한 시민교육 프로그램을 발굴하는 사업이다. 예를 들어, 대사관과 연계하여 대사관을 방문하고 해당 국가에 대하여 이해하는 프로그램이 운영된다.

서울시민대학의 동남권캠퍼스는 미래학과 생활환경학을 특화하여 운영한다. 더불어 정규교육과정으로 인문학, 시민학, 서울학, 사회경제학, 문화예술학의 전공과목이 운영된다. 이외에 시민이 만드는 시민지혜오름과정이 있는데 이는 시민이 스스로 발굴하고 운영하는 시민참여형 활동과정이다. 시민N잡러 지원, 시민 북 큐레이터 과정, 독서문화행상, 시민샐러리 등도 운영된다.

광역지자체뿐만 아니라 기초지자체도 지역시민대학을 운영한다. 예를 들어, 평생학습도시로 유명한 광명시는 '광명자치대학'을 운영하고 있다. '광명자치대학'은 광명시 평생학습원이 운영하는 광명 주민 대상 교육프로그램으로, 광명시의 5개 행정부서가 협력하여 "동네의 문제를 해결하고 싶은 시민이 한데 모여 학습하며 '어떻게 하면 광명시가 더 발전할 수 있을까?'를 함께 고민"하기 위해 만들어졌다(광명시 평생학습원, 2023). 광명자치대학은 기존의 교양 중심의 시민대학 프로그램에서 탈피하여 지역발전과 연계된 아이디어를 개발하고 전문성 높은 학습을 위해 온·오프라인 연계교육, 토론, 사례학습, 워크숍 등 다양한 방법을 적용한다. 광명자치대학은 입학실과 졸업식 그리고 워크숍 등의 주요 행사를 운영한다. 그리고 교양필수과정, 전공필수과정, 융합심화과정으로 구성된 3학기제이고, 동문회와 학생 자치활동도 지원한다.

2022년 광명자치대학은 자치분권, 마을공동체, 사회적 경제, 기후에너지, 반려동물의 5개 모집학과를 운영하였다. 각 학과는 교양필수과정 6주, 전공필수과정 7주, 융합심화과정 7주로 1년 동안 운영된다.

그림 2.4 광명자치대학 2022년 학습자 모집 포스터

출처: 광명시 평생학습원(2022).

2022년 광명자치대학의 과정을 상세하게 보면, 우선 1학기 교양필수과정은 총 6차시로 7월부터 운영되었다. 주요 교육내용은 입학식, 오리엔테이션, 광명학, 마을학에 대한 것이었다. 교양필수과정은 5개 학과 수강생이 모두 수강하는 말 그대로 공통과목이고, 2학기와 3학기의 전공필수과정과 융합심화과정은 학과별 차별적으로 구성된다.

표 2.7 광명자치대학 2022년 강의계획: 자치분권학과

학기	교육내용
1학기 교양필수과정	입학식 및 오리엔테이션 광명알기: 광명학 특강 / 나와 우리 동네의 인연에 대하여 왜 로컬인가?: 재난사회와 로컬 로컬 관계망의 작동 원리: 마을공공성과 마을민주주의 로컬의 지속가능성: 마을경제와 자산화 융합적 문제해결을 위하여
2학기 전공필수과정	지역사회 공동체와 주민자치의 필요성 자치분권 이해 및 사례소개 자치분권과 소개 및 참여정책 안내 자치역량 문제해결의 기반 찾기 자원조사 의제 발굴 협치로 문제해결하기
3학기 융합심화과정	전체특강: 의제에서 동(洞)으로 로컬랩 프로세스 이해 이해관계자 지도: 이해관계자 인터뷰 실습 설문지 작성에 대한 이해 활동경험 나누기 공동경험으로 함께 작성하기 실행가능성 졸업식

출처: 광명시 평생학습원(2022).

3. 해외의 새로운 지역시민대학은 어떻게 운영될까?

한국뿐만 아니라 해외에서도 지역시민대학은 평생교육의 중요한 제공처로서 역할을 하고 있다. 앞서 살펴본 바와 같이, 독일은 지역시민대학을 중앙정부에서부터 체계적으로 운영하는 곳으로 전국에 수 천 개의 학습공간과 수 만개의 프로그램을 제공하고 있다. 뿐만 아니라 대안적 고등교육으로서 지역시민대학이 새로운 모습으로 진행되는 경우도 있다. 이에 대표적인 지역시민대학인 독일의 뮌헨시민대학, 그리고 대안적 고등교육으로 지역시민대학을 운영하는 영국의 지역시민대학을 살펴보고자 한다.

가. 꺼지지 않는 학습의 등불, 뮌헨시민대학

독일은 100년이 넘는 지역시민대학의 역사 속에서 전국 곳곳에 시민대학이 운영되고 있다. 수강료는 총액의 60% 정도는 정부에 의해서 부담되고 학습자는 40% 정도 부담하는 방식으로 운영되고 있다. 성인교육의 핵심적 기관으로서 지역시민대학은 연령이나 성별, 경제적 지위, 주거지역 등에 의한 평생교육 기회가 불평등하지 않도록 하는 데 초점을 두고 있다. 뿐만 아니라 지역 전체가 학습공간이라는 개념으로 지역시민대학이 곳곳에 펼쳐질 수 있도록 하는 점이 최근의 독일 지역시민대학의 중요한 특징이다. 즉, 지하철역, 도서관, 병원 등 지역의 모든 공간이 학습공간으로 활용되는 것이다.

독일의 뮌헨시민대학(The Münchner Volkshochschule)은 뮌헨시 전체가 학습공간으로서 지역시민대학을 운영하는 사례이다. 이를 위해 뮌헨시에 행정부서로서 시민대학부를 설치할 정도로 적극적이다. 이런 행정적 조치의 결과로 뮌헨은 학습의 등불이 꺼지지 않는 도시로 유명하다. 즉, 24시간 내내 학습을 할 수 있을 정도로 학습의 공간과 기회가 다양하고 이 다양함의 바탕에는 지역시민대학이 있다.

뮌헨시민대학은 1896년에 설립되어 120년 이상의 역사를 갖는 유서 깊은 지역시민대학이다. 뮌헨시민대학은 서울시민대학과 유사하게 본부와 캠퍼스로 구성되어 있고, 100개 이상의 학습장을 운영한다. 독일 전체의 지역시민대학 학습장이 1,000개 정도 되므로, 뮌헨시민대학 학습장은 독일 전체 학습장이 10%를 차지하는 규모이다. 2021년을 기준으로 뮌헨시민대학은 19,000개 이상의 평생교육 프로그램이 진행되었고 강의시간으로는 44만 시간이 넘었다(MVHS, 2021). 연간 수강생은 25만 명이 넘으며, 강의는 인문, 정치, 문화, 예술, 자연과학, 언어, 컴퓨터와 인터넷, 학문간 융합통섭 등 다양한 영역에 분포되어 있다.

표2.8 뮌헨 시민대학의 교육과정 구성

인간, 사회, 정치	건강과 환경
정치와 사회	건강정보
경제와 금융	건강활동
도시계획	시니어를 위한 건강활동
자연과학	요리문화와 와인
철학	환경과 생태학
세계의 종교	외국어
심리학과 생활예술	영어
학습과 기억	프랑스어
연구 일반	이태리어
시니어 시민대학	스페인어
문화, 예술, 창의성	포르투갈어
시각 갤러리	기타 외국어(한국어 포함)

문학과 영화	직업교육과 컴퓨터 활용
어휘와 텍스트-작문	기업체 계속교육
연극	경영능력과 영업능력
음악	화법, 의사소통, 리더십
춤	문서작성 기술
예술사와 문화사	컴퓨터 활용
박물관 안의 뮌헨시민대학	인터넷과 멀티미디어
여행 속 뮌헨시민대학-학습여행 프로그램	성인교육의 교수법과 방법론
회화	기초교육과 중등교육이수
조형	철자교육과 기초교육
공예	중등교과이수
유행과 의상디자인	청소년 사회봉사와 과도기관리(학교수업 병행과정)
사진과 비디오	청소년을 위한 시민대학
가로지르기 프로그램	독일어, 이민과 통합
도시의 동서남북	외국어로서 독일어
장애인을 위한 교육	두 번째 모국어로서 독일어
	통합프로그램

출처: 권두승, 이윤조(2018), 71.

뮌헨시민대학의 장점 중에 하나는 우수한 강사의 활용에 있다. 강사의 역량을 강화하기 위해 뮌헨시민대학은 강사에게 명문대학인 뮌헨대학의 관련 학위 과정을 이수하도록 하는 것과 동시에 평생교육학에 대한 역량강화를 위한 프로그램 이수를 요구하고 있다. 특히 평생교육학에 대한 역량 강화는 특정 분야의 전문가이기는 하지만 성인학습자의 특성이나 평생교육에 대한 이해가 부족할 수 있는 강사에게 시민대

학의 주요 대상인 성인학습자를 위한 평생교육을 기획하고 운영할 수
있도록 하는 역량을 키운다는 점에서 뮌헨시민대학 성공의 중요한 요
인으로 평가된다.

나. 협동조합형태의 대안고등교육, 영국의 SSC

영국에서는 실험적 대안고등교육이 2010년 정도에 크게 확대되었
다. 특히 영국의 Social Science Centre는 협동조합형태의 대안고등교
육으로 새로운 지역시민대학의 유형을 보여주고 있다.

21세기 들어서 영국의 경제 상황이 좋지 않게 되면서 대학에 대한
정부 재정 지원이 축소되었고 이는 대학이 새롭게 변화되어야 하는 맥
락으로 작동하였다. 영국 대학은 성인학습자를 다수 모으거나 등록금
을 올리는 선택을 해야 했다. 후자를 취하는 대학이 다수였는데, 이는
고등교육의 고급화, 상품화, 엘리트화 등의 문제를 발생시켰다. 결국
대학의 등록금 인상이 영국 고등교육 기회의 차별을 심화시켰다. 이런
문제에 정면으로 도전하는 새로운 유형의 고등교육기관이 등장하였다.
소위 대안적 고등교육으로 등록금을 비싸게 하면서 고등교육을 엘리
트화했던 방식을 대신하는 방법을 찾고자 한 것이었다.

특히 2010년에는 반자본주의 운동, 민주주의 운동, 아랍의 봄 등으
로 불리는 세계적인 민주화 운동의 변화가 강하게 진행되는 시기였다.
이런 운동이 시작되면서 시위 현장에서는 왜 시위를 하고 어떤 변화를
요구하는지를 학습하고 토론하는 장이 마련되었다. 소위 'Tent City
College'였다. 원래 'Occupy London' 시위를 위해 텐트 아래 모인 사
람들이 자발적으로 구성한 학습공동체가 'Tent City College'의 시작이
었다(희망제작소, 2013). 우리로 보면 천막대학인 것이다. 시위대가 주장
하는 바를 시위 현장에서 텐트를 치고 그 안에서 배우는 워크숍이 운

영되었다. 이것은 대안적 고등교육으로서 자유로운 시민대학의 출발을 의미하였다.

당시에 'Tent City College'의 워크숍이나 토론 일정이 온라인 일정표로 안내되었고 시위가 지속되는 수개월 동안 사회 각계각층의 전문가가 워크숍을 열고, 행인, 학생, 상점주인, 사회활동가, 관광객 등 다양한 사람들이 워크숍에 참여하여 성황리에 운영되었다. 온라인 일정표는 'Tent City College' 홈페이지에 로그인하여 누구나 워크숍을 기획하여 올릴 수 있는 구조로 시민기획 평생교육 공동체의 모습이었다. 'Tent City College'의 워크숍 주제는 경제 위기, 아랍의 봄, 협동조합, 신학과 철학, 금융위기 등으로 다양하였고, 다양한 시민이 모여 질문과 의견 제시로 이루어지는 학습과 논의의 장이었다. 다만 시위 과정에서 우연히 만들어진 학습공동체라는 점에서 지속적인 발전모델이 필요하였다. 이에 한편으로는 온라인 과정을 개설하기도 하고 다른 한편으로는 협동조합 형태의 지역시민대학으로 발전 방향이 모색되었다.

'Tent City College'를 이어 본격적으로 대안적 고등교육으로서 안정적 구조인 협동조합 형태의 'Social Science Centre(SSC)'가 등장하였다. 2010년 여름 이후 영국의 Lincoln 지역에서 전통적 방식과는 다른 대학으로 시작된 것이 'Social Science Centre'이다. 'Social Science Centre'의 특징을 정리하면 다음과 같다.

- 등록금이 없다.
- 교수, 수강생, 학교직원의 구분이 없다.
- 참여하는 모든 사람이 평등한 민주적 센터대학이다.
- 자체 학위를 부여하되 학위장에는 학문적 성과와 활동이 구체적으로 기술된다.

- 학위의 우수성을 보장하기 위해 전문가 검증단이 객관적 학위 검증을 실시한다.
- 파트타임 학습자 기준으로 학사 6년, 석사 4년, 박사 8년 수학기간이 필요하다.

'Social Science Centre'의 특징을 보면 기존의 대학과는 다르며 지역시민대학으로서 대학의 새로운 대안을 제시하고 실험하는 곳이라는 점을 알 수 있다. 특히 대학을 포함한 고등교육의 상품화에 대한 반대 입장을 분명히 하고 고등교육 수준의 학습공동체를 지역 수준에서 회복하고자 하는 시도가 바로 'Social Science Centre'였다.

'Social Science Centre'의 운영 원리는 비영리 협동조합, 민주적이고 비위계적 원리, 구성원의 동등한 'Social Science Centre' 참여로 요약된다. 그리고 비영리 협동조합은 이익을 남기지 않고 조합 구성원의 회비 등으로만 운영되는 것을 의미하였다. 민주적이고 비위계적 원리는 'Social Science Centre'가 학습공간으로서 누구에게나 동등한 학습 권리와 강의 권리, 발언권과 운영 참여권 등을 인정하는 것이었다. 더불어 'Social Science Centre' 참여는 'Social Science Centre'의 미래, 교육내용, 현재 등을 결정할 수 있는 권한을 부여받는 것을 의미한다.

그림 2.5 SSC의 운영 구조

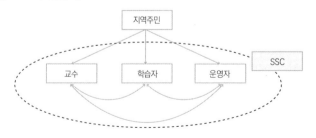

그리고 'Social Science Centre' 협동조합 구성원 전원이 참여하는 것을 보장하는 방식으로 운영되었다(Social Science Centre, 2019).

'Social Science Centre'의 교육과정은 주로 사회학의 주요 이슈를 다루는 것이었다. 최근까지 진행된 교육과정의 예로는 'Social Science Imagination'이 있다. 이 과정은 매년 1월부터 4월까지 매주 목요일 오후 7시에서 9시까지 운영되는 과정이었다. 무료 학습과정으로 주로 경제위기와 이에 대한 변화를 가능하게 하는 방법, 채무 상환, 편견과 차별, 신사회운동과 실험 등을 학습 주제로 다루었다. 학습방식은 참가자가 각자의 인생 경험에서 중요한 아이디어, 문제점, 이슈 등을 혼자서 생각하기보다는 공동체적으로 그리고 협동적으로 생각할 수 있도록 한다. 그리고 개인의 경험이 공동의 경험이라는 점을 이해하기 위한 토론과 생각 나눔이 중요한 학습방법이다. 이 과정의 교재는 Wright Mill의 「The Sociological Imagination」이다. 다만 교재가 기존의 학습 프레임을 제공하지만, 교재내용으로 학습내용이 한정되는 것은 아니다(Social Science Centre, 2019).

'Social Science Centre'의 출발점이었던 'Social Science Centre, Lincoln'은 2019년 활동을 중단하였다. 조금 더 정규화된 대학의 규모와 형식을 갖추기 위해 Co-operated University로 변화하여 운영하기도 한 것이었다. 다소 기존의 대학 형식으로 가까이 가는 것은 아닌가 하는 비판도 있으나, 'Social Science Centre, Lincoln'은 협동조합형 대학의 새로운 발전 단계로 설명하고 있다.

다. 대학이 지역사회로 가는 일본 요코하마 나카미센터

일본도 평생교육의 선진국 중에 하나로 다양한 프로그램과 체계를 갖고 있다. 이 중 일본의 지역사회대학은 다양한 모습을 갖고 있지만,

기존의 지역에 존재하는 대학이 지역사회대학 프로그램을 운영하여 확장된 대학의 모습을 갖는다는 점이 특이점이다. 일본도 한국과 유사하게 학령인구 감소, 지방인구 유출, 지역경제 추락 등의 문제를 경험하였다. 그리고 한 가지 대안으로 대학이 지역 발전과 문제 해결에 적극적으로 기여해야 한다는 점이 대두되었다. 이를 위해 일본은 대학 컨소시엄이 발전하였다.

컨소시엄은 원래 차관 등의 재정적 협력을 의미하는 것이었으나, 평생교육 등의 교육 분야에서 컨소시엄은 다자간 협력 체계로 사업을 참여하는 것을 의미하였다. 즉, 지역의 문제를 해결하는 것은 대학의 입학 자원을 확보하는 것과 연계된다는 점에서 지역과 대학이 서로 협력하여 적극적으로 문제를 해결하는 사업체계를 구축하는 것이 일본의 대학 컨소시엄이다.

일본 대학 컨소시엄의 주요 방향은 대학이 지역으로 침투 또는 확장하는 것이다. 지역의 쇠퇴한 산업을 전환시켜서 새로운 산업이나 변화된 산업으로의 발전을 유도하기 위해 대학의 자원이나 지식이 지역 산업과 결합되어야 했다. 또한 단지 산업 영역을 넘어서 지역주민의 정주 여건 개선을 위해 평생교육 등의 다양한 영역의 기회와 질이 높여져야 했다(권두승, 이윤조, 2018; 이경아 등, 2021).

구체적으로 일본 문부성은 대학 컨소시엄의 형태로 지역시민대학인 커뮤니티센터 사업을 추진하였다. 커뮤니티센터는 여러 대학의 교육과정을 운영하는 학습지점 또는 학습공간으로 1970년대부터 시작된 대학 학점교류를 기반으로 운영되는 곳이었다. 예를 들어, 여러 대학의 학점을 교류할 수 있도록 하여 대구에 살아도 고려대학교의 과정을 이수할 수 있고 인정받을 수 있는 것이다. 이를 일본에서는 단위호환 제도라고 한다. 이런 커뮤니티센터 공간과 학습과정을 지역시민에게 개방하고 다양한 장소로 확대하여 학습기회를 확대하는 것이 일본 컨소시엄 형태의 지역시민대학 유형이다.

대학 간 연계를 컨소시엄 수준으로 확대하기 위해 일본은 중앙정부 (문부과학성) 차원에서 관련 정책 및 사업이 추진되었다. 1990년대 후반부터 지역별 대학 컨소시엄을 위한 협의회가 운영되었고, 2004년 11월에 대학간 컨소시엄이 연합하여 '전국 대학 컨소시엄 협의회'가 발족하였다. '전국 대학 컨소시엄 협의회'는 대학컨소시엄 교토에 위치하였다. 2010년 기준 '전국 대학 컨소시엄 협의회'에는 총 48개의 컨소시엄이 참여하였다(권두승, 이윤조, 2018; 이경아 등, 2021).

이런 배경으로 일본 전역에서 실시된 대학 컨소시엄 사업 중에 대표적인 예가 일본 '요코하마시립대학 나미키 도시디자인센터'였다. 일본의 요코하마시는 한국의 광양, 포항, 거제도와 같이 항구도시면서 일본 조선 산업의 중심을 이루는 곳이었다. 그러다 보니 오랫동안 요코하마 도시의 핵심 시설은 조선 관련 공장이었다.

하지만 요코하마시의 구조와 조선 산업의 변화로 인해 요코하마시의 새로운 변화가 필요하였다. 도심에 있었던 생산시설은 해안 매립지로 이동하게 되었고, 도심은 공동화되었다. 이에 이 공동화된 지역을 해안으로 이동한 생산시설의 배후주거지역으로 개발하였다. 이 배후지역 중 대표적인 지역인 나미키였다.

그런데 오랜 시간이 흐르면서 조선 산업이 축소되고 쇠퇴하면서 요코하마 지역 전체의 고령화, 인구 감소, 도시 활력 감소 등의 문제가 발생하였다. 이로 인하여 나미키 지역을 포함한 요코하마 전체의 쇠락이 시작되었다. 이런 문제를 해결하기 위해 일본 문부과학성의 컨소시엄 사업이 적용되었다. 즉, 요코하마시립대학교가 나미키 지역을 중심으로 확장된 지역시민대학을 운영하는 것이었다. 구체적으로 2014년부터 '나미키 도시디자인센터(Urban Design Center for Namiki: UDCN)'가 운영되었고, 이로 인하여 나미키 지역의 공동체 활동이 활성화되면서 지역의 새로운 변화가 나타났다. 대표적인 변화는 인구 변화였다. 나미키 지역의 65세 이상 인구 비율이 급격하게 낮아지면서 42% 이하를 기록하였고(UDC Initiative, 2020), 이는 젊은 층의 유입을 통한 도시의 소비력 증가, 도시 활동가 증가 등의 긍정적 효과로 이어졌다(이경아 등, 2021).

    나미키의 새로운 부흥의 핵심에는 '나미키 도시디자인센터'가 있다. '나미키 도시디자인센터'는 지역 활성화와 재생을 위해 새로운 사업을 추진하기 위한 장소였고, 이를 위해 주민 자치회가 핵심적 역할을 하였다. 더불어 주민의 참여를 유도하기 위해 요코하마시립대학교의 교수와 재학생이 강좌와 각종 서비스를 운영하도록 하였다. 예를 들어, 간호학과 교수와 학생은 나미키 주민의 건강 진단 기회를 제공하고, 미술 전공 교수와 학생은 도시 갤러리를 만들고 또 미술 관련 학습을 할 수 있는 평생교육프로그램을 운영하였다. 이를 위한 공간과 재원은 '나미키 도시디자인센터'가 제공하였다(이경아 등, 2021; UDC Initiative, 2020).

그림 2.6 나미키 도시디자인센터의 사업 구조

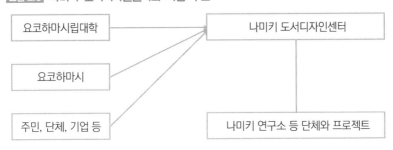

출처: 이경아 등(2021), 77.

'나미키 도시디자인센터'의 경우 나미키 콘소시엄 프로젝트의 한 예인데, 이를 위해 요코하마시립대학교가 공간과 프로그램을 제공하는 방식으로 지역시민대학을 운영하였다. '나미키 도시디자인센터'에서 건강 관련 프로그램, 마을에서 일하기 프로젝트, 목제분 생산과 꽃심기, 문화강좌 등을 운영하였다. 그리고 이런 프로그램은 모두 지역 활동으로 연계되어 지역 이미지를 개선하고 주민의 활동성을 강화하는 결과를 가져왔다(UDC Initiative, 2020).

4. 한국의 지역시민대학은 어떻게 발전되어야 할까?

한국도 다양한 지역시민대학이 운영되고 있고, 세계적인 기준으로 보면 상당한 수준에 도달해있다고 평가된다. 그럼에도 불구하고, 새로운 방향의 모색은 필요한 시점이다. 특히 지방의 경우 인구감소 더 나아가 인구소멸과 지역소멸의 축소사회를 당연시하게 되었고, 이는 도시 소비력 감소와 생산 축소의 악순환을 만들어내고 있다. 이런 상황에서 지역시민대학에게 새로운 역할과 기능 전환이 요구되고 있다.

우선 일본이 한국의 지방 변화와 유사한 상황이라는 점에서, 한국의 지역시민대학에 주는 시사점은 크다. 예를 들어, 지역시민대학은 '지역문제에 어떤 도움을 주고 있는가?'에 대한 확실한 답을 찾는 것이 필요하다. 그리고 그 질문에 대한 답으로 분명하게 포함되어야 하는 것은 지역 산업의 변화와 활성화를 유도하는 것, 지역주민의 지역참여활동을 활성화하는 것이어야 한다. 이를 위해 지역의 전문지식 보유기관, 예를 들어 대학, 연구소, 협동조합, 기업 등의 참여는 필수적이며, 지역시민대학을 구심점으로 새로운 역할과 사업을 찾아야 한다.

다음으로 새로운 대학으로서의 변화가 필요하다. 물론 이는 대학이 있는 지역에 제한될 가능성이 높기는 하지만, 일본의 경우 공동학위과정을 운영하는 것처럼 다른 지역에서도 과정을 운영하는 것도 가능하다. 대학은 지역사회대학으로서의 기능과 역할을 확장해야 한다. 대학으로 학습자를 부르는 것이 아니라, 대학이 학습자가 있는 곳으로 다가가야 한다. 이를 위해 지역은 혁신적인 전략과 협력 방법을 찾아야 하고, 대학 역시 도시 전체가 학습장이라는 생각을 갖고 확장 전략을 시도해야 한다. 또한 중앙정부나 지자체는 규제 철폐와 자원 지원을 적극적으로 시도해야 한다.

또한 지역시민대학은 다양성을 추구해야 한다. 최근의 일부 지역시민대학은 특정 목적에 충실한 것이기는 하지만, 특정 과정에만 제한하여 운영함으로써 지역시민의 일부만이 관심을 갖고 참여하는 방식으로 운영되고 있다. 물론 지역시민대학의 초기 단계에서는 이런 방식으로 초석을 다지는 시기와 단계가 필요하다. 하지만 지역시민대학이 발전하면서는 다양한 학습자의 요구를 수용하여 다양한 장소에서 다양한 프로그램이 운영되는 것이 필요하다. 즉, 지역시민대학이 일부 시민의 시민대학이나 일부 목적을 위한 시민대학이 아니라 모두의 시민대학과 지역 전체의 시민대학으로 발전되어야 할 것이다.

평생교육사업 성공사례_ 지역시민대학(1)

박○○

평생교육사업(지역시민대학) 면담자 소개

박○○(67세)은 지역시민대학에서 명예학사학위를 받았다. 그리고 지금은 올해 2월부터 영천시에서 하는 시니어 클럽에서 노인일자리 활동으로 어린이집에서 보조교사, 이야기할머니로 활동하고 있다.

1. 평생교육사업(지역시민대학) 참여동기 및 배움/활동 내용

저는 1957년생인데, 그 당시에는 여자들은 공부를 많이 안 시켰어요. 제가 생각하기에 그게 저는 아쉬웠던 것 같아요. 그리고 제가 사는 곳이 영천인데, 여기가 다른 곳보다 더 시골이었어요. 부모님께서 중학교까지 학업을 이룰 수 있게는 해주셨는데, 고등학교는 가고 싶었지만 못갔어요. 그래서 부모님 원망도 하고 그랬었어요. 그렇게 간호조무사로 일을 하다가 결혼을 하고 경력이 단절되었어요. 근데 항상 저는 공부하고 싶다는 마음을 가지고 살았어요. 마음으로는 공부에 끊임없이 갈망하고 있었던 거죠. 근데 자식이 넷이다 보니 여유가 없었던거죠. 한 60까지는 공부에 대한 꿈만 가지고 있다가 이제 여유가 생기니 그걸 실천할 수가 있게 되었던거죠.

늦게나마 방송통신고등학교를 졸업하고, 2년제 전문학교를 나오기도 했어요. 근데 또 이제는 코로나가 터지더라고요. 그러니까 자연스럽게 다 또 안하는 분위기가 된 거예요. 저는 아직 더 하고 싶은데. 근데 평생학습관에서 무슨 공고가 뜨더라고요. 어떤 어떤 프로그램이 있다고. 그게 '경상북도 도민 행복대학'이었어요. 그래서 '아. 이거 하고 싶다!' 하는 마음에 빨리 등록했죠. 뭘 하고 싶다는 것보다는 그때는 시간도 허송세월 보내기 싫고, 매일이 무료한데 이거라도 하면서 시간

보내자 하는 생각에 지원했어요. 근데, 들어보니 강사님들도 너무 훌륭하시고, 제가 배우고 싶었던 것도 너무 많은 거예요. 이게 별천지구나 싶었죠.

일주일에 한 번씩 2시간 강의를 들으면서 시민학, 인문학, 역사 등, 심지어는 재난에 대처하는 방법도 배웠어요. 가장 인상깊었던 것은, 저는 평생 영천 여기 살면서 제가 사는 곳을 전혀 몰랐거든요. 여기 행복대학에서는 그런걸 알려주더라고요. 평소에는 그냥 지나치던 정자도 그 역사가 어땠고, 그것이 의미하는 바는 뭐고 이런 걸 알고 나니까 내 고장부터 안다는 것이 이렇게 큰 것이구나 싶더라고요. 그 외에도 유명강사 초청, 저명한 대학 교수 초빙 등 강의식 수업도 많았고, 와인만들기, 곤충으로 빵만들기 등 실습활동도 해봤고, 봉사활동도 하고, 다양한 활동을 할 수 있는 기회가 있었어요. 그리고 프로그램이 끝나니까 명예학위증을 주더라고요. 명예도민학사. 이게 작은 것 같아보여도, 저한테는 큰 자신감, 자존감을 만들어주더라고요.

2. 평생교육사업(지역시민대학)을 통한 성장과 향후 계획

사실 이제 나이가 들어서 어떤 일을 해도 금방 잊어버리고 그래요. 그런데 여기 매주 동일한 시간에 나가서 수업 듣고, 대단하신 분들 강연 들으면서 아 이렇게 남은 삶을 살아야겠구나. 어떻게 사는 것이 행복인가 고민할 수 있게 되고, 거기에 대한 강사분들의 답변도 들을 수 있고, 얼마나 좋은 기회예요. 잊어먹어도 잊지 않으려고 노력하게 되죠. 그리고, 내 고장에 대해서 알았다는 것이 정말 저에겐 큰 깨달음이었어요. 평생을 여기 살아도 몰랐던 것을 알게 된다는 게 참 새롭더라고요.

그리고 주변 사람들하고도 관계를 만들 수 있게 되었어요. 결혼하고 애만 키우고 살다보니 인간관계가 많이 좁고 단절된 느낌이 강했는데, 모르는 사람을 이 지역시민대학을 통해 만날 수 있었고 내 인간관계를 더 넓힐 수 있었어요. 이 사람은 어떤 사람일까 알아가는 재미도 있고, 다른 사람들로부터 많이 배우기도 하고요.

앞으로는 큰 계획은 없고 그냥 건강하게 남은 삶 잘 살다 가야죠. 그리고 이런 기회가 또 있다면 또 참여하고 싶고 특히 자격증 과정이 있으면 적극적으로 참여하고 싶어요. 자격증 취득 과정을 통해 전문성을 기르고 싶은 거죠. 이 나이에 뭐 새로운 직장에 뛰어드는 것은 어렵지만, 그저 노인일자리여도 제 나름대로는 전문성을 가지고 싶어요.

3. 평생교육사업(지역시민대학)에 대한 느낌과 바람

처음에는 의심을 갖고 시작했었는데, 그게 제 나름의 색안경이더라고요. 직접 와서 경험해보니 배울 점도 많았고, 얻은 것도 많았어요. 어디가서 써먹나 해도 제가 이만큼 스스로 자존감도 커지고, 자신감도 향상되었다는데, 그게 바로 성장 아닐까요? 저는 제가 가지고 있던 학업에 대한 갈증을 해소할 수 있어 너무나 좋았어요.

아쉬운 점은 지금 제가 한 건 시에서 하는 학사 프로그램인데, 도에서 권역별로 하는 석사 프로그램이 있어요. 근데 이건 우리 지역에서 안 하고 멀리 떨어져서 하거든요. 거리가 멀어서 못 가는게 아쉬워요. 셔틀이나 이런 편의시설이 늘어났으면 좋을텐데, 여기서 또 몇 명이 갈지 모르니까 그쪽에서는 못해주겠죠. 그런게 조금 아쉽네요.

평생교육사업 성공사례_ 지역시민대학(2)

신○○

평생교육사업(지역시민대학) 면담자 소개

신○○(55세)은 동네에서 마을방송국 '노원FM'과 민주시민교육과 공유가치를 실천하는 '노원시민대학'의 대표를 맡고 있다. 노원구립 도서관과 사람책도서관인 노원휴먼라이브러리에서 봉사활동, 미디어 연계 공개방송을 진행하고, 팟캐스트 프로그램을 진행하기도 한다. 서울마을미디어네트워크 운영진 공동대표로도 활동하고 있다. 서울시에서 운여하는 평생학습기관인 지역시민대학을 통해 미디어영상학과에 편입, 졸업해서 하고 있는 일을 더 전문적으로 하게 되었다.

1. 평생교육사업(지역시민대학) 참여동기 및 배움/활동 내용

큰 아이가 중학교 다니던 때 제가 샤프론봉사단에 참여했었어요. 중증 장애인복지관, 노인요양원 등에 봉사를 가는 것이었는데, 학생, 학부모, 교사들과 함께 하는 거예요. 학생들을 인솔하면서 봉사활동에 마지못해 참여한 학생들의 인식이 변화하는 모습을 확인할 수도 있었고, 봉사교육이 필요하구나 깨닫게 되었어요. 그렇게 학교에서 시작한 '우리아이 함께 키우기' 공모사업에 참여하고 운영하면서 사회참여의 의미와 중요성도 알게 되었죠. 그 봉사는 나이 터울이 큰 둘째 아이의 고등학교 졸업까지도 이어졌는데, 이후 건강상의 문제로 잠시 쉬다가 봉사를 비롯한 다양한 마을 일에 다시 또 참여하게 되었어요. 집 근처 도서관에서 강좌를 듣고, 어린이 독서 수업에 교육봉사를 하거나, 학교 디베이트 동아리 운영 등 이 과정에서 다시금 시민교육의 필요성을 느끼게 되었어요.

2014년에 큰 아이 대학에서 진행하는 대학연계 서울시민대학 수업을 만나게 되었어요. 그때 저는 라디오팟캐스트 교실을 수료하고 마을 방송을 시작하고 있었는데, 서울 시내 대학 여러 곳에서 진행하던 시민대학 수업이 아주 즐거웠어요. 스스로 성찰할 수 있는 계기를 끊임없이 만들어주었고, 여러 다양한 분야의 전문가이신 교수님들의 깊고 풍성한 강의와 학습자들 간의 토의까지 스스로 성장해가는 기분이었고, 스스로도 성장한다고 느꼈습니다. 이 수업들이 제가 진행하고 있던 학교 디베이트 동아리 운영과 함께 마을활동 참여에도 큰 도움이 되었어요. 제가 필요로 하던 것과 너무 잘 맞아떨어진 것이죠.

지금은 마을에서 뜻을 같이 하는 사람들과 민주시민교육을 하는 비영리단체인 노원시민대학을 만들어 공익사업을 진행하고 있어요. 학교와 청소년센터, 주민자치회 등에서 제가 필요하다고 생각했던 민주시민교육을 진행하고 있고요. 그리고 마을 미디어 활동을 통해 마을에서 일어나는 다양한 활동을 알리고 주민들이 자신의 소리를 직접 낼 수 있는 소통 창구도 만들어서 활발하게 활동하고 있어요.

2. 평생교육사업(지역시민대학)을 통한 성장과 향후 계획

2013년 경 그 때부터 집 근처 도서관인 노원정보도서관(현 노원중앙도서관)과 노원휴먼라이브러리에서 인문학 프로그램을 수강하며 학습자들과 토론하고 자신의 생각을 공유할 수 있었고, 한 달에 한번 하는 독서모임에도 참여하면서 다채로운 사람들과 만남을 가질 수 있었어요. 여기서 배운 많은 것들을 다시 도서관 어린이 독서프로그램과 지역아동센터 자원봉사 활동에 활용할 수 있었죠. 어린이들에게 자신의 생각을 꺼낼 수 있도록 도와주고, 함께 봉사하는 봉사자들과도 다시 이야기를 공유하는 활동을 통해 새로운 것을 많이 배우고 나눌 수 있었습니다.

방송국 운영에도 도움을 받았어요. 방송제작 관련 강좌에 대한 기회가 있을 때마다 참석했지만 뭔지 모를 갈증이 있었는데, 마을일과 가정일을 병행하며 다닐 수 있는 조건의 학교에 미디어 영상학과에 편입하여 관련 이론과 실습 등 다양한 것을 배울 수 있었습니다. 그 갈증이 해소된 것이죠. 꽉 채운 2년의 학습 끝에 스스로 미디어 수업을 하고 방송 제작자를 양성할 수 있게 되었고, 이 모든 활동이 방송국을 운영하는 데 큰 도움이 되었어요.

그리고 서울시민대학의 다양한 분야의 강좌가 마을 활동에 탄탄한 자양분이 되어주었다고 생각해요. 젊어서 학부에서 배웠던 지식이 고갈되어 갈 즈음에 새로운 지식이 들어오니 너무 좋더라고요. 스스로 채워지는 기분. 사회를 보는 혜안도 생겼고요.

특히 기존에 필요하다고 느꼈던 시민교육에의 욕구가 해소되는 시발점이 되었어요. 연계 대학이 다양하다 보니 배우는 것도 많고 느끼는 것도 많았지만 이를 통해 제가 생각이 같은 사람들과 함께 민주시민교육을 하는 노원시민대학을 만들고 2019년부터 토론의 장, 지역공론장을 운영하기도 했어요. 일반 시민들이 자신의 생각을 꺼내어 토론하고, 함께 무언가를 진행하는 것은 그 경험 자체로도 우리 사회가 변화할 수 있다는 시그널 아닐까요? 이것에 참여하는 사람들이 있다는 것 만으로도 저는 큰 힘을 받았어요.

지역시민대학 참여 전과 후에 대해 말씀드리면, 이 사업에 참여하고 저는 배움에서 더 나아가 실천까지 할 수 있는 사람이 되었다고 생각해요. 학습에 급급한 것이 아니라 학습한 내용을 사회에 환원하고 실천할 수 있는 사람이 된 거죠. 사회 속에서 시민으로 살아가며 계속해서 학습하고 성장할 수 있었고, 마을과 타인에 대한 관심도 깊어졌어요. 제가 한 행동이 다른 사람에게 좋은 영향을 주어 봉사활동에 참여하는 사람들이 늘어나고, 봉사가 일상이 되고, 이게 마음에 울림을 주어 선한 영향력이 계속해서 재생산되는 아주 좋은 결과를 만들어낼 수 있었다고 생각해요. 저는 앞으로도 이렇게 좋은 톱니바퀴의 과정이 많은 사람들에게 일어났으면 좋겠다는 바람입니다.

3. 평생교육사업(지역시민대학)에 대한 느낌과 바람

저는 지역시민대학이 자기개발의 계기를 마련해주고 지역사회 현장의 변화와 수요자의 요구를 잘 반영하고 변화하는 점이 너무 좋았습니다. 저는 너무 좋다고 느낀 강의는 친구들, 주변 지인들한테도 소개하고 권유하여 함께 듣기도 했어요. 그렇게 하다 보니 명예시민학사증을 받았고, 학사학위를 수여받고 얼마 되지 않아 석사과정이 신설되었어요. 솔직히 강의에 대한 갈증이 해소되고 무료해갈 즈음에 더욱 심화된 학습의 기회가 생긴 것이 너무 좋았답니다. 석사과정은 때가 때인지라 코로나로 줌 화상강의가 잦아졌는데, 이건 또 이것 나름대로 이동시간을 절약할 수 있다는 점에서 장점으로 느껴졌어요. 점점 하는 일도 많아졌는데 기존에 이동시간이 길어 듣지 못했던 강의를 집에서 들을 수 있다니! 너무 좋았습니다.

그리고, 석사과정이다 보니 논문을 작성하기 위한 워크숍에 참여하는 경험도 할 수 있었습니다. 물론 논문작업이 쉬운 것은 아니었지만 이 어려운 과정을 겪어냈다는 것에서 성취감도 느낄 수 있었습니다. 그리고, 석사과정은 더 나아가 세계시민의 역할에 대해 탐구하는 계기가 되었습니다. 다양한 사람들이 한 마을에서 어울려 살아가는데, 세계에는 얼마나 다채로운 사람들이 살아갈까 하는 생각과 함께, 다양성을 고려하며 이들에게도 시민교육이 필요하다는 생각을 하게 되었습니다.

평생교육사

정홍인(대구대)

평생교육사란 누구인가? 평생교육 자격증을 취득하면 취업할 수 있을까? 어떤 일을 할까? 등 범람하는 자격증 시대에 평생교육사를 왜 취득해야 하는지에 대한 궁금증은 넘쳐난다. 구글에 평생교육사를 검색하면 관련 검색어로 평생교육사란, 평생교육사 하는 일, 평생교육사 자격증, 평생교육사 연봉, 평생교육사 현실, 평생교육사 전망 등이 등장한다. 이는 평생교육사를 검색한 사용자가 해당 주제도 검색했음을 유추해 볼 수 있는데, 이에 본 장에서는 대중들의 궁금한 부분을 중심으로 이야기를 전개해보고자 한다.

1. 평생교육사란 누구인가?

평생교육사란 정규 학교를 제외한 다양한 평생교육기관에서 교육프로그램을 운영 또는 학습자들의 학습을 도와주는 사람들을 의미한다 (이해주, 윤여각, 이규선, 2016). 평생교육사라는 용어는 1982년 제정된 사회교육법이 1999년 평생교육법으로 전부 개정됨에 따라 사회교육 전문요원이 평생교육사라는 용어로 변경된 것이다. 평생교육사는 연구자나 관계자의 기관 목적과 이해에 따라 평생교육자, 평생교육전문가, 평생교육실천가, 평생교육담당자, 평생교육종사자, 인적자원개발담당자, 인적자원개발사 등 다양한 용어로 표현하고 있으나(현영섭, 2017), 본 장에서는 평생교육사로 통칭해서 사용하고자 한다.

평생교육법 제24조(평생교육사) ① 교육부장관은 평생교육 전문인력을 양성하기 위하여 다음 각 호의 어느 하나에 해당하는 사람에게 평생교육사의 자격을 부여하며, 자격을 부여받은 사람에게는 자격증을 발급하여야 한다.
1. 「고등교육법」 제2조에 따른 학교(이하 "대학"이라 한다) 또는 이와 같은 수준 이상의 학력이 있다고 인정되는 기관에서 교육부령으로 정하는 평생교육 관련 교과목을 일정 학점 이상 이수하고 학위를 취득한 사람
2. 「학점인정 등에 관한 법률」 제3조 제1항에 따라 평가인정을 받은 학습과정을 운영하는 교육훈련기관(이하 "학점은행기관"이라 한다)에서 교육부령으로 정하는 평생교육 관련 교과목을 일정 학점 이상 이수하고 학위를 취득한 사람
3. 대학을 졸업한 사람 또는 이와 같은 수준 이상의 학력이 있다고 인정되는 사람으로서 대학 또는 이와 같은 수준 이상의 학력이 있다고 인정되는 기관, 제25조에 따른 평생교육사 양성기관, 학점은행기관에서 교육부령으로 정하는 평생교육 관련 교과목을 일정 학점 이상 이수한 사람
4. 그 밖에 대통령령으로 정하는 자격요건을 갖춘 사람
② 평생교육사는 평생교육의 기획·진행·분석·평가 및 교수업무를 수행한다.

2. 평생교육사는 어떤 일을 하는가?

평생교육법 제24조에 따르면, 평생교육사는 평생교육의 기획, 진행, 분석, 평가 및 교수 업무 등 평생교육 관련 업무의 전반적인 영역을 수행한다. 그러나, 이 설명만으로는 무슨 일을 하는지 정확히 이해하기 어렵다. 이에 한국직업능력개발원(1999)은 법령에 명문화된 내용을 기반으로 평생교육사가 수행하는 업무 영역을 최초로 8개 직무, 46개 작업으로 도출하였다. 그러나 2000년 이후 급속하게 확산되고 있는 평생교육 현장과 실질적인 평생교육사의 역할이 충분히 반영되지 못하고 있다는 한계로 인하여 김진화 외(2008)는 평생교육사의 직무를 재분석하여 9개 책무(조사·분석, 기획·계획, 네트워킹, 프로그램 개발, 운영·지원, 교수·학습, 변화촉진, 상담·컨설팅, 평가·보고), 72개 과업을 도출하였다. 이후, 국가평생교육진흥원(2011)에서 행정경영의 책무를 새롭게 추가하여 총 10개 책무, 80개 과업을 표준 직무모델로 제시하여 현재까지 사용되고 있다.

그림 2.7 평생교육사의 직무모델 변천사

한국직업능력개발원(1999)	김진화 외(2008)	국가평생교육진흥원(2011)
1. 기획	1. 조사·분석	1. 조사·분석
2. 프로그램 개발	2. 기획·계획	2. 기획·계획
3. 프로그램 운영	3. 네트워킹	3. 네트워킹
4. 기관관리	4. 프로그램 개발	4. 프로그램 개발
5. 네트워크 및 지원	5. 운영·지원	5. 운영·지원
6. 교수학습	6. 교수·학습	6. 교수·학습
7. 학습상담	7. 변화촉진	7. 변화촉진
8. 교육컨설팅	8. 상담·컨설팅	8. 상담·컨설팅
	9. 평가·보고	9. 평가·보고
		10. 행정·경영

평생교육사가 현장에서 수행해야 할 10개 책무와 80개 과업에 대한 상세 설명은 아래 [그림 2.8]과 같다. 평생교육사의 책무를 살펴보면 평생교육사업 및 프로그램의 기획, 운영, 평가와 더불어 학습자 상담 및 컨설팅과 교수자로서의 역할까지 매우 복잡하고 고도화된 전문성을 요구하는 직무를 수행하고 있음을 알 수 있다. 한편 평생교육의 환경이 변화하는 상황 속에서 김진화와 신다은(2017)은 평생교육사의 직무

그림 2.8 평생교육사의 직무수행 영역

조사분석	기획계획	네트워킹
• 학습자 특성 및 요구조사 분석 • 평생학습 참여율 조사 • 평생학습 자원 조사·분석 • 평생학습권역 매핑 • 평생학습 SWOT 분석 • 평생학습 프로그램 조사·분석 • 평생학습 통계 데이터 분석 • 평생학습자원 및 정보 DB 구축	• 평생학습 비전과 전략 수립 • 평생학습 추진체제 설립 • 평생학습 중·장기/연간계획 수립 • 평생학습 단위사업계획 수립 • 평생학습 축제 기획 • 평생학습 공모사업 기획서 작성 • 평생학습 예산기획 및 편성 • 평생학습 실행계획서 수립	• 평생학습 네트워크체제 구축 • 인적·물적 자원 네트워크 실행 • 사업 파트너십 형성 및 실행 • 사이버 네트워크 구축 및 촉진 • 조직 내·외부 커뮤니케이션 촉진 • 협의회 및 위원회 활동 촉진 • 지원세력 확보 및 설득 • 평생교육사 임파워먼트 실행

프로그램 개발	운영지원	교수학습
• 프로그램 개발 타당성 분석 • 프로그램 요구분석 및 우선순위 설정 • 프로그램 목적/목표 설정 및 진술 • 프로그램 내용 선정 및 조직 • 프로그램 매체 및 자료 개발 • 프로그램 실행 계획 및 매뉴얼 제작 • 프로그램 실행 자원 확보 • 프로그램 분류 및 유의가 창출 • 프로그램 지적, 문화적 자산화	• 학습자 관리 및 지원 • 강사 관리 및 지원 • 프로그램 홍보 및 계획 • 학습시설 매체관리 및 지원 • 프로그램 관리운영 및 모니터링 • 학습결과 인증 및 관리 • 평생학습 예산관리 및 집행 • 기관 홈페이지 관리 및 운영	• 학습자 학습동기화 촉진 • 강의 원고 및 교안 작성 • 단위 프로그램 강의 • 평생교육사업 설명회 및 교육 • 평생교육 관계자 직무교육 • 평생교육사 실습지도 • 평생교육 자료 및 매체 개발 • 평생교육사 학습역량 개발

변화촉진		상담컨설팅	
• 평생학습 참여 촉진 • 평생학습자 인적자원 역량개발 • 학습동아리 발굴 및 지원 • 평생학습 실천지도자 양성	• 평생교육단체 육성 및 개발 • 평생교육 자원봉사활동 촉진 • 평생학습 관계자 멘토링 • 평생학습 공동체 및 문화 조성	• 학습자 상황분석 • 학습장애 및 수준 진단·처방 • 평생학습 상담사례 정리 및 분석 • 학습자 사후관리 및 추수지도 · 생애주기별 커리어 설계 및 상담 • 의뢰기관 평생학습 자문 및 컨설팅	• 평생학습 ON/OFF라인 정보제공 • 평생학습 상담실 운영

평가보고		행정경영
• 평생학습 성과지표 창출 • 목표대비 실적 평가 • 평생학습 영향력 평가 • 평생학습 성과관리 및 DB 구축 • 프로그램 프로파일 생성 • 우수사례 분석 및 확산	• 공모사업 기획서 평가 • 평가보고서 작성 • 평가발표자료 제작 및 발표 • 지식창출 성과 정리	• 국가 및 지방정부 평생학습 공문 생성 • 평생교육 공문 회람 및 협조 • 평생학습기관 및 담당부서 업무보고 • 광역/기초단체장 지침과 관심 반영 • 평생학습 감사자료 생성과 보관 • 평생학습관 모니터링 감사 • 평생학습기관 효율적 경영전략 추진 • 평생학습관련 기관의 경영수지 개선

출처: 국가평생교육진흥원(2011). 평생교육사 배치활성화 방안 연구.

중요도를 2007년, 2017년을 비교·분석하였다. 2007년과 2017년 모두 조사분석, 기획계획, 네트워킹, 프로그램 개발은 중요도가 높았으며, 교수·학습, 상담·컨설팅, 평가·보고는 2007년과 비교하여 2017년에 중요도가 낮아진 것으로 보고되었다. 이러한 경향은 2007년 2017년의 10년 동안 평생교육사의 직무모델에 포함되는 책무 및 과업에 대한 인식변화가 다각적으로 이루어지고 있음을 시사한다.

3. 평생교육사 자격증은 어떻게 취득할까?

가. 국가자격증인 평생교육사

먼저, 평생교육사는 국가자격증이다. 민간자격증이 범람하는 가운데, 평생교육사의 전문성에 대하여 국가적인 인증을 통해 교부받는 자격증으로, 평생교육사는 1·2·3급으로 구분된다. 1급 자격증을 취득하기 위해서는 평생교육사 2급 자격증을 취득한 후 평생교육 관련 업무 5년 이상 종사한 경력이 있는 자로서 국가평생교육진흥원이 운영하는 1급 승급과정을 이수한 사람이 취득할 수 있다. 2급은 네 가지 경로로 취득이 가능한데 첫째, 대학원에서 필수과목 15학점 이상 이수하고 석사 또는 박사학위를 취득한 경우, 둘째, 대학 또는 학점은행기관에서 평생교육 관련과목을 30학점 이수하고 학위를 취득한 경우, 셋째, 대학을 졸업한 자로서 대학 또는 학점은행기관에서 평생교육 관련과목을 30학점 이수한 경우, 마지막으로, 평생교육사 3급 자격증을 보유하고 평생교육 관련업무에 3년 이상 종사한 경력이 있는 자로서 국가평생교육진흥원이 운영하는 2급 승급과정을 이수한 경우에 가능하다. 이때 1급 승급과 달리 3급 자격취득 이전/이후 경력을 모두 인정받을 수 있다. 평생교육사 3급 자격증은 두 가지 경로로 취득할 수 있는데, 먼저, 대학 또는 학점은행기관에서 평생교육 관련과목을 21학점 이상 이수하고 학위를 취득한 경우, 다음으로 대학을 졸업한 자로서 대학 또는 학점은행기관에서 평생교육 관련과목을 21학점 이수한 경우 취득이 가능하다. 앞서 설명한바와 같이, 이수방법에 따라 승급과정과 양성과정으로 구분한다. 승급과정은 일정 자격요건을 갖춘 평생교육사 자격증 소지자가 상위 급수로 승급하기 위해 이수하는 연수과정(1급 승급과정, 2급승과정)이며, 양성과정은 대학, 학점은행기관 등 평생교육사 양성기관에서 운영하는 관련과목을 이수하여 일정 학점 이상 취득하는 과정(2급, 3급진입가능)을 말한다. 이를 도식화하면 아래 [그림 2.9]와 같다.

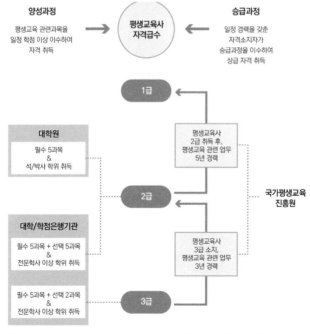

그림 2.9 **평생교육사 자격급수 이수과정**

※ 평생교육자 이수과정은 평생교육법 시행령 제18조에 따라 양성과정과 승급과정으로 구분됨.

나. 무슨 과목을 들어야 할까?

평생교육사는 1급, 2급, 3급으로 나뉘는데, 2021년 기준 1급이 44명(0.7%), 2급이 6,625명(98.4%), 3급이 65명(1.0%)으로 나타나 2급 취득자의 비중이 가장 많은 것을 알 수 있다. 이에 2급 자격증 취득을 기준으로 자격 취득을 위해 들어야 하는 과목을 설명하고자 한다. 2급 자격증을 취득하기 위해서는 대학이나 학점은행기관에서 필수 5과목, 선택 5과목으로 총 10과목을 들어야 한다. 필수과목으로는 평생교육론, 평생교육방법론, 평생교육경영론, 평생교육프로그램개발론, 평생교육실습(4주, 160시간 이상 현장실습 포함)이 있으며, 선택과목은 평생교육 실천영역의 8과목, 평생교육 방법영역의 13과목으로 총 21과목이 있다. 말 그대로 필수과목은 무조건 들어야 하는 과목이며, 선택과목은 21개 과목 중 5과목을 선택해서 들으면 된다. 선택과목은 실천영역과 방법영역으로 나뉘는데, 실천영역은 노인교육론, 문자해득교육론, 성인학습및상담, 시민교육론, 아동교육론, 여성교육론, 청소년교육론, 특수교육론이 있으며, 방법영역은 교수설계, 교육공학, 교육복지론, 교육사회학, 교육조사방법론, 기업교육론, 문화예술교육론, 상담심리학, 원격(이러닝,사이버)교육론, 인적자원개발론, 지역사회교육론, 직업·진로설계, 환경교육론이 있다. 평생교육사 2급은 선택과목 5과목, 3급은 2과목을 이수하여야 하며, 선택과목은 실천영역과 방법영역에서 각각 1과목 이상을 반드시 포함하여 이수하여야 한다. 정리하면 아래 <표 2.9>와 같다.

표 2.9 평생교육사 자격취득을 위한 필수 및 선택과목

과정	구분		과목명
양성	필수		평생교육론, 평생교육방법론, 평생교육경영론, 평생교육프로그램개발론
			평생교육실습(4주 이상)
	선택	실천	아동교육론, 청소년교육론, 여성교육론, 노인교육론, 시민교육론, 문자해득교육론, 특수교육론, 성인학습 및 상담(1과목 이상 선택)
		방법	교육사회학, 교육공학, 교육복지론, 지역사회교육론, 문화예술교육론, 인적자원개발론, 직업진로설계, 원격(이러닝, 사이버)교육론, 기업교육론, 환경교육론, 교수설계, 교육조사방법론, 상담심리학(1과목 이상 선택)

※ 비고

1. 양성과정의 과목명칭이 동일하지 아니하더라도 교과의 내용이 동일하다는 국가평생교육진흥원장의 승인을 받은 경우 동일과목으로 본다.
2. 필수과목은 평생교육실습을 포함하여 15학점 이수하여야 한다.
3. 과목당 학점은 3학점으로 하고, 성적은 각 과목을 100점 만점으로 하여 평균 80점 이상이어야 한다.
4. 평생교육실습 과목은 법 제19조부터 제21조까지에 해당하는 평생교육기관 또는 범 제39조제2항에 따라 문해교육 프로그램으로 지정받은 기관에서의 4주 이상(총 수업일수 20일 이상 총 수업시간 160시간 이상)의 현장실습을 포함한 수업과정으로 구성한다.

다. 평생교육 자격의 꽃, 평생교육 실습

평생교육실습은 평생교육 자격취득 과정에 있어 가장 중요한 과목이다. 물론, 필수과목이기 때문에 중요하기도 하지만, 평생교육 실습을 통해 평생교육사로서의 삶의 준비, 소질과 적성이 갖춰졌는지 실습생 스스로 평가하고 검증할 수 있기 때문이다. 평생교육 실습을 하기 위

해서는 대학 및 기관에서 수강하는 학습자인 경우 필수과목인 평생교육론, 평생교육방법론, 평생교육경영론, 평생교육프로그램개발론 4과목을, 대학원의 경우 필수과목 3과목을 반드시 이수하여야 한다. 간혹, 학생들 중에 필수과목 중 한 과목과 평생교육 실습을 동시에 들어도 되지 않냐는 질문을 하는데 그건 불가능하다. 실습 전 반드시 필수 4과목의 수강을 이수해야 한다. 다만, 선택과목은 실습 이후에 수강해도 무방하다.

평생교육 실습은 교육부의 지침(2015.03.01.)을 토대로 현재까지 운영되고 있으며, 평생교육법 시행규칙[별표 1] 평생교육 관련 과목(제5조제1항 관련)에 의거하여 실시되고 있다. 현장실습이란 평생교육 현장 적응력과 전문성을 지닌 인재 양성을 위해 양성기관과 평생교육기관이 공동으로 참여하여 정해진 기간 동안 평생교육 현장에서 실습교육을 실시하고 이를 통해 학점을 부여하는 제도를 말한다. 현장실습은 최소 4주간(최소 20일, 총 160시간) 이상 실시하여야 하며, 현장실습은 실습의 실효성을 고려하여 실습기관의 근로환경과 동일한 여건 하에서 실습하는 것을 전제로, 1일 8시간(9:00~18:00), 주 5회(월~금)의 통상근로시간 내 진행한다. 이때, 점심 및 저녁 등의 식사 시간은 총 160시간의 실습 시간에서 제외한다. 다만, 현장실습기관의 특성 및 실습생의 상황(직장인 등)을 고려하여 야간 및 주말시간을 이용한 현장실습도 가능하다.

먼저, 평생교육 실습을 하기 위해서는 실습생, 양성기관, 실습기관에 대한 이해가 우선되어야 한다. 실습생은 양성기관에서 평생교육실습 과목을 수강하며 평생교육기관에서 현장실습을 신청·수행하는 학생을 말하며, 실습기관은 평생교육을 주된 목적으로 하는 기관 및 시설로서, 자격요건[1]을 갖춘 실습지도자가 학생관리 및 실습지도 등을

---

1) 실습지도자 자격요건: 평생교육사 1급 자격증 소지자 / 평생교육사 2급 자격증을 보

실시해야 한다. 평생교육사 양성기관은 평생교육사 양성을 목적으로 평생교육법령에 따라 정하여진 교과목을 개설·운영하는 대학 또는 학점은행기관을 말한다. 현장실습기관(이하 "실습기관"이라 한다)이란 평생교육 현장에 대한 교육과 실습이 가능한 평생교육기관을 말한다. 아래 각 주체별 준비, 진행, 종료단계에서 수행해야 하는 업무는 [그림 2.10]을 참고하면 된다.

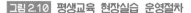

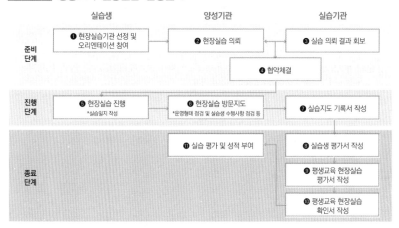

라. 실습기관 선정 방법

평생교육 실습은 평생교육기관이라고 다 가능한 것은 아니다. 평생교육기관을 지정받을 때는 평생교육사 채용이 필수이지만, 한번 지정받으면, 이후 평생교육사가 그만두더라도 채용의무에 대한 관리 감독이 진행되고 있지 않고 있다. 이에, 평생교육기관 내 평생교육사가 있

유하고 관련업무 2년 이상 종사한 자 / 평생교육사 3급 자격증을 보유하고 관련업무 3년 이상 종사한 자

어야 실습이 가능하기 때문에 해당 기관에 평생교육사가 근무하는지 반드시 확인해야 한다. 또한, COVID-19로 인하여 폐업한 기관도 있기 때문에, 현장실습을 나가려면 아래와 같은 절차에 의해서 실습기관을 선정해야 한다. 먼저, 내가 관심있는 대상, 혹은 주제, 기관의 형태 등을 잘 고민해야 한다. 예를 들어, A학습자가 여성에 관심이 있다면

그림2.11 평생교육 현장실습 가능기관 판단절차

우선적으로 기관 설립 법령 근거 확인을 통해 평생교육법 상에 근거한 기관인지 혹은 평생교육법 상이 아닌 다른 법령상에 근거한 기관인지 여부를 판단합니다.

현장실습 가능기관 여부 확인

· **평생교육법상 평생교육기관**
– 평생교육법에 근거하는 기관일 경우 실습이 가능할 수 있습니다.
– 평생교육시설 신고서 또는 지정서 등을 통해 기관 설립 법령 근거를 확인합니다.
· **다른 법령상 평생교육기관**
– 평생교육법이 아닌 다른 법령상에 근거하여 설치된 기관의 경우 평생교육 관련 사업을 수행하는지 여부 확인이 중요합니다.
– 기관 설립 법령 근거 및 기관설치 운영조례나 사업계획서, 기관 홈페이지 등을 통해 평생교육 관련 사업을 수행하고 있는지 여부를 판단합니다.

실습생 배치여건 확인

법령상 현장실습이 가능한 기관으로 판단되었더라도, 실습생이 배치될만한 여건을 가지고 있는지 여부를 확인합니다.
(평생교육 프로그램 운영여부, 실습지도자, 실습환경 등)

실습지도자 확인

실습기관은 실습생을 지도관리하는 실습지도자를 다음 중 하나에 해당하는 자로 선정하여 학생관리 및 실습지도 등을 실시해야 합니다.
– 평생교육사 1급 자격증 소지자
– 평생교육사 2급 자격증을 보유하고 관련업무 2년 이상 종사한 자
– 평생교육사 3급 자격증을 보유하고 관련업무 3년 이상 종사한 자
※ 관련업무 경력은 자격증 취득 이전 경력도 인정 가능합니다.

새일센터, 여성인력개발센터 등으로 가면 되는 것이고, B학습자는 공공기관에 가서 실습하고 싶다면, 평생학습전담기구나 행정기구로 실습을 선택하면 된다. 두 번째로는, 현장실습이 가능한 기관이라 하더라도 기관별로 평생교육 프로그램을 운영하는지, 실습지도자가 있는지, 실습환경이 적절한지 확인해야 한다. 실제로 실습생을 받기에 책상이나 공간적 측면에서 협소하여 실습생을 받지 못하는 기관도 존재한다. 마지막으로, 실습지도자의 자격요건을 확인해야 한다. 앞서 세 가지 절차는 실습생인 본인이 직접 전화 또는 방문을 통한 확인이 필요하다.

4. 157,235명의 평생교육사는 어디서 만날 수 있을까?

결론부터 말하자면, 평생교육기관에 가면 평생교육사를 만날 수 있다. 왜냐하면, 평생교육법 제24조제1항에 근거하여 평생교육기관은 평생교육사를 배치하여야 한다고 명문화되어 있기 때문이다. 법으로 규정한 이유는 전문가의 평생교육기관 배치가 평생교육 프로그램의 질 제고와 직결되기 때문이다. 2022년 자격증을 발급받은 사람은 총 6,734명, 누적 취득자 수는 157,235명으로 이들은 어디에 있는 것인가? 평생교육사는 평생교육법에 따른 공공 및 민간영역 평생교육기관에서 평생교육 관련 정책/사업 및 평생교육 프로그램 등을 기획·운영하고 있으며, 주민자치센터·도서관 등 다른 법령에 따라 평생교육을 주된 목적으로 설립된 기관에서도 지역주민의 평생학습참여를 위한 다양한 활동을 하고 있다.

표 2.10 평생교육사 종사분야

평생학습 전담기구	국가평생교육진흥원, 시·도 평생교육진흥원, 시·군·구 평생학습관, 읍·면·동 평생학습센터
평생학습 행정기구	광역자치단체, 시·도 교육청, 기초자치단체, 교육지원청
평생교육 시설	장애인평생교육시설, 원격대학형태, 시민사회단체부설, 유·초중등·대학부설, 사내대학형태, 언론기관부설, 학교형 태, 사업장 부설, 지식·인력개발 관련
기타 법령 시설	주민자치센터, 도서관/박물관, 직업훈련시설, 연수원, 청소년 관련시설, 미술관/과학관, 사회복지시설

조금 더 상세히 평생교육사의 배치대상과 배치기준을 살펴보고자 한다. 평생교육사는 국가평생교육진흥원, 17개 시·도 평생교육진흥원에 1급 평생교육사 1인을 포함한 5인 이상이 근무해야 하며, 장애인 평생교육시설은 급수와 관계없이 평생교육사 1인이 근무하면 된다. 시·군·구 평생학습관은 정규직원이 20명 이상인 경우 1급 또는 2급 평생교육사 1인을 포함한 2명 이상이 근무하여야 하며, 정규직원이 20명 미만은 1급 또는 2급 평생교육사 1인 이상 배치하여야 한다. 마지막으로 평생교육법 제30조(학교 부설), 제31조(학교형태), 제32조(사내대학형태), 제33조(원격대학형태), 제35조(사업장 부설), 제36조(시민사회단체 부설), 제37조(언론기관 부설), 제38조(지식·인력개발 관련)에 따른 평생교육시설(학력인정 평생교육시설 제외), 학점은행기관, 타 법령에 따라 평생교육을 주된 목적으로 하는 시설·법인 또는 단체인 경우 평생교육사 1인 이상이 근무하도록 되어 있다.

표 2.11 평생교육사 배치대상 및 배치기준

배치대상	배치기준
◦ 평생교육진흥원(국가, 시·도)	◦ 1급 평생교육사 1명 이상을 포함한 5명 이상
◦ 장애인 평생교육시설	◦ 평생교육사 1명 이상
◦ 시·군·구 평생학습관	◦ 정규직원 20명 이상 → 1급 또는 2급 평생교육사 1명을 포함한 2명 이상 ◦ 정규직원 20명 미만 → 1급 또는 2급 평생교육사 1명 이상
◦ 법 제30조-제38조의 평생교육시설(학력인정 평생교육시설 제외) ◦ 학점은행기관 ◦ 타 법령에 따라 평생교육을 주된 목적으로 하는 시설·법인 또는 단체	◦ 평생교육사 1명 이상

　그러나, 실제 배치현황을 살펴보면 평생교육기관당 평생교육사 자격증 소지자는 1.21명이며, 평생교육사 배치비율은 77.4%로, 평생교육사를 배치하지 않은 평생교육기관은 22.6%인 것을 알 수 있다. 즉, 평생교육사가 배치되지 않은 기관도 존재하는데, 이 기관은 평생교육기관으로서 자격이 미충족된 것이므로 바로 등록 취소가 취해져야 한다. 이를 위한 관리 감독 권한이 평생교육법 제26조에 명시되어 있음에도 불구하고, 감독과 처벌을 위한 구체적인 기준이 마련되어 있지 않다. 또한, 현재는 기관의 크기나 규모, 학습자 수 등과 관련없이 기관별 1인 이상 채용으로 되어 있으나 현영섭(2018)은 평생교육기관에 평생교육사 배치가 확대되어야 하고 이를 위한 법적 기준이 수정될 필요성을

기반으로 평생교육사 적정인력을 산출하였다. 평생교육사 적정인력은
학습자수 500명마다 평생교육사 1명 이상 배치가 선택되었다.

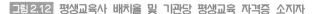

그림2.12 평생교육사 배치율 및 기관당 평생교육 자격증 소지자

주: 1) 평생교육사 배치 비율=평생교육사가 있는 기관 수÷전체 기관 수×100
    2) 기관당 평생교육사 자격증 소지자 수=평생교육사 자격증 소지자 수÷전체 기관 수

5. 제일 궁금한 연봉 이야기

평생교육사 자격증을 취득하면 취업이 가능할까? 연봉은 얼마일까? 아
마 누구나 가장 궁금해하는 부분일 것이다. 평생교육사의 연봉을 구글링
해보면 평균적으로 2,400만원~3,000만원이며, 경력직의 경우 3,000만원
이상의 연봉을 받기도 한다. 대기업에 비하면 절반 정도에 못미치는
수준이라고 할 수 있다. 평생교육의 연봉을 공공영역과 민간영역으로
구분하여 살펴보고자 한다.

먼저, 공공영역은 진흥원, 시군구 평생교육관, 읍면동 평생학습센터
등이 있다. 평생학습 전담기구인 국가평생교육진흥원과 17개 시·도
평생교육진흥원의 설립형태를 살펴볼 필요가 있다. 국가평생교육진흥
원은 평생교육법 제19조에 의거하여 평생교육진흥과 관련된 업무를
효율적으로 수행함으로써 국민의 평생교육활성화에 기여함을 목적으

로 설립된 기관으로 정규직의 경우 정년이 보장된다. 17개의 시도평생
교육진흥원 중 15개의 진흥원이 법인으로 설립되었는데, 이 중 독립형
은 7개(서울, 대구, 광주, 대전, 경기, 충남, 경남)이며, 융합형은 8개(부산,
인천, 울산, 세종, 전북, 전남, 경북, 제주)이며, 강원과 충북은 지정위탁으
로 운영되고 있다. 해당기관은 정규직과 계약직으로 구분할 수 있으
며, 정규직의 경우 정년(만 60세)까지 근무가 가능하다.

　시·군·구 평생교육관(예를 들어, 경주시 평생학습가족관), 읍·면·동
평생학습센터(예를 들어, 강남구평생학습), 광역자치단체, 시·도 교육청,
기초자치단체, 교육지원청과 같은 평생학습 행정기구(예를 들어, 서울특
별시 평생교육국)에 근무하는 대다수의 평생교육사는 임기제 공무원으
로 계약직 형태로 근무를 하고 있다. 5년 계약직이지만, 5년마다 재계
약을 하는 것이 아니라 1년 단위로 재계약을 하는 근무 형태이다. 수
당은 「지방공무원보수규정」 및 「지방공무원수당 등에 관한 규정」에 따
라 지급됨에 따라 근무기간 동안은 공무원과 동일한 보수 및 복지 등
의 처우를 받을 수 있다. 아래 <표 2.12>는 2022년 서울시 **구의
평생교육사 채용공고문을 참고하여 작성하였다. 연봉액은 하한액이
명시되어 있기 때문에 채용자의 자격, 능력, 경력 등을 산정하여 연봉
이 책정된다.

표 2.12 **구 시간선택임기제 공무원 채용내용

임용등급	연봉액	근무예정부서	근무기간	담당직무 내용
시간선택제 임기제 다급 (8급 또는 8급 상당 이상)	39,583 천원	교육지원과	2023.1.1.~ 2023.12.31. (1년, 주35시간)	- 평생학습관 연도별 계획 수립 - 평생학습관 운영협의회 - 평생학습관 모니터링,

		성과관리
		– 평생학습프로그램 기획 · 개발 · 운영
		– 강사 역량강화 분기 과정 운영 등
시간선택제 임기제 다급 (9급 또는 9급 상당 이상)	34,877 천원	– 평생학습관 확충 관련 업무 전반
		– 평생학습관 운영
		– 평생학습관 시설 유지 보수 관리
		– 평생학습관 예산 · 회계, 세입 · 세출관리
		– 평생교육프로그램 기획 · 개발 · 운영

※ 사업의 계속, 근무실적 등에 따라 5년 범위 내에서 연장 가능
※ 임기제공무원으로 신규임용되는 자의 연봉은 지방공무원 보수규정에 의거 임용 등급별
　하한액 책정을 원칙으로 하되, 채용예정자의 자격·능력·경력 등을 고려하여 결정

　그리고, 민간영역에 포함되는 평생교육시설과 기타법령에 의거한
기관은 시설별로 모두 상이하다. 사업장 부설은 우리가 흔히 알고 있
는 백화점 문화센터, 유통업계 문화센터(예를 들어, 홈플러스 문화센터, 이
마트 문화센터 등)는 대기업에 포함되기 때문에 대기업에 준하는 연봉을
받는 반면, 시민단체일 경우 그보다 더 낮은 처우를 받게 된다. 따라
서, 기관의 특성마다 모두 상이한 연봉수준이 책정되기 때문에 통상적
인 연봉을 제시하기는 어려운 실상이다. 독자가 관심있는 평생교육기
관의 유형별로 직접 검색을 통해 연봉을 알아보는 것이 더 정확한 정
보를 확인할 수 있을 것이다.

6. 미래사회 인재, 평생교육사

국가는 평생교육을 진흥하여야 한다(헌법 제31조제5항). 이는 국가 차원에서 평생교육에 대한 책임을 가지고 있다는 이야기이다. 우리는 지금 4차 산업혁명시대를 살고 있다. 기술혁신과 미래에 대한 불확실성의 증가로 지금 전 세계는 그 어느 때보다 계속 역량개발을 위한 평생학습의 중요성을 강조하고 있다. 이러한 측면에서 평생교육을 실제로 수행하고 전달하는 평생교육사의 역할은 절대적이다. 하지만, 2000년대 초반만 하더라도 "뭐? 평생교육? 학교교육도 아니고 그게 뭐지?"라고 묻는 사람들이 많았다. 지금은 과거에 비하여 많은 사람들이 평생교육에 대한 관심도 많고, 평생교육사 자격 취득자수도 증가하고 있다. 그러나, 평생교육사로 양성된 후 이들에 대한 전문성 관리 방안에 대한 책무성이 개인에게 국한되어 있어 평생교육사의 역할과 역량이 천차만별인 상황이다. 따라서, 국가 차원에서 평생교육사 1급, 2급, 3급에 대한 전문성 향상은 물론, 근무연차별, 혹은 근무기관별 필요역량을 체계적으로 함양할 수 있는 관리체제를 개발할 필요가 있다.

또한, 평생교육사의 안전한 고용을 보장하기 위해서는 평생교육기관별 평생교육사 배치를 의무화해야 하며, 지정된 이후 평생교육사가 퇴사를 한 후 재고용을 하지 않아도 평생교육기관에 대한 관리 감독 체계가 없다는 허점을 법적으로 명문화시킬 필요가 있다. 이와 더불어, 평생교육사 배치 기준 미준수, 평생교육사의 경력개발 및 전문역량 강화를 위한 자격 승급 및 연수제도의 미비(교육부, 국가평생교육진흥원, 2017), 평생교육사의 5년 단위 재계약에 따른 신분 불안정 및 업무 연속성 단절(동아일보, 2017) 등은 평생교육사의 직업적 전문성 및 경력개발에 걸림돌이 되고 있기 때문에 이런 부분에 대한 해결 역시 시급하다고 할 수 있다.

7. 기타

평생교육사 자격취득 관련상담은 1577－3867이며, 국가평생교육진흥원 홈페이지에 "평생교육사 자격관리"에 들어가면 보다 자세한 정보를 확인할 수 있다. 평생교육사 취업정보는 아래 사이트를 통해 추가적으로 알아볼 수 있다.

국가평생교육진흥원 평생교육사 자격관리 홈페이지 https://lledu.nile.or.kr/
(사) 한국평생교육사협회 https://kale.or.kr/

평생교육사업 성공사례_ 평생교육사(1)

김○○

평생교육사업(평생교육사) 면담자 소개

김○○(42세)는 홈플러스 문화센터 매니저로 근무하고 있는 평생교육사이다. 문화센터에 11년 동안 근무하면서 인사업무, 매장관리업무 등 다양한 업무를 하다가 지금은 문화센터 매니저로 일하고 있다.

1. 평생교육사업(평생교육사) 참여동기 및 배움/활동 내용

저는 홈플러스 근무 11년차예요. 처음부터 문화센터 업무를 담당한 것은 아니었어요. 처음에는 그냥 한 몇 개월 정도 일을 해보자 싶어서 취직을 했었는데, 오래 다니게 되었어요. 늦은 나이에 사회생활을 시작하다보니, 이 홈플러스에서 조금 크게 자리를 잡거나, 아니면 얼른 이직을 해서 다른 곳에서 빨리 자리를 잡거나 그런 생각을 했던 것 같아요. 그 부분에서는 욕구도 강했고, 늦은 나이에 사회생활을 시작했기 때문이라는 큰 동기도 가지고 있었죠. 그래서 업무를 하면서 어떤 부분을 준비해야 할까 하면서 고민하다가 '아, 자격증을 따야겠다. 전문성을 길러야지' 하는 생각이 들었어요. 그 과정에서 평생교육사 자격증이라는 것을 알게 되었죠. 일을 하면서 평생교육사 2급 자격증을 땄고, 그러던 찰나에 홈플러스 내 문화센터로 부서발령이 났고, 지금까지 계속 근무를 하고 있네요. 그리고 문화센터에서 근무를 하면서 더 욕심이 나더라고요. 더욱 전문적인 지식을 갖고싶고, 스스로 전문가가 되고 싶었어요. 그래서 평생교육사 1급 자격증도 신청하게 되었답니다.

평생교육사 자격증을 취득한 것은 제 개인적인 욕심과 동기도 있었지만 더 큰 계기는 저희 아버지였어요. 아버지가 퇴직을 하시고나서 많이 힘들어하셨어요. 너무 일만 하던 삶에 익숙해서 자신의 삶이 없었 던거죠. 그런 모습을 보면서 아버지같이 그 시점에 힘들어하는 분들 에게 조금이나마 작은 힘이 되거나 도움이 되는 일을 하면 좋겠다고 생각했어요. 그 과정에서 제가 사회생활하면서 가지게 된 욕구와 동 기가 시너지 효과를 일으킨 것 같아요.

어떻게 하면 나이가 많은 사람이나 퇴직 후에 갈 곳이 없다고 생각하 는 그런 분들이 편하게 오셔서 뭔가 배울 수 있고, 그 이후의 삶을 준 비하고 살아갈 수 있도록 도울 수 있을까? 그런 기관은 어디 없나? 등 다양한 생각을 가지고 인터넷 검색을 하게 되었어요. 그렇게 평생 교육사 자격증의 존재를 알게 되었죠. 그리고 이 자격증을 따면 제가 근무하는 홈플러스 문화센터가 평생교육기관인데, 여기서도 일할 수 있겠구나, 옳거니! 싶었죠. 그리고 그 당시에는 제가 일하는 곳에서 실습도 가능해서 더 수월하게 취득할 수 있었습니다.

2. 평생교육사업(평생교육사)을 통한 성장과 향후 계획

뚜렷한 계기가 있어서 시작해서 그런지 몰라도, 스스로 만족감이 아 주 큰 것 같아요. 이뤄냈다는 뿌듯함이라고 할까요? 내가 늦은 나이 에 사회생활을 시작했지만, 결코 늦지 않았구나. 나도 할 수 있는 일 이 있구나. 나도 배울 수 있고, 전문가가 될 수 있다는 것에서 많은 것 이 채워진 것 같아요. 스스로 성장하고 있다는 것에 자부심도 가질 수 있었고요. 그리고 이게 저는 직장하고 바로 연계가 되었던 것도 컸던 것 같아요. 직장 내부에서 할 수 있는 일의 범위가 더 넓어졌으니까 요. 일에 대한 자부심, 스스로 할 수 있다는 자신감이 전과 비교하면 더할 나위 없이 커졌죠. 그리고 제가 평생교육사 실습을 할 때, 그 때 에 아이를 출산한 지 얼마 되지 않았을 때라 많이 힘들었었어요. 일도 힘들고 육아도 힘들고요. 그래서 하지말까, 그만둘까 고민도 수도 없 이 했어요. 근데, 문득 저 스스로가 이 연수를 하고 있는 나를 바라보 는 순간이 있었어요. 그 때 아, 내가 생각보다 이 일을 많이 사랑하고 있구나. 앞으로 더 잘하고 싶은 마음에 이걸 시작했지. 나는 내가 알던 것보다 더 욕심이 있는 사람이구나. 하고 깨닫게 된 것 같아요. 나도 몰랐던 나의 발견이라고 해야할까요? 출산이라는 큰 이벤트? 사건이라고 하나요? 이게 스스로를 돌아보게 만들어준 것 같아요. 초심으로 돌아가게 만들어주기도 했고요.

미래 계획으로는, 저는 1급 평생교육사 자격증을 갖추고 있는데, 이게 제가 알기론 다른 곳에 취직할 때, 기관에 따라 가산점 등을 부여받는 긍정적인 영향을 미치는 것으로 알아요. 다만 제가 아이를 낳은 지 얼마 안되어서, 아이가 어느 정도 크고 나면, 좋은 기회가 그 때에도 주어진다면 이직 생각도 있습니다. 공공기관의 평생교육사는 제가 있는 문화센터같은 민간기관과 달리 '진짜' 평생교육사의 일을 하고 있다고 생각해요. 민간기관은 뭔가 돈을 내고 수업을 들으러 오는 느낌이 강한데, 공공기관에서는 복지의 차원이라고 생각해요. 근데 저는 그게 더 평생교육사라는 직업에 걸맞다고 생각하거든요. 배움이 필요한 사람이라면 비용이나 부가적인 것들은 생각하지 않고 와도 되는 곳. 제약이 없는 곳. 그래서 저는 이직을 한다면 공공기관으로 가고 싶어요. 그리고 나중에 제가 좀 더 여유가 된다면, 음 누군가에게 가르침을 줄 수 있는 사람이 되고 싶다는 생각을 막연하게 해봤어요. 그리고 저는 상담에 관심이 있어서 대학원 진학 등을 통해 스스로 전문성을 키워나가고 싶습니다.

3. 평생교육사업(평생교육사)에 대한 느낌과 바람

평생교육사로서 일을 하면서 뚜렷한 동기가 있어서 시작한 것도 있지만, 부가적인 것들을 통해서 얻는 것이 더 많다고 느끼고 있어요. 문화센터에 있으면 정말 많은 사람들을 만날 수 있어요. 강사님부터 시작해서 배우러 오시는 아주 다양한 사람들이 있죠. 건강한 사람들, 신체적인 건강도 있지만 정신적으로 건강한 사람도 있는데, 그 분들을 통해서 많은 것을 배울 수 있었어요. 그리고 자신의 삶을 풍요롭게 잘 꾸려나가는 사람도 있고, 이렇게 좋은 분들을 통해서 저도 좋은 기운도 많이 받아가고 느낄 수 있고... 이 일의 장점은 이렇게 좋은 사람들을 많이 만날 수 있다는 것 같아요. 이전에는 좁았다고 생각했던 제 인간관계도 훨씬 넓어졌고요.

아쉬웠던 것은 2급 자격증을 딸 때에는 몰랐는데 1급 자격증을 따기 위해 공부하면서 이 평생교육사라는 직업이 사회복지사랑 하는 일이 좀 겹치는 감이 있다는 것을 느꼈었어요. 평생교육사만의 전문성이 더 필요하지 않을까 하는 생각입니다. 그리고 평생교육사 배치 관련 부분에서 법으로 명시되어 있지 않은 것이 좀 아쉬워요. 법이나 제도, 이런 부분들이 개선된다면 저는 평생교육사만의 전문성이 더욱 부각될 수 있다고 생각했습니다.

평생교육사업 성공사례_ 평생교육사(2)

송○○

평생교육사업(평생교육사) 면담자 소개

송○○(44세)은 충남 천안의 나사렛대학교의 평생교육원에서 근무하고 있는 8년차 1급 평생교육사이다. 나사렛대학교 평생교육원에서는 '학점은행제' 사업과 '비학위과정' 사업을 운영하고 있는데, 여기서 송○○ 선생님은 학습자들의 뜨거운 열정과 새로운 도전으로 가는 길을 도우며 나사렛대학교 평생교육원에서 학점은행제를 중심으로 평생교육원 실무를 전체적으로 총괄하고 있다.

1. 평생교육사업(평생교육사) 참여동기 및 배움/활동 내용

저는 대학시절 미술을 전공하였는데요, 졸업 후 아동들을 대상으로 미술을 가르치는 강사로 일을 하다가 결혼, 임신, 출산, 육아로 서울에서 전업주부로 오랜 시간을 보내다보니 경력이 단절된거죠. 그런데 천안으로 이사를 오고나서 제게 큰 변화가 생겼습니다. 2014년 천안의 모 대학에서 설치되어 운영되고 있던 취업센터에서 취업상담사로 단절된 경력을 다시 이어가며 직업교육훈련을 담당하고 있었어요. 이때 성인구직자들을 대상으로 재취업을 위한 교육업무를 운영하는 것에 매력을 느꼈습니다. 거기에 머무르지 않고 좀 더 확장하여 평생학습분야에 관심을 갖게 되었습니다. 저는 제 높은 학습동기와 이 직업에의 매력에 이끌려 학점은행제를 통해 평생교육사 2급 자격증을 취득할 수 있었습니다. 그리고 이전에는 그저 결혼, 임신, 출산, 육아가 그저 내 경력을 단절시킨 것이라는 생각만으로 그쳤지만, 평생교육사로 활동하며 그 경험과 함께 제가 지금껏 겪어온 모든 일들이 평생교육사 업무수행에 큰 도움이 되었다는 걸 많이 느끼고 있습니다.

학교 행정과 평생교육사 업무에 능숙해져가며 여유를 찾고, 직업으로
부터 느낄 수 있는 만족감과 보람으로 하루하루를 보내고 있었어요.
그런데 자꾸만 제가 하는 일에 대한 의구심이 들었어요. 그저 실무에
만 초점을 맞추고, 개인의 관점으로 임하는 업무수행에만 그치는 것
에 대해 회의감을 느끼게 된 것이죠. 저는 더 배우고 싶고, 성장하고
싶고, 스스로 더 쓰임새있는 사람이 되고 싶었어요. 그래서 평생교육
분야의 이론과 실무를 모두 섭렵하며 전문가로 성장할 수 있는 방법
을 찾았고, 그게 바로 평생교육사 1급 승급이었어요. 2급에서 1급 올
라가는 것은 쉽다고 생각할 수 있는데, 이게 생각보다 어렵답니다. 5
년의 업무경력이 있어야 신청을 할 자격이 부여가 되고, 1년에 단 한
번 아주 적은 인원만 선발하는 연수도 성실히 임해야 해요. 저는 정말
열심히 임했고, 필요한 서류도 꼼꼼히 작성하였으며, 엄격한 심사를
거쳐 1급으로 승급할 수 있었답니다. 그 과정에서 제가 스스로 성장했
다는 성취감은 이루 말할 수가 없었어요.

평생교육사로 일하게 되면서 저는 아주 다양한 경험을 할 수 있었어
요. 그 과정에서 지역사회에서 대학의 역할과 책임에 대해 알 수 있었
어요. 그리고 우리 지역사회의 학습자 특성을 고려한 마케팅 활동을
통해 감소추세이던 평생교육원의 평생학습자 수를 다시 증가추세로
바꾸어 놓기도 했어요. 그리고 2017년부터 학점은행제 업무를 담당하
게 되었습니다. 기존에는 이 학위를 받는다는 게 그렇게 엄격한 법과
규정 아래에서 진행되는지 몰랐어요. 아는만큼 보인다고 하죠, 제가
아는 게 많아졌다는 것인지 보이는 것도 많아지더라고요. 제가 맡은
일이 아주 엄격하게 진행되어야 한다는 것을 알고 아주 어깨가 무거
워졌습니다. 책임감이 막중해진 것 같았어요. 제가 업무를 맡고 나서
학점은행제 학습자 수도 급증하였는데, 그 성취감은 지금도 잊을 수
없을 만큼 짜릿했답니다.

학점은행제에 오시는 많은 분들의 이야기를 들으면서, 아쉬운 점, 좋
은 점, 개선해야 할 점, 심지어 개선방안까지 가져오시는 분도 있었

어요. 저는 이분들의 성취를 위해 노력하는, 도움이 되는 역할을 할 수 있다는 것에 뿌듯함을 느낄 수 있었습니다. 그런 일을 할 수 있는 평생교육사라는 직업이 너무나 만족스럽습니다. 또한 저는 스스로도 학습의 끈을 놓지 않아서 일과 학습을 병행할 수 있는 학점은행제 제도를 통해 사회복지학 전공 학위를 포함하여 각종 자격을 취득하기도 했답니다.

2. 평생교육사업(평생교육사)을 통한 성장과 향후 계획

제가 생각하는 평생교육사로서의 큰 성장이자 성과는 늘 학습하는 사람들과 함께 할 수 있다는 것입니다. 그 과정에서 저는 스스로 끊임없이 배움의 길을 걸어가는 사람이 되었어요. 요즘 사회가 급변한다 하는데 정말로 그 속도가 너무 빠르잖아요. 사실 다른 일을 하다보면 조금 뒤처질 수 있어요. 근데 제 주변에는 다양한 분야의 전문가들이 가득한거죠. 이게 저는 제 자산이라고 생각해요. 이 직업을 통해서 제가 가진 인적 네트워크가 두 배, 세 배, 아니 곱절이라고 표현해야 적절할까요? 엄청나게 커진거죠. 제 주변의 다양한 사람들을 통해 제가 가진 세상에의 좁은 시야를 아주 넓게 만들 수 있었어요. 실무자로서만 보던 것을 기획자로 볼 수 있게 되었고, 학습자로서도 볼 수 있게 되었죠.

지금도 그렇지만 저는 앞으로도 제가 속한 지역사회에서 저는 무슨 일을 할 수 있을지 끊임없이 고민하고 도전하는 사람이 되고 싶어요. 그리고 제가 2022년 8월부터 2년간 천안시평생교육실무자협의회위원으로 위촉되어 활동하고 있어요. 저는 제가 아주 뜨거운 열정을 가지고 있는 사람이라고 생각했는데, 여기 모인 분들의 열정이 아주 엄청나답니다. 서로 공감하고 위로하기도 하며, 격려와 함께 앞으로 나아갈 방향을 모색하는데 정말 진심이예요. 그래서 저는 지역사회에서 대학 평생교육원의 역할을 더욱 확장시키고, 양질의 평생학습을 더욱 더 많은 사람들이 누릴 수 있도록 도움을 주는 역할을 하고 싶습니다.

3. 평생교육사업(평생교육사)에 대한 느낌과 바람

저는 생각보다 우리나라의 평생교육사 제도가 상당히 체계적이라는 느낌을 받았습니다. 독일, 프랑스, 일본 등 선진국이라고 일컫는 나라들과 비교해보아도 우리는 평생교육사 자격증을 취득하기 위한 필수 이수과목이 있고, 기본 학력이 요구되는 등의 기준이 법으로 명시되어 있어요. 이를 통해 양질의 인재를 발굴할 수 있죠. 그리고 다른 나라와의 차별점 또 하나는, 자격 등급 승급에 까다롭고 어려운 요구조건이 있다는 것입니다. 5년 이상의 실무경력, 어려운 100시간의 연수과정, 그리고 포트폴리오까지 굉장히 엄격하죠. 그저 암기하여 시험을 통해 선발하는 것이 아닌 실무경험이 있어야 하며, 연수를 운영하여 재교육을 통해 성장 및 발전시켜 진정한 전문가를 양성하는 이 제도는 전 세계에서도 우수 사례로 인정받고 있다고 합니다. 저는 이 점이 아주 자랑스럽습니다. 제가 가진 직업이 이렇게 떳떳할 수 있을까요? 그 만족감과 뿌듯함, 성취감, 그리고 자존감, 자신감... 제가 다 말로 설명해내기가 어렵네요.

아쉬운 것은 아주 엄격하고 철저한 과정을 거쳐 고급인력을 배출하지만 그에 걸맞는 양질의 일자리가 적다는 것입니다. 평생학습시대에 수요자는 계속 늘어나는 데에 비해 그 공급자는 턱없이 부족하다는 말이 지속적으로 나오고 있어요. 이런 부분에서 평생교육사 배치 기준 개선이 필요하다고 생각합니다.

대상에 따른
평생교육 사업
우수·성공 사례

평생학습: 내 삶의 행복레시피

I

평생교육바우처

서영아(국가평생교육진흥원)

평생교육바우처 지원

1. 평생교육 참여와 평생교육바우처의 등장

우리나라 성인의 평생교육 참여율은 얼마나 될까? 2021년 교육부와 한국교육개발원에서 조사한 「한국 성인의 평생학습실태」 결과에 따르면, 우리나라 성인의 10명 중 3명이 평생교육에 참여하고 있는 것으로 나타났다. 평생교육 참여율은 2009년 28% 수준에서 2018년에는 41.2%까지 증가하면서 평생교육에 참여율은 날로 증가하는 추세였으나, 코로나19 영향으로 2021년 평생학습 참여율은 30.7% 수준으로 감소하였다. 코로나19 영향에도 평생교육참여자는 성인기 역량개발 및 자아실현 측면에서 평생학습의 중요성을 인지하고 지속적으로 참여하고 있는 것으로 나타났다.

「한국 성인의 평생학습실태」 조사 결과를 자세히 살펴보면, 평생교육 참여에 있어서 평생교육 참여에 소외된 대상자를 찾을 수 있다. 소득에 따른 평생교육 참여율을 살펴보면, 월 소득 150만원 미만 성인은 17.6%, 월 소득 500만원 이상의 성인은 34.7%로 나타났다. 국민의 중위소득 50% 이하 구간에 해당하는 취약계층의 평생학습 참여율은 16.9%, 비취약계층의 평생학습 참여율은 31.4%로 나타났다. 소득이 낮을수록, 취약계층일수록 평생학습 참여율이 낮게 나타난 것이다. 결국, 경제적 격차가 성인 역량개발과 자아실현에도 양극화를 일으키고 있는 것이다.

4차 산업혁명으로 인한 급속한 사회변화와 평균수명 연장에 따른 100세 시대로의 전환은 우리에게 평생학습 참여의 필요성을 증대시키고 있다. 평생학습의 중요성을 먼저 인식한 선진국은 재정규모 확대와 투자방식 개선을 통해 국가의 평생학습 활성화에 관심을 기울이고 있다. 영국은 2000년부터 중앙정부 차원에서 학습계좌를 개설할 경우 21만 원(150파운드)을 지원하고, 프랑스는 만 16세 이상 근로자에게 연 106만 원(800유로)의 학습 참여비를 지원한다. 싱가포르는 'Skills future' 프로그램을 도입하고, 25세 이상 전 국민에게 평생교육 프로그램을 지원한다. 이러한 선진국의 정책은 우리나라 평생교육바우처 사업 구상과 출범에 큰 영향을 주었다(국가평생교육진흥원, 2021).

표 3.1 2021년 평생학습 참여율

구분		평생학습참여율
월가구 소득	150만원 미만	17.6%
	500만원 이상	34.7%
취약계층	취약	16.9%
	비취약	31.4%

출처: 교육부·한국교육개발원(2021). 한국 성인의 평생학습실태.

평생교육바우처 지원사업은 경제적 이유로 인한 평생교육참여 격차가 개인의 능력개발 격차로 이어지는 것을 예방하고자 시작된 정책이다. 바우처는 '개개인에게 제한된 상품과 서비스 안에서 선택하고 구매하게 하는 제한된 보조금'(정광호, 2007)을 말한다. 평생교육바우처는 저소득층 성인이 개인의 교육수준, 학습 여건 등을 고려하여 원하는 평생학습을 자율적으로 결정하고 평생교육에 참여할 수 있도록 정부가 지원하는 교육비이다. 그동안 정부의 교육복지 사업은 초중학 무상교육, 국가장학금 등 학령기 교육 지원 중심으로 운영되어 왔다. 평생교육바우처는 평생교육단계에서 지자체 또는 기관에게 지원하는 교부금 지원이 아닌, 개인에게 지원하는 평생교육 교육복지 지원 정책으로 첫 시작에 의의가 있다.

2. 평생교육바우처 지원 정책

가. 평생교육바우처 지원

평생교육바우처 지원 대상은 19세 이상 성인 중 기초생활수급자, 차상위계층, 기준 중위소득 65%(1인 가구의 경우 120%) 이하의 가구원이 해당된다. 해당 대상자 모두에게 지급하는 바우처는 아니다. 매년 사업 공고를 통해 이용자를 선정한다. 평생교육바우처로 지원하는 평생학습비는 총 35만원이다. 평생교육바우처를 신청하여 대상자로 선정되면, NH농협은행에서 '평생교육 희망카드'를 발급받을 수 있으며 전자바우처 형태로 바우처가 충전된다. 평생교육바우처는 평생교육바우처 사용기관으로 등록된 기관의 수강료와 교재비로 사용이 가능하다.

표 3.2 **평생교육바우처 신청대상자**

기초생활수급자	기초생계급여수급자
	기초의료급여수급자
	기초주거급여수급자
	기초교육급여수급자
차상위계층	차상위장애인연금 대상자
	차상위장애수당 대상자
	차상위자활근로자확인서 발급대상자
	차상위본인부담경감대상자
	차상위계층확인서발급대상자
	한부모가족지원법 지원 대상자
기타	기준 중위소득 65% 이하인 가구원

※ 평생교육바우처 사용기간 내에 한국장학재단 국가장학금을 지급받을 경우 평생교육바우
처 신청 불가
출처: 평생교육바우처 홈페이지(www.lllcard.kr)

그림 3.1 **평생교육희망카드**

평생교육바우처 지원은 교육부, 국가평생교육진흥원, 평생교육바우
처 사용기관을 중심으로 이루어진다. 교육부는 평생교육바우처 지원
사업과 관련하여 기본계획을 수립하고, 운영기관의 사업 수행에 대한
관리·감독 역할을 수행한다. 국가평생교육진흥원은 평생교육바우처
이용자를 선정하고, 평생교육바우처 세부 운영계획과 평생교육바우처

시스템 운영 등을 담당한다. 바우처 사용기관은 평생교육바우처로 이용할 수 있는 강좌 정보를 제공하고, 바우처 이용 결과에 대한 학습결과 보고를 담당한다. 이외에 금융사는 평생교육바우처 사업 협력기관으로 평생교육바우처 이용에 대한 카드 발급, 시스템 내 전자바우처 가맹점 사용관리, 카드사용 관리에 대한 지원을 실시한다.

그림 3.2 평생교육바우처 추진체계

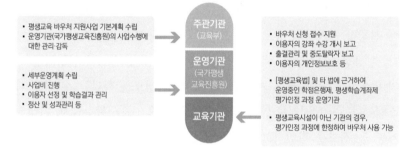

출처: 윤창국(2021). 평생교육이용권(바우처) 지원사업의 효과적인 전달체제 구축 방안을 위하여[주제발표]. 국가평생교육진흥원 제20차 국가평생교육정책포럼.

평생교육바우처의 지원근거는 평생교육법에 있다. 평생교육법 상 '평생교육바우처'는 '평생교육이용권'으로 명시되어 있으며, 바우처 지원은 평생교육법 제16조, 제16조의 2, 제16조의 3에 근거한다. 평생교육법 제16조의 2(평생교육이용권의 발급 등), 제16조의 3(평생교육이용권의 사용 등)의 법조항은 2021년 6월에 신설되었다. 제16조의 2에 의거하면, 평생교육바우처는 국가뿐만 아니라 지자체에서도 발급이 가능할 수 있게 발급 주체를 확대하였다. 2021년 신설된 법조항에 근거하여, 기초지차제가 발급하는 평생교육바우처 시범사업이 추진되었다.

평생교육법 제16조의2(평생교육이용권의 발급 등) ① <u>국가 및 지방자치단</u>
<u>체</u>는 모든 국민에게 평생교육의 기회를 제공할 수 있도록 신청을 받아 평
생교육이용권을 발급할 수 있다.

평생교육바우처 이용절차는 [그림 3.3]과 같다. ① 교육부는 매년
초, 평생교육바우처 이용대상자 선정을 위한 공고를 실시한다. 평생교
육바우처의 신청자는 평생교육바우처시스템(www.lllcard.kr)에 평생교
육이용을 신청한다. ② 국가평생교육진흥원은 평생교육바우처시스템
에 신청한 신청자의 정보를 행정정보공동이용시스템에 조회를 요청한
다. 행정정보시스템은 정부 전산망으로 개개인이, 별도의 신청서를 내
지 않아도 기초생활수급자, 차상위 계층 등 정보를 확인할 수 있는 시
스템이다. ③ 행정정보공동이용시스템을 통해 기초생활수급자, 차상위
계층 등 정보를 확인하고, 우선선발 원칙에 의거 추첨을 실시한다. 이
용자는 기초생활수급자와 차상위계층을 우선 선발하고, 교육의지가
높은 대상자에게 지원될 수 있도록 평생학습 학습계획, 전년도 실적
등을 반영한다. ④ 평생교육바우처 이용자로 선정되면, 이용자는 은행
에서 '평생교육희망카드'를 발급받는다. '평생교육희망카드'는 35만원
이 전자바우처로 충전된다. ⑤ 바우처 이용자는 국가평생교육진흥원
평생교육바우처 시스템에 등록된 '평생교육바우처 사용기관'에서 수강
료와 교재비로 바우처 이용이 가능하다. ⑥ 국가평생교육진흥원은 '평
생교육희망카드'로 결제가 이루어진 교육강좌에 대한 교육 현황을 모
니터링 하고, ⑦ 교육기관은 이용자가 이용한 교육 현황을 시스템에
등록하여 바우처 사용결과를 등록한다.

그림 3.3 평생교육바우처 선정-지원 흐름

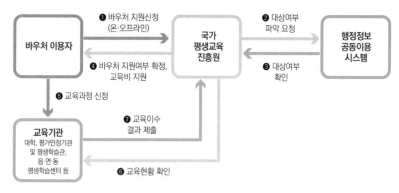

출처: 교육부(2023). 2023년 평생교육바우처 지원사업 기본계획

나. 평생교육바우처 이용 현황

평생교육바우처 지원은 2018년부터 시행되었다. 2018년과 2019년에는 시범사업으로 추진하여 약 5천 여명 내외를 지원하였다. 2020년부터 본격 사업을 추진하여 1만 여명을 지원하여, 2023년에는 5만 7천여 명의 규모를 지원하였다. 지원 규모는 매년 증가하여 2020년 사업에 비해 약 6배가 증가하였다. 평생교육바우처 이용을 신청하는 규모 역시, 2020년 13,575명에서 2022년 72,216명으로 증가하였으며, 사업에 대한 참여가 계속적으로 증가하면서 신청자의 47.5%가 이용자로 선정되었다.

표 3.3 2018년~2023년 평생교육바우처 지원현황

연도	2018년*	2019년	2020년	2021년	2022년	2023년**
지원규모	4,496명	6,401명	10,374명	19,531명	34,365명	57,000명

* 일부 데이터 결측값 제외함.
** 2023년은 지원예정 인원
출처: 교육부·국가평생교육진흥원(2023). 2022년 평생교육백서
　　　교육부(2023). 2023년 평생교육바우처 지원사업 기본계획

2019년 시범사업 당시, 평생교육바우처 선정자를 대상으로 평생교육바우처 이용에 대한 조사를 실시한 결과, 평생교육바우처 지원 이전에 평생교육 강좌 수강 경험이 있는 대상자가 30.7%로 나타났다. 평생교육바우처로 처음으로 평생교육 프로그램을 경험하는 이용자가 다수인 것이다. 이전에 평생교육 강좌에 참여하지 못한 이유는 '비용이 부담되어서/경제적인 부담 때문에'가 36.3%, '교육 프로그램에 대한 정보가 부족해서'가 29.2%로 나타났다(변종임 외, 2020). 평생교육바우처 이용자가 이용하는 강좌 현황을 살펴보면, 학력보완교육이 31.5%, 직업능력교육이 24.8%, 문화예술교육이 22.4% 순으로 참여하고 있으며, 이용자 1인당 2.5개의 강좌를 수강한다.

표 3.4 2022년 평생교육바우처 강좌 유형별 수강 현황

(2023. 2. 기준)/단위: 개, %

구분	기초 문해 교육	문화 예술 교육	시민 참여 교육	인문 교양 교육	직업 능력 교육	학력 보완 교육	기타	계
강좌 수 (비율)	953 (1.1)	19,436 (22.4)	1,737 (2.0)	9,665 (11.1)	21,566 (24.8)	27,399 (31.5)	6,095 (7.0)	86,851 (100)

출처: 교육부 · 국가평생교육진흥원(2023). 2022년 평생교육백서

다. 평생교육바우처 사용기관

평생교육바우처를 이용할 수 있는 '평생교육바우처 사용기관'은 평생교육바우처 시스템에 등록된 기관에서만 사용이 가능하다. 평생교육바우처 사용기관 등록은 「평생교육법」 제2조 제1호에 따라 평생교육 프로그램을 운영하는 기관 및 제2조 제2호에 따른 평생교육기관이 등록 가능하다. 평생교육바우처 사용기관으로 등록하고자 하는 기관

은 평생교육바우처시스템에 평생교육기관 법령에 의거한 기관 서류와
평생교육바우처 사용이 가능한 카드 가맹점 절차를 완료하여 신청할
수 있다.

표 3.5 평생교육바우처 사용기관 등록 유형

> **평생교육(「평생교육법」 제2조 제1호)**
>
> - 학교의 정규교육과정을 제외한 학력보완교육, 성인 문자해득교육, 직업능
>   력 향상교육, 인문교양교육, 문화예술교육, 시민참여교육 등을 포함하는
>   모든 형태의 조직적인 교육활동
>
> **평생교육기관(「평생교육법」 제2조 제2호)**
>
> - 「평생교육법」에 따른 평생교육기관(지자체 평생학습관 등 포함)
> - 「학원의 설립·운영 및 과외교습에 관한 법률」상 평생직업교육학원
> - 타 법령에 따라 평생교육을 주된 목적으로 하는 시설·법인 또는 단체
>   ※ '타 법령에 따라 평생교육을 주된 목적으로 하는 시설·법인 또는 단
>   　체'의 경우 기관 설립(인가·등록) 근거 법령 등의 기관 정의 또는 목
>   　적에 평생교육이 명시되어야 함.

출처: 국가평생교육진흥원(2021). 평생교육바우처 사용기관 등록 안내서

　평생교육바우처 사용기관은 크게 다섯 가지의 역할을 수행한다. 첫
째, 평생교육바우처 이용자에게 우수한 평생교육 프로그램 참여 기회
를 제공하여야 한다. 그리고 평생교육 학습자의 학습참여를 독려하여
프로그램 참여 목적을 달성할 수 있도록 지속적으로 관리하고 지원하
는 역할을 한다. 둘째, 평생교육바우처 사용기관은 바우처 이용자의
학습권을 보장하기 위해 기관과 교육 프로그램에 대한 정보를 정확하
게 제공해야 한다. 평생교육바우처시스템(www.lllcard.kr)에 정기적으로

기관, 교육 프로그램 종류와 내용, 수강료, 강좌 운영기간 등 정보를 최신화하여야 한다. 평생교육바우처 사용기관이 제공한 정보는 평생교육바우처 홈페이지를 통해 이용자에게 제공된다. 셋째, 평생교육이용자의 평생교육바우처 수강 프로그램 정보와 이수 정보를 보고하여야 한다. 넷째, 이용자의 바우처 카드 양도 및 대여 등을 통한 부정사용을 방지하고, 부정사용 규정을 준수하여야 한다. 다섯째, 평생교육바우처 이용자에 대한 개인정보는 관련 법령에 의해 취급하고, 개인정보 보호에 최선을 다해야 한다.

그림 3.4 평생교육바우처 사용기관 정보 검색

출처: 교육부(2023). 평생교육바우처 사용기관 등록 안내서

평생교육바우처 이용자의 평생교육 프로그램 이용을 활성화하기 위해서는 사용기관을 확대해 나아가는 것은 중요한 과제이다. 2018년 첫해 바우처를 이용할 수 있는 사용기관은 610개로 시작하였다. 이후, 사용기관 확대를 위한 정책 설명회, 이용자의 사용기관 추천, 사용기관 등록 이벤트 등 다양한 노력을 통해 2022년 기준 평생교육바우처 사용기관은 2,554개로 318.7%가 증가하였다.

표 3.6 평생교육바우처 사용기관

(2022. 12. 31. 기준/단위: 개, %)

	서울	부산	대구	인천	광주	대전	울산	세종	경기	강원	충북	충남	전북	전남	경북	경남	제주	계
기관수	611	189	170	119	123	75	48	22	526	78	51	79	108	58	96	172	29	2554
비율	23.9	7.4	6.7	4.7	4.8	2.9	1.8	0.9	20.6	3.1	2.0	3.1	4.2	2.3	3.8	6.7	1.1	100

출처: 교육부·국가평생교육진흥원(2023). 2022년 평생교육백서

라. 지자체 평생교육바우처 추진

평생교육법 개정(2021.6)으로 평생교육법 제16조의 2에 의거 평생교육바우처의 발급 권한이 '국가'뿐만 아니라 '지자체'까지 확대되었다. 보편적 평생학습 기회 제공을 위해 지자체는 다양한 평생교육바우처를 발급할 수 있게 된 것이다.

경기도 화성시는 화성시민에게 균등한 교육기회를 제공하고 보편적 학습권을 보장하기 위해 '온국민평생학습장학금'으로 사업을 마련하였다. 화성시에 1년 이상 거주한 19세 이상 화성시민 중 평생학습강좌 수강을 원하는 시민에게 연 최대 30만원을 지원하였다. 지원금은 재료비와 교재비로 사용이 가능하다. 바우처 이용절차는 이용대상자로 선정된 화성시민이 정해진 교육가맹점에 강좌수강을 위한 카드 결제 또

는 계좌이체를 진행하고, 결제 영수증을 지자체에 청구하여 지급받는 형태로 운영된다. 평생교육바우처 사용기관은 총 114개 기관이며, 화성시 평생학습기관, 평생직업교육학원, 대학 평생교육기관 등이 있다.

영등포구 평생교육바우처는 19세 이상 영등포구민 누구나 신청이 가능하다. 신청자가 지원 규모보다 많을 경우에는 국민기초생활수급자, 차상위계층, 한부모가족에게 우선적으로 지원한다. 연 지원금액은 20만 원으로, 평생교육강좌의 수강료, 교재비, 재료비로 사용이 가능하다. 영등포 평생교육바우처는 지역상품권 앱을 활용하여 발급한다. 바우처 사용기관은 영등포 평생교육바우처 사업에 등록한 평생교육프로그램에 한하여 결제가 가능하며, 총 1,510개의 프로그램이 등록되어 있다.

제주형 평생교육바우처는 도내 거주하는 기초생활수급자, 차상위계층, 한부모 가정에서 신청이 가능하다. 신청자가 많을 경우, 수급자 중 청년층을 우선 지원한다. 1인당 35만원을 지원하며, 평생교육 강좌의 수강료와 교재비로 사용이 가능하다. 평생교육바우처는 제주평생교육카드 발급을 통해 사용 가능하다. 사용기관은 국가 평생교육바우처 사용기관 정보와 연계하여 제주도 내 38개 기관, 온라인 272개 기관에서 사용이 가능하다.

표 3.7 지자체 평생교육바우처

지역바우처	화성시 온국민평생학습장학금	영등포구 평생교육바우처	제주형 평생교육바우처 지원
시행연도	2021년	2021년	2023년
지원대상	화성시에 1년 이상 거주한 19세 이상 화성 시민	19세 이상 영등포구민 누구나 ※ 국민기초생활수급자, 차상위	도내 거주하는 기초생활수급자, 차상위계층, 한부모 가정

		계층, 한부모 가족 우선 지원	※ 수급자 중 청년층 (19세부터 39세) 우선 발급
지원규모	2,160명	3,500명	2,500명
지원금액	연 30만원	연 20만원	연 35만원
지원방법	개인 결제 또는 계좌입금 증빙으로 장학금 청구	지역상품권 앱을 활용한 영등포구 평생교육바우처 체크카드 이용	제주평생교육바우처 카드 발급 사용

출처: 화성시 온국민평생장학금 홈페이지(https://lls-hstree.org)
　　　영등포구 홈페이지(https://www.ydp.go.kr/reserve/contents.do?key=5425&)
　　　제주평생교육장학진흥원 홈페이지(https://www.jiles.or.kr)

3. 평생교육바우처의 성과와 과제

　평생교육바우처의 정책성과는 양적·질적 성과로 나누어 살펴볼 수 있다. 먼저, 평생교육바우처는 2018년 출범 이후 이용자 규모와 사용기관에 있어서 지속적으로 확대하여 왔다. 평생교육바우처의 규모는 2018년 4,496명을 시작으로, 2023년에는 54,000명까지 확대되었다. 평생교육바우처를 사용할 수 있는 사용기관 역시, 2018년 699개를 시작으로 2020년 1,434개, 2022년 2,554개에 이른다. 평생교육바우처 사용기관의 증가로, 평생교육이용자의 편의성을 확보할 수 있게 되었고 바우처로 이용하는 강좌는 2022년 기준 4만 8천 강좌로 이용이 확대되었다.

표 3.8 평생교육바우처 이용강좌 현황

구분	기초 문해 교육	문화 예술 교육	시민 참여 교육	인문 교양 교육	직업 능력 교육	학력 보완 교육	기타	소계
2021년	223	3,680	300	1,574	3,788	9,642	2,050	21,257
2022년	350	8,196	704	4,042	9,147	19,231	7,300	48,970

출처: 교육부(2023). 2023년 평생교육바우처 기본계획

　다음으로, 평생교육바우처 이용이 저소득층 성인의 삶에 유의미한 변화를 만들어 내고 있다는 점이다. 2019년 평생교육바우처 이용자 대상 평생교육 인식 변화 조사를 살펴보면, 평생교육바우처 이용이 지속적으로 평생학습에 참여하고 싶은 의향을 높이는 것으로 나타났다. 뿐만 아니라, 평생교육바우처 사용이 저소득층에게 태도 변화나 관용, 사회참여에 도움이 되며, 육체적, 정신적 건강 정도를 포함한 삶의 질을 향상시키는 것으로 나타났다(변종임 외, 2019). 2022년 평생교육바우처 이용자 대상 설문조사에서는 평생교육바우처 이용자가 평생교육 이용 경험이 행복감과 사회적 자본 수준을 증가시키는 것으로 나타났다. 특히, 평생교육바우처를 여러 번 이용한 이용자일수록 학습에 대한 가치 인식 및 지속적 학습 참여 의지가 높아져 평생교육바우처 이용이 개인의 삶의 변화와 인식 개선의 계기를 마련한다는 것을 확인할 수 있었다.

표 3.9 2022 평생교육바우처 이용자대상 설문조사 분석 결과

- "평생교육바우처를 이용한 학습이 나의 성장에 도움이 되었다."
  - 바우처 연속참여자(4.70점)가 일회참여자(4.63점)보다 약 0.07점 높음
- "학습을 할 수 있다는 자신감이 생겼다"
  - 바우처 연속참여자(4.64점)가 일회참여자(4.58점)보다 약 0.06점 높음

- ■ "앞으로도 평생교육에 지속적으로 참여하고자 한다"
  - 바우처 연속참여자(4.85점)가 일회참여자(4.80점)보다 약 0.05점 높음

※ 바우처 연속참여자는 2021년 2022년에 연속 참여한 이용자를 의미하며, 일회참여자는
  2022년에 최초 선정된 바우처 이용자를 의미함
출처: 교육부(2023). 2023년 평생교육바우처 기본계획

평생교육바우처 지원정책 발전을 위해서는 다음의 과제를 살펴볼
필요가 있다. 첫째, 평생교육바우처의 지원 확대이다. 평생교육바우처
지원 인원이 계속 증가하고 있음에도 불구하고, 현재 지원 규모는 기
초생활수급자 약 213만명(2020년 기준)에 비교하였을 때 여전히 부족하
다. 이에 향후 지속적으로 평생교육바우처 지원 규모를 확대하고, 온
국민의 보편적 평생학습 기회 마련을 위해서는 지속적으로 예산 확대
가 요구된다. 둘째, 평생교육바우처 이용관리에 관한 투명성 확보에
관한 것이다. 이용자와 사용기관이 확대되고, 지자체의 평생교육바우
처 발급이 다양화 될수록 사용기관 및 바우처 이용과정에 대한 모니터
링을 강화해야 한다. 평생교육바우처 이용관리의 강화는 평생교육바
우처 이용자의 안정적 학습보장과 직결되는 문제이기 때문이다. 평생
교육바우처 지원금의 흐름을 평생교육바우처 시스템 기반으로 관리하
여 중복 수혜를 방지하고, 바우처 사용의 투명성을 확보하는 것이 필
요하다. 셋째, 평생교육바우처 효율적 운영을 위한 거버넌스 구축에
관한 것이다. 평생교육바우처 발급권한이 지자체까지 확대되면서, 지
역차원의 평생교육바우처는 계속 확대될 것이다. 이에 효율적 사업 운
영을 위해서는 평생교육바우처 추진체제의 협력이 요구된다. 평생교
육바우처 지원, 사용기관의 모니터링, 바우처 이용의 체계적인 데이터
관리 등 평생교육바우처 사업 추진을 위한 국가-광역-시·군·구 지
자체의 역할을 분담하고 협업 환경을 조성할 필요가 있다.

평생교육사업 성공사례_ 평생교육바우처(1)

김○○

평생교육사업(평생교육바우처) 면담자 소개

김○○(66세)는 평생교육바우처 교육비 지원을 받아 배운 것을 바탕으로 창업하여 최근까지는 디저트 공방을 운영하였다. 그리고 노인복지관이나 주민자치센터 등에서 디저트 만드는 법 수업도 하고, 지금은 장애인 활동 지원사라고 노인분들 요양보호사 파견하듯 장애인들에게 도우미를 파견하는 사업에 참여하고 있다. 또한 최근 장애인 활동 지원사 양성 수업의 한 강좌를 맡아 강의를 진행하고 있다.

1. 평생교육사업(평생교육바우처) 참여동기 및 배움/활동 내용

제가 아이가 둘 있어요. 두 아이를 모두 결혼을 시키고 큰 부담이 덜어져서 후련하기도 했는데, 한편으로는 이제 애써야 할 대상이 사라졌다는 게 굉장히 공허하더라고요. 그런 와중에 어떤 팸플릿을 하나 보고 평생교육바우처라는 평생교육사업이 있다는 것을 알게 되었어요. 서류를 넣고 대상자가 된다는 걸 알고 수강생이 되었어요. 평소 요리, 디저트 이런 것에 관심이 있어서, 그쪽으로 제가 배움을 시작했어요. 관심만 있지 어떻게 디저트를 만드는지 이런거는 잘 몰라서 평생교육바우처 카드를 사용해서 디저트 만드는 방법을 배우기 시작한 거죠. 그렇게 한 3~4개월 했나요? 이제 제가 배운걸 써먹어보고 싶다는 생각이 들더라고요. 그래서 창업을 하게 되었어요. 도청에서 평생교육바우처로 교육비를 지원해 준 것이 기반이 되어서 창업까지 갈 수 있었던 것 같아요. 근데 창업만 한다고 끝이 아니잖아요. 계속 끊임없이 새로운 것이 나오니까 그걸 또 배워죠. 계속 배워야 공방이 유지가 되니까. 그렇게 한 3년 정도 꾸준히 계속해서 평생교육바우처

대상자로 선정될 수 있다는 것을 기회로 삼아 교육을 받았어요.

이렇게 배운 걸 제 공방뿐만 아니라 여러 노인복지관, 장애인 복지관, 주민자치센터 등 다양한 곳에서 수업을 통해 나눌 수 있었습니다. 사람을 만나면 다양한 이야기를 할 수 있잖아요. 굳이 이런 단체가 있는 공간이 아니어도 사람을 만날 수 있는 곳에 가면 저도 모르게 이 평생교육바우처 제도나 여러 평생교육사업이 있다는 것을 알려주고 활용해보라고 조언을 하게 되더라고요. 나이를 먹어도 멈추지 말라고, 우리는 더 성장할 수 있다, 발전해야 한다 이런... 젊은 사람들이 보기에는 아유 나이먹어서 뭐 저런 이야기를 해 할 수 있는데, 저는 그게 진심이에요. 얼마나 좋은 제도예요.

평생교육사는 아니지만 사회복지사로서 평생교육바우처로 수업을 수강하고, 이제는 평생교육원에서 하는 프로그램 강사도 할 수 있게 되었고, 주민자치센터에서도 주민자치프로그램 강의도 하고. 덕분에 제가 강사가 될 수 있었어요. 그저 자녀 기르고, 출가시키고 이제 무엇에 힘쏟으며 살아야 하나 고민하고 허무해하던 사람인데, 이게 없었다면 제가 꿈이라도 꿔 보았겠나 해요.

2. 평생교육사업(평생교육바우처)을 통한 성장과 향후 계획

평생교육바우처로 수강한 내용을 통해서 저만의 공방을 열었다는 것이 일단 가장 큰 변화와 성장이 아니었나 싶어요. 배움에서 그칠 수 있는데, 사람이 조금씩 아는 것이 늘어나니까 용기도 생기더라구요. 창업을 해봐야겠다는, 지금 보면 무모하다고 생각할 수 있는데 일단 부딪혀보자! 하고 시도하게 되었어요. 그리고 꽤 잘 되었어요. 코로나 전까지는. 코로나가 터지고 해서 지금은 잠시 운영을 안하고 있어요. 세상이 또 그렇게 흘러가다보니 아쉽죠.

두 번째로 저에게 있어서 큰 성장은 제가 강사로 활동을 할 수 있다는 것입니다. 노인복지관, 장애인복지관, 주민자치센터, 얼마 전에는 농업기술센터까지.. 여러 공공기관에서 하는 다양한 프로그램에서 수업을 하고 있어요. 그 농업기술센터는 귀촌하신 젊은 분들이 농촌에서 생산한 생산물을 소비재로 만들어 소득을 얻을 수 있게, 상품화하는 교육하는 프로그램이 있어요. 거기 강사를 또 제가 했었죠. 지금 보니 덕분에 많은 일을 할 수 있었네요. 뿌듯하고 자랑스럽네요.

더불어 심리적인 만족감, 충만감이 가장 큰 것 같아요. 이전에는 그저 평범하게 살림하는 주부였고, 이제 무료하게 하루하루 어떻게 보내나 싶었는데 이 제도가 저를 일깨워줬다고 해야 할까요? 그리고 한 사회의 구성원으로서 어떤 소득활동, 경제활동을 할 수 있는 사람이 된다는 것이 쉬운 것 같아보여도 어렵잖아요. 특히나 저같은 나이 많은 주부는. 그 소속감은 이루 말할 수가 없고 자부심도 가질 수 있었고, 그리고 자존감도 높아졌고요. 제가 어느 노래 가사처럼 '나이는 숫자에 불과하다'는 것을 실제로 경험한 산 증인입니다.

미래 계획은 딱히 없는데, 그냥 후배 양성이라고 해야할까요? 제가 배운 것을 많은 사람들에게 나누고 싶은데, 제 몸은 하나잖아요. 후배를 많이 길러서 더욱 많은 사람들에게 제가 배운 것을 나누어주고 싶어요. 그리고 제가 살아오면서 느낀 것들, 예를 들면 창업을 해보니 이런 점은 어렵더라, 사람들을 만날 때 이렇게 하면 좋더라 이런 노하우 같은거 그런 것도 함께 나누어서 세상에 도움이 될 수 있는 사람이 되고 싶습니다.

3. 평생교육사업(평생교육바우처)에 대한 느낌과 바람

사실 살아오면서 제가 사고로 큰 장애를 얻게 되었어요. 그래서 아무 일상생활도 못하고 심하게 질병을 앓았었는데, 이 병이 있어도 그 마음이 정말 중요하더라고요. 공부를 하고 사회에 도전을 하겠다는 그 마음. 그 마음을 일깨워 준 것이 이 평생교육바우처 사업인 것 같아요. 사고나고 한동안 너무 무기력하고 슬프고 아프고 아무것도 할 수 없을 것이라는 마음에 너무 암울했는데, 이 제도를 알고 도전하는데 제가 할 수 있는 거예요. 못할 줄 알았는데. 그 도전이 계속 이어지다

보니 할 수 있다는 경험이 자꾸 늘어나요. 한껏 낮아진 자존감을 조금
씩 높일 수 있었어요.

이 제도가 널리 알려져서 저는 많은 사람들이 이걸 활용했으면 좋겠
어요. 사실 집에만 틀어박혀 있으면 뭘 할 수 있나 하고 겁도 많이 생
기고, 우울한 마음도 커져요. 사람 만나는 것도 싫고요. 그리고 미리
포기해버리는 것이 많을 거예요. 그런데 밖에 나오면 사람들도 많이
만날 수 있고, 만나서 이야기를 하다 보면 자기도 모르게 제 입에서도
이야기가 나오잖아요. 그럼 어느새 제가 가지고 있던 열등감, 두려움
이런 것들이 사라져요. 사람들 만나기 싫어했는데 자꾸 나가요. 재밌
으니까. 지금은 제가 마을 이장도 하고 있다니까요.

평생교육사업 성공사례_ 평생교육바우처(2)

김○○

평생교육사업(바우처) 면담자 소개

김○○(40세)은 두 아들을 키우는 한부모 가정의 가장이다. 아이들이 걸음마를 때기도 전부터 혼자서 아이들을 키워왔으며, 자기개발을 통해 아이들에게 더 나은 삶을 안겨주고 싶어서 평생교육바우처 사업의 지원 등을 받아 열심히 배우고 또 일하고 있다.

1. 평생교육사업(바우처) 참여동기 및 배움/활동 내용

두 아이를 혼자서 키워야 하는 한부모 가정의 가장으로서 막노동, 식당보조, 배달, 주유소 아르바이트 등 투잡, 쓰리잡을 하면서 닥치는대로 일만 하면서 살아왔습니다. 일과 양육을 병행해야 하는 관계로 안정된 직장을 가질 수 없어서 자주 직장을 옮겨 다닐 수밖에 없었습니다. 하지만 더 나아지지 않고 늘 그 자리에서 왔다갔다하는 도돌이표와 같은 삶을 계속 살수는 없었습니다. 아이들에게 좀 더 나은 풍요로운 삶을 주기 위해 안정된 직장이나 직업이 필요했고 이를 얻기 위해서는 배움이나 자격증이 필요하다는 생각에 이르렀습니다.

배움에 대한 갈망이나 간절함은 더해갔고 인터넷에서 관련자료를 검색하던 중 바우처 제도라는 것을 알게 되었습니다. 코로나로 인해 안정된 일자리를 구하기 어렵고 두 아이를 보살펴야 하는 제 입장에서 바우처 제도가 제공하는 지원금과 시간적 제약없이 자유롭게 학원 수강을 할 수 있는 교육 프로그램은 매우 흥미롭게 다가왔습니다. 공부를 놓은 지 오래되어 공부에 대한 두려움도 있었지만 배움 및 자격증 취득에 대한 마음이 간절했기 때문에 바로 학원에 등록했고 2021년에는 대형 트레일러와 대형차 면허를 취득했고, 2022년에는 지게차 및 굴삭기 운전면허를 취득하게 되었습니다. 먼저 국가기술 및 전문 자격증 관련 정보를 제공하고 자격증 시험일정 안내 및 신청을 받는 큐넷(Q-Net)에 자격증 시험 접수를 하고, 희망하는 자격증관련 이론서를 구입하여 독학을 하고, 그리고 바우처를 이용하여 학원에서 실습시험을 준비하는 과정으로 중장비관련 자격증을 다수 취득하였습니다.

2. 평생교육사업(바우처)을 통한 성장과 향후 계획

저는 이 프로그램을 통해 제 자신이 많이 성장했다고 봅니다. 일단 심리적으로 자존감과 자신감이 많이 높아졌습니다. 이 프로그램의 지원을 받아 중장비관련 자격증을 다수 취득하였기 때문에 경기가 좀 나아져 이 분야의 일자리가 많이 생긴다면 저에게도 많은 기회가 오리라 확신하고 있습니다. 이러한 저의 성장과정을 기록한 수기가 2021년 평생교육바우처 수기 공모전에서 우수상을 수상함으로써 저의 기쁨과 자존감은 더 커졌습니다. 그리고 그동안 몸소 체험한 성취를 바탕으로 더 어려운 공부도 해 볼 수 있겠구나 싶어서, 지금은 조금더 난이도 있는 또 다른 공부를 시작하고 있습니다. 저는 앞으로 공부는 평생이라고 생각합니다. 평생동안 공부를 해가며, 좀 더 나은 멋진 아빠가 되기 위해 노력할 것입니다.

3. 평생교육사업(바우처)에 대한 느낌과 바람

바우처 제도가 좋았던 점은 자신이 원하는 상황에 맞춰 수강학원을 선택할 수 있다는 점과 수강료에 대한 비용부담을 줄여준다는 것입니다. 한편으로 아쉬운 점은 제가 공부하고자 하는 분야의 수강료가 꽤 비쌌는데, 조금만 더 지원이 되었으면 좋겠다는 생각을 했습니다. 자격증 취득의 난이도와 수강료 등을 고려한 바우처 비용 차등지원도 이루어졌으면 하는 바람입니다. 그리고 좀 더 폭넓은 분야에서 평생교육바우처로 배울 수 있는 종목이 많아졌으면 좋겠다는 생각입니다.

성인문해교육

현영섭(경북대)

누구에게나 필요한 성인문해교육

1. 전 국민의 4분의 1이나 글을 모른다고?

조금은 자극적인 표현이지만, 최근 성인문해능력 실태조사에 따르면 대략 20-30% 정도의 국민이 글을 읽고 쓰지 못하거나 글을 통한 정보 해석에 어려움을 경험하는 것으로 보고되었다. 얼마 전까지만 해도 한국은 99% 이상의 문해율, 즉 전 국민의 99% 이상이 글을 읽고 쓸 수 있다고 믿었다. 하지만 이는 신화나 미신에 불과하였고, 실제 상황은 이런 예상과는 전혀 달랐다.

문해(literacy)는 문자해득의 줄임말이다. 즉, 문해는 글을 읽고 쓰는 행위를 의미하며, 때로는 문식, 문식성 등으로도 표현된다. 따라서 성인문해능력은 성인이 글을 읽고 쓰는 능력이다. 하지만 2010년 중반까지도 한국의 성인문해능력 수준의 판단 기준은 글을 읽고 쓰는 능력이 아니라 학력이었다. 2010년 이전까지는 중학교 졸업 이하의 학력을 갖춘 인구를 비문해자로 판단하고 그 인구의 비율로 한국의 성인문해율을 산정하였다. 한국은 해방이후 지속적으로 학교교육 기회를 확대하고 의무교육 제도를 실시하면서 취학율이 100%에 가까워지고, 중학교 진학률도 100%에 가까워지면서 한국의 문해율 역시 100%에 가깝다고 인식되었다. 하지만 실제 비문해자 비율과 학력 수준으로 추정하는 비문해자 비율의 차이는 계속해서 심화되고 있었다. 학력이 중학교 졸업 이상이어도 문해능력은 부족한 경우가 증가하였고, 다문화배경 인구 증가, 고령층의 수명 증가, 디지털 전환 등 새로운 문해 발생 등도 비문해자 발생에 한몫하였다.

실제로 한국의 비문해인구 비율인 비문해율의 추이를 보면, 광복이전까지 77.8%였다가 이후 지속적으로 감소하여 2000년대 이후 1%까지 감소하였다. 하지만 2018년 이후 다시 7% 등으로 증가하는 모습을 보이고 있다. 여기서 2018년 7.2%는 글을 전혀 읽거나 쓰지 못하는 인

그림 3.5 한국의 비문해율 추이

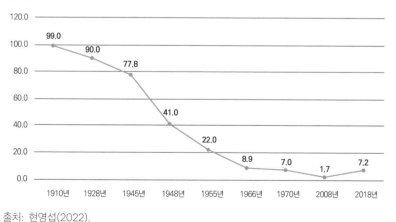

출처: 현영섭(2022).

구 비율이었다. 이렇게 2010년 중반 이후 다시 비문해율이 증가한 것은 비문해자가 증가한 것이기보다는 비문해자를 판단하는 기준이 학력 수준이 아니라 능력 수준으로 변화하였기 때문이었다.

한국의 국가평생교육진흥원은 2014년부터 3년 주기로 전국 성인문해능력 수준을 조사·발표하고 있다. 2014년부터 국가평생교육진흥원은 성인문해능력 조사를 위해 문항을 개발하였고, 시험방식의 성인문해능력 결과를 발표해왔다. 여기서 문해능력은 수준1, 수준2, 수준3, 수준4로 구분되었다. 수준4는 일상 생활에 필요한 충분한 문해능력을 갖춘 수준으로 중학 학력 이상의 수준이다. 반면에 수준1, 수준2, 수준3은 중학 학력 또는 초등 학력의 학습이 요구되는 수준으로, 수준1은 사실상 읽기, 쓰기, 셈하기가 불가능한 능력 수준이다.

표 3.10 문해수준 구분

문해수준	정의
수준1	일상생활에 필요한 기본적인 읽고, 쓰고, 셈하기가 불가능한 수준으로 초등 1-2학년 학습 필요 수준
수준2	기본적인 읽고, 쓰고, 셈하기가 가능하지만 일상생활에 활용은 미흡한 수준으로 초등 3-6학년 학습 필요 수준
수준3	가정 및 여가생활 등 단순한 일상생활에 활용은 가능하지만, 공공 및 경제생활 등 복잡한 일상생활에 활용은 미흡한 수준으로 중학 1-3학년 학습 필요 수준
수준4	일상생활에 필요한 충분한 문해능력을 갖춘 수준으로 중학 학력 이상 수준

출처: 교육부, 국가평생교육진흥원(2021), 6.

　문해능력 수준을 기준으로 문해능력수준별 비율을 보면, 글을 읽거나 쓰거나 셈하기가 매우 어려운 성인, 즉 수준1의 성인인구는 2014년 6.4%, 2017년 7.2%, 2020년 4.5%로 대략 5−7% 정도였다. 추정인구 규모는 조사결과를 토대로 한국 전체 인구에 적용한 것인데, 수준1은 200만 명에서 300만 명이었다. 대구의 인구가 230여 만 명 수준이므로 수준1에 해당되는 비문해자 규모는 1개 광역시의 인구 규모일 정도로 많았다. 수준1뿐만 아니라 수준2와 수준3도 적지 않은 규모였다. 수준2와 수준3은 어느 정도 읽고 쓰고 셈하기가 가능하고 일상생활에 활용이 가능한 수준이지만, 초등 또는 중등 수준의 문해교육이 요구되는 경우였다. 조사결과를 보면, 수준2는 4−6% 수준이었고, 수준3은 10에서 16%였다. 일반적으로 수준3까지를 비문해자로 분류하기 때문에, 전체 비문해자는 20%에서 28% 정도였다. 추정인구규모로는 전국 성인 비문해자가 약 900만 명에서 1,000만 명이었다. 물론 수준3의 경우 문해능력 조사를 다시 할 경우 수준4로 변화될 여지도 존재하지만, 상당한 규모의 비문해자가 존재한다는 점은 분명하였다.

표 3.11 문해수준별 비율 및 추정인구수

문해수준	2014년		2017년		2020년	
	비율(%)	추정인구(명)	비율(%)	추정인구(명)	비율(%)	추정인구(명)
수준1	6.4	2,642,141	7.2	3,111,378	4.5	2,001,428
수준2	6.0	2,475,199	5.1	2,173,402	4.2	1,855,661
수준3	16.2	6,678,807	10.1	4,328,127	11.4	5,039,367
수준4 이상	71.5	29,555,373	77.6	33,365,908	79.8	35,184,815

출처: 국가평생교육진흥원(2014), 교육부, 국가평생교육진흥원(2018, 2021)

넓은 의미의 비문해자, 즉 수준3까지 포함할 경우 1,000만 명에 가깝다는 점은 놀라운 조사결과였다. 물론 1,000만 명의 비문해자 규모는 표본조사를 통해 추정된 수치라는 점에서 오차를 가지고 있다. 따라서 3년 주기로 조사할 때마다 비문해자 규모는 변화하였다. 그럼에도 불구하고 비문해자 규모는 그 동안의 기대를 뛰어넘는 수준이라는 점은 분명하였다. 가장 낮은 수준의 문해력을 보이는 수준1은 최소 200만 명에서 300만 명 정도라는 점은 더 큰 충격이었다.

한국 전체의 비문해자 인구나 수준은 앞의 설명과 같지만, 지역별로는 상당한 차이가 존재하였다. 17개 광역시·도의 비문해 인구 규모는 지자체마다 상당한 차이를 보였는데, 비문해자(수준, 1, 2, 3) 인구수는 경기, 서울, 경남, 경북, 부산, 대구 순으로 많았다. 특히 경기는 약 219만 명, 서울은 약 140만 면이었다. 하지만 인구비율로 보면, 전북, 전남, 강원, 경북, 대구 순이었다([그림 3.6] 참조). 또한 비문해능력 수준을 수준1, 2, 3으로 구분하여 17개 광역시·도별로 파악한 결과, 수준1, 수준2, 수준3에서 비문해자 인구수는 모두 경기와 서울에서 가장 많았다([그림 3.7] 참조). 하지만 17개 시·도마다 수준1, 2, 3의 구성비율에 차이가 있었다. 예를 들어, 대구의 경우 수준2와 수준3이 10%에서 11%로 유사하게 높은 편이었고, 전북은 수준3이 월등하게 높은 지역이었다. 반면에 인천은 수준1 인구 비율이 가장 높은 지역으로 광역시에서는 유일하였다. 이렇게 광역시·도마다 비문해 인구규모와 비문해 수준별 구성이 다르다는 점은 중앙정부 수준에서 성인문해교육지원 정책 및 사업을 운영하는 것뿐만 아니라 광역시·도 수준에서 지역의 상황에 부합되도록 성인문해교육지원 정책 및 사업을 운영하는 것이 필요하다는 것을 의미하였다.

그림 3.6 전국 17개 광역시·도별 비문해 현황

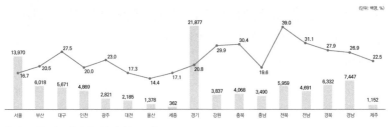

출처: 신은경, 김선화, 현영섭(2019), p.73.

그림 3.7 전국 17개 광역시·도별 비문해 수준

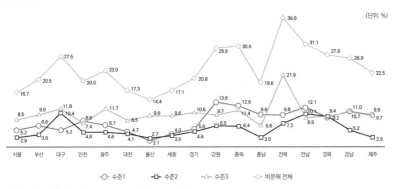

출처: 신은경, 김선화, 현영섭(2019), p.77.

성인문해능력 수준 조사는 대략 43개 문항으로 구성된 성인 문해능력 조사지를 활용한 시험의 방식으로 진행되었다. 조사원이 집을 방문하여 조사를 실시하고 그 결과로 전국 문해능력 수준을 위한 자료가 수합되었다. 문해능력 수준 측정 문항은 수준1, 수준2, 수준3에 해당되는 문항으로 구분되었다. 첫 조사인 2014년 조사를 보면, 수준1은 관광열차 개통 안내문을 보여주고 특정 글자를 읽거나 쓸 수 있는지를 조사하였다. 예를 들어, 안내문에 '영'이라는 글자를 조사원이 가리키며 읽어달라고 하고 읽지 못하거나 다르게 읽으면 수준1에 해당되는

비문해자로 판단하였다. 읽기뿐만 아니라 쓰기 능력도 수준1에서 평가
되었는데, 예를 들어, 안내문에 있는 단어를 조사원이 읽고 그것을 받
아쓰게 하는 문항으로 응답자가 정확하게 쓰지 못할 경우 역시 수준1
의 비문해자로 판단하였다.

　수준2와 수준3은 생활문해능력 사용에 대한 문항으로 포스터 내용
을 해석하거나 우체국에서 소포를 보내는 송장을 기재하거나 기재된
내용의 오류를 찾는 등의 문항이었다. 이 외에도 전입신고서 작성, 여
행지도 읽기 등 다양한 상황을 반영한 문해능력 문항이 43개 문항에
포함되었다. 조사 과정에서 수준1에 해당되는 경우가 확실해지면 응답
자의 스트레스를 줄이기 위해 이후의 문항은 풀지 않도록 하였다.

표 3.12 성인문해능력조사 문항 구성도

번호	문해영역	세부영역	생활영역	문항내용	형식
A1	산문	정보전달	여가	여행안내 읽기	주관식
A2	산문	정보전달	여가	지명 쓰기	주관식
A3	수리	수와 연산	여가	숫자 읽기	주관식
B1	산문	정보전달	가정	노래 가사 맞춤법	주관식
B2	문서	그래프	가정	전기 사용량 비교	주관식
B3	문서	표	여가	버스 시간표 읽기	주관식
B4	문서	서식	가정	택배 서식 작성하기	주관식
B5	수리	수와 연산	가정	택배요금 계산	주관식
B6	산문	설득문	미디어	공익 광고 포스터 이해	객관식
B7	산문	정보전달	가정	약 복용법의 이해	객관식
B8	수리	측정	가정	약 복용량 측정	주관식
B9	문서	지도	여가	등산로 읽기	주관식
B10	수리	측정	여가	등산로 거리 계산	주관식
B11	산문	생활문	가정	편지글 맞춤법	주관식

B12	산문	생활문	가정	편지글 내용 이해	객관식
B13	산문	정보전달	미디어	핸드폰 문자 정보 이해	주관식
B14	수리	함수	여가	여행 일정 계산	주관식
B15	산문	생활문	여가	축제 설명문의 이해	주관식
B16	산문	정보전달	가정	전자레인지 사용법 이해	주관식
B17	산문	정보전달	여가	인터넷 정보 이해	객관식
B18	산문	정보전달	여가	인터넷 정보 재구성	주관식
B19	문서	표	가정	가정통신문 표 내용 이해	주관식
B20	문서	그래프	가정	식중독 발생 추이 이해	객관식
C1	문서	서식	경제	부동산 임대 계약서 이해	주관식
C2	문서	서식	경제	부동산 임대 계약서 이해	객관식
C3	문서	표	공공	암 검진 대상자 표 이해	주관식
C4	산문	문학	여가	문학작품 이해	객관식
C5	산문	문학	여가	문학작품 이해	객관식
C6	산문	정보전달	경제	국민연금 공지 이해	객관식
C7	문서	표	경제	국민연금 수급 연령표 이해	주관식
C8	산문	정보전달	경제	입출금 통장 안내문 이해	객관식
C9	산문	정보전달	경제	최저임금 기사 이해	객관식
C10	수리	그래프	경제	최저임금 연도별 그래프 이해	객관식
C11	산문	정보전달	경제	표준 근로 계약서 이해	객관식
C12	수리	수와 연산	경제	1년 총 급여 계산	주관식
C13	산문	정보전달	공공	사전투표 안내문 이해	객관식
C14	문서	서식	공공	전입신고서 작성법 이해	객관식
C15	문서	그래프	공공	119 구조활동 현황 그래프 이해	객관식
C16	문서	표	공공	119 구조활동 구조 인원 찾기	주관식
C17	문서	표	공공	병원 진료 시간표 이해	주관식
C18	수리	함수	경제	지출 비율에 따른 생활비 계산	주관식
C19	산문	설득문	공공	에너지 절약 공약 포스터 이해	객관식
C20	수리	수와 연산	공공	절약 전기요금 계산	주관식

출처: 국가평생교육진흥원(2012).

2. 성인문해의 능력과 지원 정책은 무엇인가?

문해능력은 앞서 설명한 것처럼 문자를 해석하는 능력이다. 그래서 가장 기본적인 문해능력 영역은 읽기와 쓰기였다. 따라서 비문해는 문자를 읽거나 쓰지 못하는 상태나 수준을 의미하였다. 이렇게 가장 기초적으로 문자를 읽거나 쓰는 것을 '기초 문해(basic literacy)'라고 한다. 이와 관련하여 황종건(1962)은 문장을 읽고 쓰는 것을 기준으로 문해(literacy), 반문해(semi-literacy), 비문해(illiteracy)를 구분하였다. 문해는 읽고 쓰는 것을 모두 할 줄 아는 것이고, 반문해는 읽을 수는 있지만, 쓰지는 못하는 것이고, 비문해는 읽기와 쓰기를 모두 하지 못하는 것이었다(현영섭, 2019).

기초 문해에 읽기와 쓰기뿐만 아니라 셈하기가 추가되었다. 서양에서는 그리스·로마시대부터 '3Rs', 즉 읽기(Reading), 쓰기(Writing), 셈하기(Arithmetic)를 문해교육 영역에 포함하였다(한상길, 2017; Goody, 1977). 한국에서 조사하는 성인문해능력 수준1은 이 기초 문해 능력을 측정한 것으로 볼 수 있다.

문해능력과 영역은 최근에 와서 다양하게 확대되었다. 기초 문해를 벗어나서 생활 속에서 문자를 해독하고 활용하는 영역인 생활 문해가 발전된 것이다. 생활 문해와 유사한 표현으로 기능 문해가 사용되기도 한다. 생활 문해는 생활 속에서 문해 능력을 다양하게 활용하는 것이기 때문에 인간의 삶 전체에 적용된다. 예를 들어, 병원의 처방전에 대한 이해, 신문기사에 포함된 표나 통계 수치에 대한 이해, 우편물 송부, 행정 신고 등의 처리, 버스나 지하철의 노선도 해석, 휴대폰으로 배달 주문 등 일생 생활의 거의 모든 내용이 포함된다. 앞서 설명한 한국의 성인문해능력 수준 측정을 위한 조사문항도 생활 문해를 반영하여 다양한 실생활 상황을 가정하고 문항이 제작되었다.

　최근에는 디지털 전환에 의해 컴퓨터나 휴대폰 등의 스마트 기기를 활용해야 하는 경우가 늘어났다. 이를 반영하여 디지털 문해, 컴퓨터 문해, 정보 문해 등의 새로운 영역이 증가하였다. 또 다문화 인구 증가에 따른 다문화 문해, 미디어 확장으로 미디어 문해, 지역학이나 지역 이해의 증가로 인한 지역 문해 등의 다양한 문해 종류가 확장되었다. 즉, 생활문해 또는 기능문해 등의 확장으로 이제 문해는 기초 문해와 생활 문해 또는 기능 문해로 구분되었고, 어찌보면, 기초 문해에서 기능이나 생활 문해로 확장되는 것으로 이해할 수 있다. 마치 [그림 3.8]에서 보는 바와 같이, 읽기, 쓰기, 셈하기의 기초 문해가 프리즘을 거쳐 다양한 기능 문해 또는 생활 문해로 확산되는 것으로 이해할 수 있다.

　특히 디지털 전환 등을 통한 디지털 문해가 중요한 이유는 기초 문해와는 달리 누구나 디지털 비문해자가 될 수 있기 때문이다. 글을 잘 아는 사람도 키오스트의 작동법을 모른다면 디지털 비문해자이다. 따라서 디지털 비문해자의 발생은 기술과 사회 서비스 체계의 변화와 연동되는 것이고, 앞으로도 계속될 성인문해교육의 이슈이다.

그림 3.8 **문해 영역의 분화**

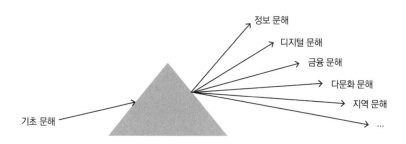

문해 영역의 확산은 한국의 성인문해능력 수준에 대한 심각성을 보

여주는 것이기도 하였다. 한국의 성인문해능력조사는 단순하게 학력이나 쓰기, 읽기, 셈하기를 문자나 교과서 수준에서만 평가한 것이 아니라 생활 문해나 기능 문해를 도입하여 측정하였기 때문이다. 그럼에도 불구하고 적게는 200만 명에서 많게는 1,000만 명까지 생활 문해나 기능 문해에 어려움을 갖고 있는 인구가 존재한다는 것이었다. 이런 결과는 실제 생활을 영위하고 타인과 소통하는데 문해능력의 문제로 한계가 존재한다는 것을 의미하는 것이라는 점에서 비문해의 심각성이 더욱 크게 인식되었다.

2014년부터 성인문해능력 조사가 본격적으로 진행되었으나, 성인문해교육 정책은 그 전부터 존재하였다. 정책의 주요 역사는 다음 장에서 살펴보기로 하고, 현재 시점에서 어떤 정책들이 있는지를 여기에서 살펴보고자 한다. 한국의 성인문해교육정책은 국가 수준과 지자체 수준으로 구분된다. 실질적으로 성인문해교육 프로그램은 지자체 수준에서 진행되지만, 이를 지원하고 또 국가 수준에서의 정책 관련 사업 수행은 국가평생교육진흥원 소속의 국가문해교육센터가 주관하기 때문이다.

국가문해교육센터(https://www.le.or.kr)는 광역 문해교육 지원, 문해교육 프로그램 운영 지원, 성인학습자 학력인정, 성인문해능력조사, 문해교육 활성화 등의 사업을 추진하고 있다. 국가문해교육센터는 평생교육법 제39조의 2항의 국가문해교육센터 운영에 대한 법령에 기초하여 설치·운영되고 있다. 더불어 광역시·도 지자체의 문해교육센터도 동일한 법조항에 근거를 두고 있다. 국가문해교육센터의 주요 기능은 성인문해교육 프로그램 운영 지원, 문해교육 촉진을 위한 각종 홍보 및 민·관·기업 협력, 문해교육 통계 및 실태조사 실시, 문해교육 교원 연수 및 보수교육 추진, 시·도 문해교육센터 관리 및 지원, 문해교육 종합정보시스템 운영, 그 밖에 교육부장관이 필요하다고 인정하는 사항 등이다.

국가문해교육센터의 주요 사업 중 광역 문해교육 지원은 시·도 광역지자체 수준에서 문해교육 사업이 추진되도록 지원하는 사업으로 2020년에는 16개 시·도 광역지자체의 사업운영기관을 선정하여 지원하고 있다. 구체적으로 해당 지자체의 문해교육 프로그램 운영·지원, 문해교육 대상자 발굴·상담 지원, 해당지역의 문해교육 기관간 연계체제 구축(컨설팅, 워크숍 등), 문해교육 교원 양성 및 연수 개최 등이 관련된다(국가문해교육센터, 2023).

광역 문해교육 지원과 함께 중요한 사업이 성인문해교육 프로그램을 운영하는 것이다. 이 역시 국가문해교육센터에서 지원하는 사업 중에 하나이다. 2006년부터 현재까지 저학력 및 비문해 성인 대상의 문해능력 고취를 위한 문해교육 프로그램 운영이 지원되었다. 국가문해교육센터 홈페이지에 게시된 내용으로는 2019년 약 32억 원의 중앙정부 예산이 지원되었고, 지자체 대응투자는 약 68억 원이 투자되었다. 참여한 문해교육기관은 407개였고, 수혜자는 63,201명이었다. 2006년부터 2019년까지의 누적 수혜자는 35만 명이 넘었다(국가문해교육센터, 2023).

그림 3.9 성인문해능력 수준 문항 예시

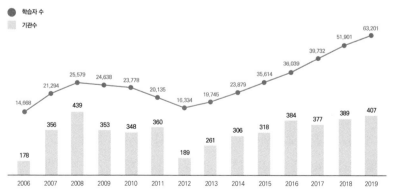

출처: 국가문해교육센터(2023).

또한 국가문해교육센터는 성인문해교육 프로그램에 참여한 성인학습자의 학력을 인정하는 정책도 추진하고 있다. 주로 시·도 교육청이 주체가 되어서 문해교육프로그램을 운영하거나 지정하고 이 프로그램을 이수한 경우 학력인정을 하는 사업이다. 이 사업에 국가문해교육센터는 문해교육 심의위원회를 두거나 교원연수를 지원하는 등의 역할을 하고, 시·도 교육청은 초등 학력과 중학 학력의 인정 역할을 한다. 그리고 개별 문해교육기관은 학력인정 문해교육 프로그램을 운영하는 역할을 한다.

그림 3.10 성인문해교육 프로그램 학력인정 사업 구조

문해교육 교원연수기관
(시·도평생교육진흥원 등)
-문해교육 교원 연수과정 운영

국가평생교육진흥원
-문해교육심의위원회 구성 및 안건 심의
-문해교육 교원연수과정 운영지원
-학력인정현황관리 등

초등·중학 학력인정

시·도교육청
초등·중학 학력인정
-문해교육심사위원회 구성
-문해교육 프로그램 설치 및 운영
-학력인정서 교부 등
-학력인정기관 설치 및 지정

출처: 국가문해교육센터(2023).

이 외에도 국가문해교육센터는 문해교육 활성화를 위해 대한민국 문해의 달 및 전국 성인문해교육 시화전 개최 및 시화문집 발행, 성인 문해교육 e-학습터 운영 지원, 성인문해교육 교과서 개발 및 배포 등의 다양한 역할을 수행하고 있다.

지자체 수준에서 문해교육 정책 및 사업의 핵심 주체는 광역시·도 문해교육센터이다. 17개 광역시·도마다 문해교육센터가 설치·운영되고 있다. 각 문해교육센터는 문해교육 교원 양성 연수 및 보수교육, 디지털 문해교육, 문해교육 시화전 및 문해의 달 행사, 기초지자체가 제출하는 성인문해교육 지원사업 심사 및 모니터링, 문해교육 콘텐츠 개발

및 배포 등의 사업을 추진하고 있다. 다만 각 시·도 문해교육센터마다 중점을 두는 정책 방향에 따라서 차별적인 사업이 진행되기도 한다.

2023년부터는 성인문해교육의 정책 및 사업의 방향이 새롭게 정립 되기도 하였다. 2023년 1월에 교육부가 발표한 2023년 성인문해교육 지원 사업 기본계획(교육부, 2023)에 따르면, 문해교육 지원 사업의 중 점 방향이 디지털 문해교육으로 영역 확장, 온라인·자발적 학습 촉진, 데이터 기반 및 지자체 연계 협력 강화 등으로 설정되었다. 즉, 디지털 전환에 따른 디지털 문해 역량으로 정책 지원 확대와 함께 학습자의 자발적 참여 및 찾아가는 형태의 문해교육 프로그램을 강화하는 등의 정책 방향이 인상적이었다. 구체적으로 디지털 문해교육의 프로그램 내용은 디지털 기초 문해, 디지털 일상생활 문해, 디지털 직업·생활 문해로 구분되었다. 디지털 기초 문해는 디지털 기기를 활용한 한글 수업, 디지털 일상생활 문해는 키오스크 주문, 배달 서비스 앱이용, SNS 소통, 지도 서비스 이용 등, 디지털 직업·생활 문해는 디지털 경 제활동(자산관리, 구직활동 등), SNS 콘텐츠 활용, 전자문서 작성 등의 내 용으로 구분되었다. 또한 문해교원 연수 및 보수교육 내용을 체계화하 여, 기본 역량과 전문 역량의 집합연수, 현장실습 등을 합쳐서 교원연 수는 67시간, 보수교육은 30시간을 이수하도록 하였다.

표 3.13 2023년 성인문해교원 연수 및 보수교육 교육과정 내용 체계

구분		핵심역량	교원연수	보수교육
집합연수	기본역량	교육소양 교육리더십	14시간	8시간
	전문역량	수업운영	28시간	16시간
		학급운영 및 네트워크	10시간	6시간
	현장실습		15시간	-
	합계		67시간	30시간

출처: 교육부(2023), p.6.

이와 함께 문해교육기관의 프로그램 역량 강화를 위해 문해교육기관 컨설팅, 문해교육기관 중간 운영점검을 실시하고 이를 위해 광역시·도 문해교육센터별로 5,000만원의 예산을 지원할 계획이다. 이외에도 문해교육 협의체 운영, 디지털 문해교육 거점기관 선정 및 지원, 문해교육종합정보시스템 운영 및 고도화 등의 다양한 사업이 계획되었다(교육부, 2023).

3. 성인문해교육의 질곡진 역사

한국은 빠른 경제 성장과 함께 우수한 인재로 성공한 국가였다. 하지만 이런 변화 속에서 한글을 모르는 비문해자는 낙오자, 문제가 있는 사람, 실패자의 낙인으로 평생을 살아야 하는 한국이 되었다. 해방 전까지 한국의 비문해자 비율은 80% 수준이었다. 일제강점기가 시작되는 시기에 비문해자 비율은 99%로 추산되었다. 즉, 세종대왕의 훈민정은 반포가창제가 1446년에 이루어졌고 이로부터 450년 후 갑오경장을 통해 훈민정음이 국문으로 인정되었지만, 이때까지도 한글을 읽고 쓸 수 있는 한국인은 1% 미만이었다.

일제강점기에 들어서면서 비문해자 비율은 낮아지기 시작했는데, 이는 소학교(지금의 초등학교)에 진학하는 인구가 증가하였기 때문이었다. 통계에 따르면 비문해자 비율이 2028년 90%, 1945년 77.8%로 낮아졌다. 하지만 당시 한국인을 대상으로 하는 초등교육과 일본인을 대상으로 하는 초등교육은 교육연한이나 교육내용에서 차이가 컸다. 또한 일본제국주의정부가 한글을 사용하지 못하게 하는 정책을 취함으로써 비문해자 비율 감소가 한글에 대한 성인의 문해능력 향상으로 해석되기는 어렵다.

다만 일제강점기에 한국은 나름의 한글교육 시도를 가져왔다는 점
에서는 의미있는 행보를 찾을 수 있다. 대표적인 사례가 야학과 다양
한 기관의 문해교육이었다. 야학은 낮에 일을 해야 하는 농민 등의 노
동자를 대상으로 하는 것이었다. 그래서 농민야학, 노동야학 등이 발
전하였다. 기관이 운영하는 문해교육 프로그램은 주로 신문사나 종교
기관 등이 운영하는 것이었고, 조선일보나 동아일보는 한글교육 교재
인 한글원본 등을 출간하는 등의 활동을 하였다. 하지만 당시 일본제
국주의의 강제통치 기간 동안에 적극적인 활동이 쉽지 않은 상황이었
다. 이렇게 어려운 상황에서도 민족의 자발적인 힘에 의해 문해교육을
실천하였다는 점에서는 큰 의미를 부여할 수 있다.

1945년 일본 제국주의 강제통치기간이 종료되고 한국이 해방되면서
미군정시기가 5년 정도 진행되었다. 이 시기에는 교육체계가 수립되면
서 동시에 한글 중심의 문해교육도 확대되었다. 특히 다양한 학교를
설립·운영하기 위해 학생뿐만 아니라 교사도 필요하였다. 특히 국어
교사의 필요성이 매우 강하였다. 그만큼 한글교육의 필요성이 높았다.
이에 전 국민의 문해교육을 위해 공민학교 설치, 국문강습소 운영 등
의 정책이 이 시기에 진행되었다. 국문강습소는 구, 읍, 면, 리, 동 및
초등학교에 설치하여 주민대상으로 한글교육을 진행하였던 가장 기초
적인 문해교육기관이었다.

미군정기 이후 6·25 전쟁이 발발하고 1954년이 되어서야 다시 국
가 교육목표 설정과 정책 실천이 진행되었다. 특히 한국은 1954년부터
1959년까지 '의무교육 6개년 계획'을 추진하면서, 취학률은 1959년
96.4%까지 높였다. 이는 한국의 비문해자 비율이 5% 미만이고 이후
더욱 낮아져서 비문해자가 거의 없는 국가로 한국을 인식하게 되는 계
기가 되었다. 이 당시 공민학교에 성인반을 설치하고 국문강습소가 다

그림 3.11 미군정시기 문해교육 포스터와 수료증서

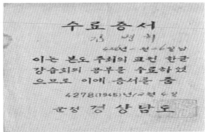

출처: 국립중앙박물관(2006).

시 운영되고, 한글교재가 개발·보급되었다. 또한 1954년부터 1958년
까지 '전국문맹퇴치 5개년 사업'이 추진되어, 각 동과 리에 교육반을
설치하고 농한기를 활용하여 70일에서 90일 동안 한글교육을 실시하
였다. 더불어 비문해자를 조사하여 취학을 독려하고 교육행정뿐만 아
니라 일반행정도 한글교육 지원에 활용하였다.

1960년대부터는 본격적으로 경제개발을 위한 정책이 추진되면서 국
가주도의 문해교육 정책은 민간기관으로 위임되고 국가 수준의 정책
은 소원해졌다. 이 시기부터 1990년대 말 또는 2000년대까지 문해교
육은 소극적으로 진행되었고, 대부분의 국민이 문해자라고 오인되는
상황이 심화되었다. 그래서 비문해자는 정신 건강이나 학교 생활에 문
제가 있거나 범죄자이거나 신체적 결함이 있는 등의 오명을 갖게 되었
다. 비문해자인 것이 죽을 죄를 지은 것이고 피할 수 없는 숙명이고 개
인의 문제로만 치부되었다(현영섭, 신은경, 2018).

그러나 1990년대 말과 2000년대 들어서 소외계층 지원을 위한 평생
교육 프로그램 확대, 평생교육법 개정, 평생학습도시 지정 및 문해교
육 확대 등에 힘입어 성인문해교육의 부활이 시작되었다. 특히 2001년
이후 국가 차원에서 성인문해교육 정책 재개를 위한 법령 마련 및 제
도적 인프라 구축이 이루어졌다. 이에 국가 주도의 성인문해교육 지원
사업이 추진되고, 성인문해교육이 학력 인정 과정으로 인정되는 등 다
양한 제도적 발전이 진행되었다. 2006년 이후부터는 성인문해교육에
대한 예산 지원을 통해 지자체에서 문해교육 프로그램을 운영하고 문
해교육 교원을 양성하는 등의 사업이 추진되었다.

최근에는 앞서 살펴본 바와 같이, 생활 문해로 문해교육을 확대하고
지속적으로 비문해자를 위한 교육프로그램과 인프라를 확대하는 정책
을 추진하고 있다. 다만 2014년부터 새롭게 조사된 성인문해능력 수준
조사결과, 다수의 비문해자가 존재한다는 점을 고려하면 아직까지 충
분한 성인문해교육이 제공되고 있는 것은 아니었다. 이에 향후 다수의
비문해자에게 문해교육의 기회가 제공될 수 있도록 적극적인 정책 및
사업 확장이 요구된다.

4. 즐겁고 감동의 성인문해교육 현장

글을 모른다는 것은 평생 다른 사람의 도움을 얻어야 하고 또 멸시
를 참아야 하는 삶을 의미하였다. 그래서 성인문해교육에 참여하는 비
문해자는 참여하는 것만으로도 큰 즐거움과 행복을 얻을 수 있었고,
다시 태어나는 희열을 경험하였다. 이를 보여주는 대표적인 사업이자
자료가 '전국 성인문해교육 시화전'이다. 매년 전국의 문해교육센터가
추천한 시화 작품이 출품되어 심사를 거쳐서 시상되었다. 시화전에 출

품된 작품들은 하나같이 비문해자로서의 삶에 대한 회고와 문해교육을 통한 새로운 도전과 꿈, 그리고 행복을 표현하고 있었다(현영섭, 신은경, 2018).

2022년 전국 성인문해교육 시화전에서 글꿈상을 수상한 예장옥의 시, "내 생애 최고의 봄날"을 보면, 어릴 때부터의 삶의 역정과 함께 문해교실에서의 재미있는 에피소드와 행복이 잘 드러나 있다. 특히 "평생 글을 모르던 애벌레 시절에서 나비가 되어 훨훨 날아가는 인생 최고의 봄날"은 바로 문해교육을 통해 글을 읽고 쓸 수 있게 된 날이었다. 또한 장애인문해교육 시화로서 글꿈상을 수상한 김경남의 "섬세하고 예민한 내 친구 점자"의 경우도 장애인 비문해자의 점자학습의 과정을 보여주면서 다른 사람들과도 공유하고 싶다는 생각을 갖게 할 정도로 학습자를 변화시키는 문해교육의 선한 영향력을 보여주고 있

그림 3.12 전국 성인문해교육 시화전 수상작 사례

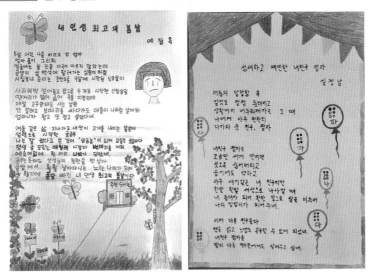

출처: 국가문해교육센터(2022).

다. 성인문해교육의 현장은 매우 다양하고 또 비문해자로서의 삶의 회환과 새로운 변화가 담겨 있어서 감동도 있고 행복이나 긍정적 감정이 함께 가는 곳이었다.

성인문해교육에 참여하는 즐거움에 대한 사례와 함께 다양한 프로그램을 운영하는 사례가 지속적으로 보고되고 있다. 예를 들어, 기초문해뿐만 아니라 생활 문해로 확대되면서 지역사회에서의 활동과 참여를 증진하기 위한 지역 문해로 부산의 '아미골 프로젝트'를 들 수 있다. 원래 아미골은 부산의 아미동으로 감천마을 옆 동네였다. 아미골은 일제강점기 공동묘지였던 곳으로 지금도 석관묘가 남아서 비석마을이라는 이름으로도 불렸다. 그만큼 부산에서는 낙후된 지역이며 산북도로에 인접한 근경사지에 만들어진 마을이었다.

이 마을의 특징은 교육 및 문화 시설이 부족하고 고령층이 다수 거주한다는 점이었다. 물론 유치원생이나 초·중등생을 두고 있는 가정도 있었다. 이에 아미골의 학부모를 중심으로 '아미맘스'라는 단체가 구성되어 아미골의 교육프로그램을 운영하고 교육기회를 확대하는 등의 마을공동체 사업이 진행되었다. 그 일환으로 아미골 어르신들에게 사진 찍는 방법을 배우는 프로그램인 '청춘 꽃할매 작가단'이 운영되었다. 이 프로그램은 아미골 어르신에게 사진찍는 법을 알려드리고 지역의 곳곳을 촬영해 그 사진을 아미골 곳곳에 전시하는 프로젝트였다. 이 프로그램에 참여한 어르신들은 지역에 대한 이해, 지역에 대한 지식 공유, 지역 상점이나 주요 시설에 대한 인식 등을 강화할 수 있는 기회를 갖게 되었다. 특히 글을 읽지 못하거나 문해능력이 쇠퇴한 일부 아미골 어르신들은 아미골의 다양한 시설과 상점의 이름을 알게 되고 또 자신의 삶과 연계하여 지역을 이해하는 계기가 '청춘 꽃할매 작가단'에 의해서 마련되었다. 이런 측면에서 '청춘 꽃할매 작가단'은 지

역 어르신의 지역 문해를 높이는 계기를 마련한 프로그램으로도 평가
되었다(삼성꿈장학재단, 2017).

5. 앞으로 어떻게 해야 할까?

성인 중 비문해자가 생각보다 많다는 점은 우리 사회에 대하여 다시
생각하게 하는 대목이었다. 한국 사회의 발전과정에서 전쟁, 가난, 남
녀차별 등의 사회구조적 또는 역사적 환경에서 학교에 다니지 못한 사
람은 모두 비문해자가 되었고 '문맹', '까막눈' 등으로 천대받으며 숨어
서 살아야 했다. 하지만 최근에는 나이 많은 어르신뿐만 아니라 10대
에서 40대의 비문해자도 존재하는 것으로 조사되면서, 성인문해교육
의 중요성이 더욱 커지고 있다. 이런 문제의식에 기초하여 중앙정부와
지자체는 성인문해교육을 지원하기 위해 문해교육센터를 운영하고 교
과서 지원, 문해교원 육성, 프로그램 운영 등의 다양한 정책 및 사업을
실천하였다. 하지만 여전히 성인문해교육 정책과 사업은 더 많은 발전
이 요구되는 영역이다.

우선 성인문해교육 프로그램이 충분한가의 문제이다. 글을 읽거나
쓰는데 심각한 문제가 있는 수준1의 비문해자만 해도 200만 명이 넘
는다. 하지만 지금까지 성인문해교육을 이수한 인수는 턱없이 부족하
다. 이는 기본적으로 성인문해교육 프로그램이 제공되는 공급량이 부
족하다는 점에서 원인을 찾을 수 있다. 중앙정부와 지자체에서 성인문
해교육기관을 지원하고 직접 성인문해교육 프로그램을 운영하기도 하
지만, 참여해야 하는 비문해자의 규모는 훨씬 많다. 2018년까지 누적
된 학습자 수가 35만 명(국가문해교육센터, 2022)이라는 것을 보더라도
얼마나 제한적인 규모의 학습자가 참여하는지를 알 수 있다. 이에 기

본적으로 성인문해교육에 참여할 수 있는 기회를 충분하게 제공하는 것이 필요하다. 비문해자의 삶이 하루 내내 어둠과 고통의 연속이라는 점을 감안한다면, 성인문해교육 프로그램의 운영 확대는 학습권과 생존권의 문제가 된다.

둘째, 한국의 비문해자의 구성을 볼 때, 60대 이상의 고령층의 비율이 압도적으로 높지만, 10부터 50대까지의 다양한 연령층에서도 비문해자가 존재한다는 점은 새로운 방향 모색을 요구하는 사항이었다. 구체적인 분석이 별도로 필요하지만, 짐작컨대 다문화배경 청소년, 외국인 노동자, 학력 저하 등의 문제로 청소년층부터 젊은층의 비문해자 비율이 무시하지 못할 정도라는 것이다. 이런 문제를 일찌감치 경험한 일본은 각급학교의 저녁반을 비문해자나 저학력자, 중퇴자 등을 위한 평생교육프로그램으로 운영하고 있다. 그러면서 고령층반과 청소년반을 구분하여 각 집단에 적합한 교육 내용과 방법을 적용한다. 또 고령층반과 청소년반이 함께 받는 수업도 있다. 구성원이 섞여서 수업을 참여함으로써 세대간 소통과 함께 다양한 관점을 가질 수 있는 일석이조의 방법이다. 물론 이런 방법이 가능하기 위해서는 청소년 비문해자에 대한 인식 개선, 학교 시설의 개방, 공공 문해교육 정책 확대, 세대별 차별적 교육과정과 공통 교육과정의 개발 등의 다양한 정책 조건이 성숙해야 할 것이다.

셋째, 생활 문해 또는 기능 문해로서 디지털 문해에 대한 교육프로그램이 확대되어야 한다. 한국에서는 아직까지 디지털 문해 능력 수준을 측정하지 못하고 있다. 일부 연구들에서 도구 개발을 위한 조사가 진행되기는 하였다. 하지만 향후 디지털 전환에 적극 대응하기 위해 디지털 문해능력 수준 측정과 이에 기초한 디지털 문해교육 지원 정책을 수립하는 것이 필요하다. 물론 현재 지자체를 중심으로 디지털 문해교육 프로그램이 진행되고 있기도 하다. 예를 들어, 서울은 서울형 디지털 문해교육 지원사업을 운영하고 있다. 이 사업을 통해 스마트 기기나 무인 기기 활용 교육 보조금 지원, 키오스크 기기 지원, 디지털 문해교육 전문강사 양성 등을 운영하고 있다. 또한 스마트폰 사용 능력을 강화하기 위해 스마트폰의 키보드 활용 연습을 지원하는 "스마트폰 천지인 연습 프로그램"을 서울시가 직접 제공하고 있다(서울특별시 평생교육진흥원, 2021). 더불어 2023년 성인문해교육 지원에 대한 중앙정부의 발표에 따르면 디지털 문해교육으로 지원을 확대할 계획이 발표되었다. 하지만 이 계획이 실천되고 또 지역 곳곳에서 디지털 문해교육이 충분하게 제공되기 위해서는 아직까지 필요한 사항이 많다. 이에 디지털 문해교육의 강화를 위해 보다 적극적으로 중앙정부와 지자체의 정책 및 사업 실천이 요구된다.

넷째, 문해교육기관을 포함한 비정규학교 지원이 확대되어야 한다. 성인비문해자의 실질적인 교육을 책임지는 교육기관은 다양하다. 각종 한글학교라고 표현할 수도 있으나, 이뿐만 아니라 야학, 검정고시 관련 지원기관, 평생교육기관 등 다양한 곳에서 문해와 학력인정을 위한 교육에 참여하는 성인이 적지 않다. 물론 이중에는 한글을 몰라서가 아니라 학력을 높이기 위해 참여하는 경우도 많다. 어떠한 경우라도 기초적인 문해교육과 이를 활용한 다양한 학습에 대한 욕구를 갖고 있는 성인이고, 이들을 위한 교육프로그램이 비정규학교를 통해 제공되고 있다.

비정규학교라는 표현이 법적 표현이거나 일반적으로 사용되는 용어는 아니다. 다만 이와 관련되어 조례를 제정한 제주도의 경우 '비정규학교 지원 조례'를 제정 및 운영하고 있어서, 이 글에서도 비정규학교라는 표현을 사용하였다. 2022년 기준 비정규학교에 대한 지원 조례는

제주도에서만 제정하고 있다. 비정규학교는 매우 열악한 상황인 경우
가 다수이다. 야학을 포함한 비정규학교의 대다수는 개인적 노력에 의
해서 운영되고, 공공 영역에서의 지원이 제공되지 못하거나 제공되더
라도 충분하지 않은 실정이다. 특히 늦은 시간 학습 후 귀가 지원, 무
료 강좌 운영, 학습교재 무료 제공 등으로 수익 창출이 어려운 상황에
서, 강사비, 귀가 지원 차량 유류비, 기관 운영비 등으로 다수의 기관
이 재정적 압박에 직면하고 이로 인해 폐관되는 사례가 속출하는 상황
이다(현영섭, 2022). 하지만 성인학습자가 스스로 자신의 학력을 높이고
문해능력을 향상시키기 위해 학교에 오고 있다는 것만 보면, 자발적이
고 자기주도적 학습자가 다수 모여서 공부하는 곳이 비정규학교이다.
이런 점에서 비정규학교에 대한 지원은 학습자의 권리에 대한 정부의
의무이면서도 충분한 효과가 발휘될 수 있는 영역이기도 하다. 따라서
중앙정부와 지자체가 비문해자, 저학력자 등의 학습소외계층을 위한
평생교육 지원을 강화해야 하고 이를 위해 법령 및 조례 정비 등의 적
극적 노력이 요구된다. 구체적으로 비정규학교라는 확대된 틀을 사용
하여 성인문해교육기관, 야학, 학교밖 청소년 지원 기관, 검정고시 지
원 기관, 성인장애인평생교육기관 등을 묶어서 체계적으로 지원할 수
있는 제도 마련이 필요하다(현영섭, 2022).

평생교육사업 성공사례_ 성인문해교육(1)

이○○

평생교육사업(성인문해교육) 면담자 소개

이○○(68세)는 부천시 춘의성인문해학교에 근무하는 문해교사(교무부장)이다. 어릴 적 집안 형편이 좋지 않아 학교를 다니지 못했지만 공부에 대한 열망을 버리지 않고 꾸준히 노력한 결과 현재는 평생교육기관 교사로 근무하고 있다.

1. 평생교육사업(성인문해교육) 참여동기 및 배움/활동 내용

저는 국가에서 실시하는 인구조사 종이를 받아 학력난을 기입할 때마다 늘 망설였습니다. 가정 형편이 좋지 않아 학교를 다니지 못했기 때문에 중졸, 고퇴, 아니 고졸 등 어느 난에 체크를 해야할지 고민스러웠기 때문입니다. 따라서 인구조사 때마다 저의 최종학력은 늘 다른 고무줄 학력이었습니다. 그러던 50대 어느날 일을 마치고 집에 가는 길에 전봇대에 붙여진 전단지에 쓰여진 빨간 글씨가 제 눈에 확 들어왔습니다. 영어를 무료로 가르쳐준다는 내용이었습니다. 내가 할 수 있을까 없을까를 망설이다 며칠이 흘러 전봇대에 다시 가보니 몇일전에 내린 비에 글씨는 지워진 상태였습니다. 그렇게 또 몇해가 흘렀고 친한 친구가 무료로 공부를 할 수 있다는 성해문해교육기관을 소개해줬고 그 이후 그곳에서 그 친구와 함께 공부를 시작했습니다. 그곳에서 공부한 내용을 바탕으로 중학교와 고등학교를 검정고시로 졸업하고 내친김에 방송통신대 영어영문과를 졸업했습니다.

현재는 성인문해교육기관인 춘의성인문해학교에서 교무부장으로 근무하며, 다양한 교육활동을 제공, 진행하고 있습니다. 학생들에게 글쓰기와 읽기 활동, 영어, 합창, 연극, 영화감상, 수학여행(필리핀 등)

등의 다양한 교육활동을 제공하고 있습니다. 성인학습자의 눈높이에 맞춰 교육봉사활동을 하고자 하는 교장 및 교감 퇴직교원들을 대상으로 한 강좌에 특별강사로 초빙되어 강사로도 활동하고 있습니다.

2. 평생교육사업(성인문해교육)을 통한 성장과 향후 계획

2년에 한 번씩하는 인구조사 시 부끄러움을 느꼈던 저의 학력은 꾸준히 노력한 결과 대학졸업자로 바뀌었고 이로 인해 저의 학력은 이제 자부심과 자랑거리가 되었습니다. 목표를 정하고 꾸준히 노력한 결과 학습자에서 교수자로의 변신은 저에게 매사에 자신감을 주었습니다. 목표를 정하고 끊임없이 노력한다면 못이룰 것이 없다는 것이었습니다. 또한 교무부장으로서 다양한 교육활동을 개발하는 과정에서 제 자신이 음악, 미술, 연극, 캘러그라피 등 예체능에 소질이 있다는 사실을 발견했습니다.

그동안 저는 다른 사람에게 피해만 안 주면 되는 소극적인 삶을 살았다면 이제는 다른 사람들에게 롤모델이 되어 좋은 영향력을 행사하고 봉사하는 삶을 살고 싶습니다. 현재 저소득 가정의 청소년이나 노인들을 위한 밥차 봉사활동을 하고 있는데, 앞으로 주변 영세민 아파트를 좀 더 깨끗하게 하는 마을 봉사팀을 만들어 활동하고 싶습니다.

3. 평생교육사업(성인문해교육)에 대한 느낌과 바람

어린시절 배움의 기회를 놓친 성인 대상 국가지원 성인문해교육은 자신의 학력에 부끄러움을 느끼는 사람들의 자존감을 높여주는데 매우 큰 역할을 한다. 이러한 학력 향상은 저처럼 학습자를 교수자로, 사회적 수혜자에서 봉사 제공자로 변환시켜주는 마법을 발휘하기도 한다. 성인학습자의 경우, 손주 돌봄 등 가사가 우선시 되는 경우가 많아 중도에 그만두는 분들이 꽤 있다. 특히 손주를 돌봐야 하는 경우, 국가가 나서 성인학습자가 공부하는 동안 돌봄서비스를 제공하는 부분에 지원이 있으면 좋겠다는 생각이 든다.

평생교육사업 성공사례_ 성인문해교육(2)

양○○

평생교육사업(성인문해교육) 면담자 소개

양○○(78세)는 어린 시절 아버지와 어머니를 모두 잃고 가난으로 인해 배움의 기회를 놓쳤다. 1946년 태어나자마자 아버지를, 4살 땐 어머니마저 잃고 친척 집을 전전하며 식모살이를 하느라 공부할 기회를 갖지 못하고 살았다. 그러나 뒤늦은 나이인 일흔이 넘어서야 성인문해교육기관인 광주희망학교에서 생애 처음 글을 배우기 시작하였고, 2022년 전국 성인문해교육 시화전에서 '나만 몰랐던 세상'으로 글아름상을 받았다.

1. 평생교육사업(성인문해교육) 참여동기 및 배움/활동 내용

택시에 표시된 '예약', '빈 차' 등의 표시를 읽지 못해 그냥 지나쳐가는 택시를 보고 원망했고, 은행이나 공적 서류 작업 시 사인을 못해 대신해달라 부탁했는데, 이로 인해 사기를 당한 경우도 많았다. 그래서 못배운 한을 풀고자 검정고시를 준비하며 공부하고 있던 친구의 소개로 등록금이 없는 광주희망학교를 찾았다.

광주희망학교는 '배움에는 나이가 없다'는 교훈 아래, 별도의 검정고시 없이 학력을 취득할 수 있는 초등, 중등, 중등 예비 과정으로 각 3단계로 구성된 성인문해교육기관이다. 먼저 한글 학습에는 그림카드를 활용한 읽고 쓰기 활동, 노래 부르기 활동, 카톡을 통한 문자보내기 활동, 시화 작품 활동 등이 활용되었다. 한글을 익히다보니 맥도날드, 버거킹과 같은 영어로 된 상호나 제품명 등이 많아 파닉스(영어 발음기초), 생활영어를 학습하기도 하였다. 이 기관에서 성인들에게 필요한 기초소양교육의 일환으로 한글뿐만 아니라 영어, 한문, 디지털 문해교육도 받았다.

2. 평생교육사업(성인문해교육)을 통한 성장과 향후 계획

2019년 친구의 소개로 광주희망학교에 입학, 학교를 다니는 동안 저의 한글 실력은 눈에 띄게 향상되어 백일장, 시화전 등에서 다수의 상을 받았습니다. 대표적인 상으로는 2021년 광주 성인문해교육 시화전에서 시화부문 장려상을, 그리고 2022년 전국 성인문해교육 시화전 [문해, 지금 나는 봄이다]에서는 탁월한 솜씨로 [글아름상]을 수상하였습니다. 뒤늦게 시작한 공부로 인해 저의 삶은 많이 달라졌습니다. 상을 탄 덕분에 광주방송 및 KBS 방송에 출현하기도 했으며, 수상으로 인해 상금도 탔습니다. 생업에 종사하느라 그리고 돈이 없어 배움의 기회를 갖지 못했던 저는 이러한 기분 좋은 다양한 경험을 통해 못 배운 것에 대한 한을 좀 풀 수 있었고, 나날이 발전하는 내 자신을 보며 저의 자존감은 많이 올라갔습니다.

앞으로 영어공부도 더 하고 싶고, 글을 쓰다보면 한글 받침이 가끔 틀리는데, 이런 부분 등에 대해 더 열심히 공부한 후 세상에 저의 이러한 경험을 담은 책을 내놓고 싶습니다. 어린나이에 부모님을 모두 잃고 글도 모른 채 눈물로 힘들게 살아온 제 인생 이야기, 그리고 뒤늦게 공부를 시작해 이렇게 성장했다는 이야기를 책에 다 풀어놓고 싶습니다.

3. 평생교육사업(성인문해교육)에 대한 느낌과 바람

광주 희망학교의 성인문해교육 프로그램은 저에게 매우 만족스러웠습니다. 학비가 없고 저희를 지도해주시는 원장님 이하 모든 분들이, 그리고 함께 공부하는 모든 분들이 친절하고 좋았습니다. 아쉬움이 있다면 시설이나 교통 부분에 대한 정부 지원이 더 있었으면 합니다. 겨울 난방비, 여름 냉방비, 그리고 멀리서 오시는 분들에 대한 셔틀버스 운행 제공 등에 대한 재정적 지원이 더 있었으면 합니다.

장애인평생교육사업

양은아(나사렛대)

1. 「평생교육법」 개정:
장애인 평생교육과 일반 평생교육의 통합적 체제를 구축하다

장애인 평생교육은 2007년 전부 개정된 「장애인 등에 대한 특수교육법」 제33조, 34조에 그 법적 근거가 마련되면서 국가에서 지원하기 시작하였다. 그러나 동법에서는 장애인 평생교육과정이 실시되는 장소를 각급학교로 국한하고, 별도의 장애인 평생교육시설 역시 학교형태의 교육만 제공할 수 있도록 규정했기 때문에 장애인의 다양한 평생교육 수요를 고려하지 못한 조항으로 비판받아 왔다(김기룡 외, 2022: 3). 결과적으로 「장애인 등에 대한 특수교육법」에 명문화된 장애인 평생교육에 관한 조항은 학령기 교육을 받지 못한 성인으로 그 대상이 제한되었다는 점에서, 정규 교육과정 이후에도 장애인의 지속적인 학습권을 보장하기에는 한계가 있었다. 이에 장애인 평생교육을 체계적으로 계획하고 추진하기 위해서는 「평생교육법」 안에 장애인 평생교

육에 대한 지원과 체계를 명시할 필요가 있다는 사회적 공감대가 형성
되었고, 이를 바탕으로 2016년 5월에 평생교육법이 개정되었다. 그동
안 특수교육법에만 명시되어 있던 장애인 평생교육 관련 조항을 평생
교육법으로 이관함으로써, 국가와 지방자치단체가 관련 정책과 사업
을 수립하고 시행할 수 있는 법적·제도적 근거가 마련된 것이다. 이처
럼 「평생교육법」 개정을 계기로 장애인 평생교육 분야가 장애인 관련
법령에만 명시된 제한된 분야가 아닌 평생교육의 의미있는 대상이 되
었다는 점에서 큰 의의가 있다. 이를 토대로 장애인 평생교육은 평생
교육이라는 큰 틀 안에 통합되어 본격적으로 체계 구축을 추진할 수
있게 되었고, 2018년에는 장애인 평생교육 전담기관인 국가장애인평
생교육진흥센터가 신설되었다. 이처럼 장애인의 평생교육 권리 보장
요구에 대응하기 위한 법적·제도적 차원의 노력은 교육부 차원의 별
도의 장애인 평생교육 정책 수립으로 이어졌다. 이 장에서는 장애인
평생교육과 일반 평생교육의 통합적인 체제기반이 마련된 「평생교육
법」 개정 이후 장애인 평생교육 관련 주요 정책과 사업을 소개하고,
그간의 의미있는 성과와 향후 필요한 과제가 무엇인지 전반적인 사항
을 살펴본다.

2. 장애인 평생교육 정책과 사업 추진을 위한 기반을 다지다

가. 「평생교육법」 어떻게 개정되었는가?

장애인 평생교육과 관련해서 「평생교육법」의 개정은 크게 네 가지
측면에서 이루어졌다. 첫째, 장애인 평생교육에 대한 책무성 제고, 둘
째, 장애인 평생교육 주체의 참여 보장, 셋째, 장애인 평생교육 지원체
계 구축, 넷째, 장애인 평생교육 전문인력 배치에 관한 근거 마련을 핵

심적인 내용으로 꼽을 수 있다(김기룡 외, 2022: 19). 이 네 가지 범주를 기준으로 「평생교육법」에서 주요 개정된 조항과 내용, 그 의의를 검토하면 <표 3.14>와 같다.

표 3.14 「평생교육법」의 주요 개정 내용 및 그 의의

구분	「평생교육법」 조항	주요 개정 내용	개정의 의의
장애인 평생교육에 대한 책무성 제고	[신설] 제5조(국가 및 지방자치단체의 임무) 제2항	· 국가와 지방자치단체는 장애인 평생교육에 대한 정책을 수립·시행하여야 함	· 장애인 평생교육에 대한 국가 차원의 책무성 확립
	[신설] 제9조(평생교육진흥기본계획의 수립) 제1항 제5호 및 제6호 신설	· 교육부장관이 5년마다 수립하는 평생교육진흥기본계획에 장애인 평생교육 진흥에 관한 사항과 장애인 평생교육 진흥 정책의 평가 및 제도 개선에 관한 사항을 포함하여야 함	· 장애인 평생교육에 대한 책무성 제고
장애인 평생교육에 주체의 참여 보장	[개정] 제10조(평생교육진흥위원회의 설치) 제4항 개정	· 교육부장관 소속 평생교육진흥위원회의 위원으로 장애인 평생교육 관련 전문가를 위촉할 수 있도록 함	· 정부 차원의 장애인 평생교육 정책에 대한 전문성 제고

장애인 평생교육 지원 체계 구축	[신설] 제19조의 2(국가장애인평생교육진흥센터)	· 국가는 장애인 평생교육 진흥 관련 업무를 지원하기 위하여 국가장애인평생교육진흥센터를 둠	· 장애인 평생교육의 효과적인 전달 체계를 구축하고, 장애인 평생교육의 전문성 제고와 지원 환경을 조성하는데 기여
	[신설] 제20조의 2(장애인평생교육시설 등의 설치) → 「장애인 등에 대한 특수교육법」 제34조(학교형태의 장애인 평생교육시설) 규정을 이 조항으로 이관	· 국가, 지방자치단체 및 시·도교육감은 장애인 대상 평생교육 프로그램 운영을 위하여 장애인평생교육시설을 설치 또는 지정·운영할 수 있도록 함	· 다양한 형태의 장애인평생교육시설을 설치 또는 지정할 수 있도록 함으로써 장애인 평생교육 제공 기관 확충에 기여
	[신설] 제21조(시·군·구 평생학습관 등 설치·운영 등) 제3항 제1호의 2	· 시·군·구 평생학습관의 사업 범위에 장애인 대상 평생교육 프로그램의 개발·운영 포함	· 시·군·구 평생학습관에서도 장애인 대상 평생교육 프로그램을 개발하고 운영할 수 있는 법적 근거 마련
	[신설] 제21조의 2(장애인 평생교육과정) → 「장애인 등에 대한 특수교육법」 제33조	· 각급학교에서 장애인을 위한 평생교육과정을 설치·운영할 수 있도록 함	· 각급학교뿐 아니라 일반 평생교육기관에서도 장애인 평생교육 과정을 개설·운영할

	(장애인 평생교육과정) 규정을 이 조항으로 이관	· 「평생교육법」에 의한 평생교육기관에서 별도의 장애인 평생교육과정을 설치·운영할 수 있도록 함 · 국가평생교육진흥원에서 장애인 평생교육기회 확대 방안 및 장애인 평생교육프로그램을 개발할 수 있도록 함 · 시·도평생교육진흥원은 평생교육기관이 장애인 평생교육과정을 설치·운영할 수 있도록 지원하여야 함	수 있도록 함으로써 평생교육 저변 확대에 기여 · 국가평생교육진흥원은 장애인 평생교육에 대한 연구·개발 업무를 시·도평생교육진흥원은 관할 지역의 평생교육기관이 장애인 평생교육과정을 설치·운영하도록 지원하는 역할을 각각 담당함으로써, 일반 평생교육 전달체계에서의 장애인 평생교육에 대한 책무성 제고
장애인 평생교육 전문인력 비치	[개정] 제26조(평생교육사의 배치 및 채용) 제3항	· 이 법에 따른 장애인 평생교육시설에서도 평생교육사를 배치하여야 함	· 평생교육에 대한 전문성 향상 기대

출처: 김기룡 외, 2022, pp. 17-19.

나. 장애인 평생교육 정책과 사업의 목표는 무엇인가?

2019년 12월에 정부는 관계부처 합동으로 「장애인 평생교육 활성화

방안(2020－2022)」을 발표했다. 이 계획은 장애인에 대한 범정부 차원
의 종합적인 평생교육 지원을 위한 중장기 계획이라고 할 수 있다. 장
애인 평생교육 활성화 방안(2020－2022) 수립을 추진했던 구체적인 배
경으로는 다음의 네 가지를 들 수 있다. 첫째는, '제4차 평생교육진흥
기본계획'에서 제시했던 장애인 평생교육 추진체계 구축에 대한 세부
적인 추진방안 마련이 필요했다(관계부처 합동, 2019: 1). 둘째는, 「평생
교육법」에서 명시한 장애인이 평생교육 기회를 충분히 부여받을 수
있도록 장애인 평생교육 지원 방안을 강구하는 국가 책무에 대한 충실
한 이행이 필요했다. 「평생교육법」 제5조 2항에는 국가 및 지방자치단
체의 임무로 장애인이 평생교육의 기회를 부여받을 수 있도록 장애인
평생교육에 대한 정책을 수립·시행하여야 한다고 규정하고 있다(관계
부처 합동, 2019: 1). 셋째는, 장애인이 소외됨 없이 모두가 함께 성장할
수 있는 장애 친화적인 평생학습 여건을 마련하기 위한 정책적 지원이 필
요했다. 이와 같은 배경에서 '장애인 평생교육 활성화 방안(2020－2022)'은
'장애인과 함께 성장하는 평생학습사회 구현'을 비전으로 설정하고, 양
질의 장애인 평생학습권 보장과 장애인의 지역사회 참여 역량 강화를
정책의 주요 목표로 제시하였다. 또한 장애인 평생교육의 정책 목표를
달성하기 위해 (1) 장애 친화적인 평생학습 환경 구축, (2) 장애인 맞
춤형 평생교육 지원 강화, (3) 장애인 평생교육 지원 기반 강화, (4) 장
애인 평생교육 체계적 관리 및 정보 제공 강화라는 4대 주요 추진 과
제와 11개의 세부 추진과제를 설정하였다.

　　장애인 평생교육 활성화 방안에서 구체적으로 제시하고 있는 추진
과제 및 세부 과제와 목표를 검토하면 <표 3.15>와 같다.

표3.15 정부의 장애인 평생교육 활성화 방안 주요 내용

추진 과제	세부 과제	목표
장애 친화적 평생학습 환경 구축	장애인 평생학습도시 조성	· 장애인 평생교육 인프라를 강화한 장애인 평생학습도시 조성
		· 장애인 평생교육 지원을 위한 편의시설, 이동권, 접근성 확보 등 지역의 장애인 평생교육 인프라 구축
	원격시스템을 활용한 평생교육 지원 강화	· 장애인 온라인 콘텐츠 개발·보급 및 장애인 웹 접근성 강화
		· 온라인 콘텐츠를 탑재한 장애인 평생교육 정보시스템을 구축하고 운영하여 장애인의 이용 편의성 도모
	장애인 평생교육 편의 제공 지원 강화	· 장애인 교육편의 제공 지원 강화로 장애인 접근성 제고
		· 장애인 평생교육시설의 시설과 설비 표준안 개발 및 보급
		· 원거리에 있는 장애인이 평생교육에 참여하도록 찾아가는 맞춤형 평생교육 프로그램 지원
장애인 맞춤형 평생교육 지원 강화	장애 특성 및 요구를 고려한 맞춤형 지원 강화	· 장애특성 및 요구를 고려한 체계적인 맞춤형 지원 강화
		· 발달장애인 특성을 반영한 발달장애인 평생교육과정 및 프로그램 개발·보급
		· 시각 및 청각 장애인 평생교육 지원을 위하여 평생교육기관에 점자 자료 제작·보급 및 수어통역센터 활성화

	다양한 형태의 장애인 평생교육 프로그램 개발·운영 확대	· 장애유형 및 정도를 고려한 프로그램 수 1,130개로 확대
		· 지역별 특성을 반영한 장애인 평생교육 모델 보급 · 장애 유형과 정도를 고려한 평생교육 프로그램 및 교재 개발 확대 · 일자리 연계 장애인 평생교육 프로그램 개발과 보급
	장애인 문해교육 증진 및 학력인정 체제 구축	· 장애인 문해교육 교육과정 신설 및 학력인정시스템 개발로 장애인 문해교육 및 학력인정 체제 구축
		· 학령기 의무교육 단계에서 교육기회를 놓친 장애인을 위한 학력인정 맞춤형 학습체계 마련 · 학교형태의 장애인 평생교육시설 지원방안 마련
장애인 평생교육 지원 기반 강화	장애인 평생교육기관 확대 및 지원 강화	· 장애인 평생교육기관 확충·확대 및 지원 강화를 통한 양질의 교육 제공
		· 발달장애인 평생교육센터 설치 확대 · 시·도 평생교육진흥원을 장애인 평생교육 거점기관으로 지정하여 운영
	장애인 평생교육 종사자 및 관계기관 전문성 강화	· 다양한 방법으로 장애인 평생교육 종사자 연수 기회 확대 및 지원역량 강화
		· 장애인 평생교육 종사자 양성 프로그램 개발·운영
	장애인 평생교육 지원 체계 구축	· 관계 부처, 중앙-지방, 장애인 평생교육기관 간 연계 구축으로 체계적 지원 강화

장애인 평생교육 체계적 관리 및 정보 제공 강화		· 평생교육-고용-복지가 유기적으로 연계하여 장애인 평생교육 지원 체계 구축 · 국가와 지방자치단체 간에 장애인 평생교육 지원 협의체 구성 · 운영 · 장애인 평생교육 기관 간에 연계체제 구축 · 운영
	장애인 평생교육 체계적 관리 기반 구축	· 장애인 평생교육 현황조사, 성과평가로 장애인 평생교육 체계적 관리 기반 구축
		· 장애인 평생교육 현황 조사 실시 · 장애인 평생교육 관련 정책 성과평가
	장애인 평생교육 정보 제공 강화	· 장애인 평생교육 정보 제공 및 홍보 강화로 지역사회 장애인 평생교육 인식 개선
		· 장애인 및 보호자 대상 평생교육 정보 제공 강화

출처: 관계부처 합동, 2019, pp. 9-10.

　　정부는 '장애인 평생교육 활성화 방안(2020 – 2022)'이라는 큰 밑그림에 기반해서 장애인의 평생교육 접근성을 개선하고 장애인이 이용가능한 질 높은 평생교육기관과 프로그램을 확대하며, 장애인 평생교육 인식 개선을 위한 다양한 정책과 사업을 추진해나가고 있다(김기룡 외, 2022: 5) 특히 2021년 6월에는 「평생교육법」 제15조에 '장애인평생학습도시' 조항을 신설하였다. 이를 계기로 국가는 장애인 평생교육 활성화를 위해 특별자치시, 시·군 및 자치구를 대상으로 장애인 평생학

습도시를 지정·지원하고, 장애인 평생학습도시 간의 연계 및 협력, 정
보교류를 확장하기 위해 전국장애인평생학습도시협의회를 둘 수 있도
록 하는 등 장애인 평생교육을 체계화할 수 있는 근거를 보강하였다.

3. 장애인 평생교육이 걸어온 길

장애인 평생교육이 구체적으로 법규에 명시된 것은 2007년 「장애인
등에 대한 특수교육법」과 2014년 「발달장애인 권리보장 및 지원에 관
한 법률」에 의해서였다. 그러나 실질적으로 장애인 평생교육이 제도적
으로 틀을 갖추게 된 것은 2016년 5월 「평생교육법」의 개정부터라고
할 수 있다. 다음은 장애인 평생교육에 관한 법적 규정이 「특수교육법」
에서 「평생교육법」으로 이행되는 주요 단계와 국면을 살펴본다.

가. 법적·제도적 환경 추진 경과

■ 장애인 평생교육은 2007년에 「특수교육법」과 「특수교육법 시행
령」이 제정되면서 장애인에 대한 최초의 평생교육 지원의 근거
가 마련되었다. 장애인 평생교육을 처음으로 언급한 「특수교육
법」에는 각급학교의 장이 「장애인 복지법」 제2조에 따라 장애인
의 계속교육을 운영할 수 있다고 규정하였다. 여기서 계속교육은
직무 관련 역량개발이나 개인의 자아실현을 위하여 학교교육 이
후에 계속적으로 학습을 이어나가는 것을 의미한다(권재현, 이정
복, 윤미경, 2020). 동법이 제정되기 전까지는 고등학교 졸업 이후
고등교육 및 평생교육 기회가 매우 제한적이었다.

■ 2010년에는 교육부의 특수교육 담당부서가 '장애성인 평생교육
활성화 방안' 연구를 전격 추진하였고, 2011년 7월에는 「특수교

육법」 개정을 통해 장애인 평생교육을 국가평생교육체계 내에
포함하도록 규정하는 계기를 만들었다.

■ 2016년이 되면서 장애인 평생교육을 체계적으로 추진하기 위하
여 「특수교육법」에 명시된 장애인 평생교육 규정을 삭제하고 「평
생교육법」으로 이관하였다. 「평생교육법」에는 국가장애인평생
교육진흥센터 및 장애인 평생교육시설의 설치, 장애인 평생교육
과정 개발의 지원, 평생교육사 배치 및 채용 관련 규정들이 신설
되었다. 국가와 지방자치단체는 개정된 「평생교육법」에 근거하
여 장애인 평생교육 정책을 수립하여 시행하고, 국립특수교육원
에 장애인 평생교육 전담부서인 국가장애인평생교육진흥센터를
설립하는 등 장애인 평생교육을 지원하기 위한 정책과 제도를
추진해나가고 있다.

■ 이처럼 2016년 「평생교육법」의 개정 이후 우리나라는 장애인 평
생교육에 대한 국가와 지방자치단체의 책임을 강화하고 장애인
평생교육 정책의 일원화된 체계를 구축해 나가고 있다. 큰 틀에
서 볼 때 「평생교육법」 개정은 장애인 평생교육이 장애인 관련
법령에만 명시된 제한된 분야가 아닌, 일반 평생교육 체계 내에
서 존립하는 의미있는 체계로서 그 위상을 높였다는 점에서 큰
의의를 지닌다(김기룡, 이경준, 2017). 이 법률의 개정으로 장애인
평생교육은 주변부가 아닌 일반 평생교육 체계 내에서 주류화되
고, 일반 평생교육의 변화와 발전에 서로 영향을 주고받으면서
성장할 수 있는 전환점이 마련되었다.

나. 국가 및 지방자치단체의 장애인 평생교육 정책 추진과정

현재 국가 및 지방자치단체의 장애인 평생교육 정책과 사업은 '평생

교육진흥기본계획'과 범정부 차원의 중장기 종합계획인 '장애인 평생교육 활성화 방안', '특수교육발전5개년계획'에 의해 추진되고 있다. 최초의 정책은 '제3차 특수교육발전5개년계획(2008-2012)'에 성인장애인을 위한 학교형태의 장애인 평생교육 지원 정책이 포함되면서부터이다(김기룡 외, 2022: 22). 그 뒤로 '제4차 평생교육진흥계획(2018-2022)'에서 「평생교육법」 개정을 계기로 장애인 평생교육 지원을 강화하는 추진과제를 본격 제시하고, 그에 따른 장애인 평생교육 지원 기반을 구축하고자 하였다. 이후에 최근 2022년 12월에 수립된 「제5차 평생교육진흥기본계획(2023-2027)」에서 '소외계층의 실질적 평생학습 기회 확대'를 실현하는 추진과제로서 장애인을 위한 평생교육 지원 정책과 사업들이 구체적으로 포함되었다. 이 절에서는 장애인 평생교육의 정책과 사업을 핵심적으로 포함하고 있는 '평생교육진흥기본계획'과 '장애인 평생교육 활성화 방안'의 구체적인 내용들을 짚어본다.

1) 제4차 평생교육진흥 기본계획(2018-2022)

장애인 평생교육의 법적·제도적인 환경 변화는 「제4차 평생교육진흥 기본계획(2018-2022)」에 직접 반영되었다. 2018년 2월에 개정 법률의 시행에 따라 '제4차 평생교육 진흥 기본계획(2018-2022)'이 발표되었다. '제4차 평생교육진흥 기본계획' 중 장애인 평생교육 진흥 계획의 골자는 '장애인 평생교육 추진체계의 구축'이라고 할 수 있다. '평생교육진흥기본계획'의 제1차 계획부터 제3차 계획까지는 장애인 평생교육 지원 계획은 수립하지 않는 대신 소외계층으로 통합 지원하였으나, 2016년 「평생교육법」 개정 이후 제4차 계획에는 장애인 평생교육에 대한 세부계획을 수립하였다. 구체적인 내용을 살펴보면, 장애인 평생교육은 '누구나 누리는 평생학습' 추진을 위한 대과제의 2번째 중

과제인 '소외계층 평생학습 사다리 마련(소외계층 실질적 평생학습 기회 확대)'이라는 과제에서 중점적으로 다루고 있다. 여기에는 세부내용으로 (1) 장애인 평생교육 추진 체계 구축과 (2) 장애인 맞춤형 평생교육 제공 강화가 설정되었다(교육부, 2018: 13, 24-25). 특히 본 과제에는 국가장애인평생교육진흥센터의 설립과 국가, 시·도 및 지역의 평생교육 추진체제 구축을 위한 각 기관별 역할 분담체계를 명확히 제시하였을 뿐 아니라, 이에 대한 추진 실적을 매년 평가하여 평생교육진흥위원회에 보고하도록 하였다. 이와 함께 맞춤형 장애인 평생교육 공급을 강화하기 위해 기존 평생교육 제도 및 기관(학점은행제, 독학학위제, 평생학습계좌제, 일반 평생교육기관, 대학 부설 평생교육원 등) 등에 대한 접근성과 방송 또는 인터넷 접근성을 높이는 지원방안을 실질적으로 제시하는 방안을 담았다(김기룡 외, 2022: 22).

2) 제5차 평생교육진흥 기본계획('23~'27년)

2022년 12월에 발표된 「제5차 평생교육진흥기본계획」에서 장애인 평생교육은 6대 핵심과제 중 4번째 과제에 해당하는 '장애인을 위한 평생학습 집중지원'을 통해 중점적으로 다루고 있다. 본 과제에서 장애인 평생교육 지원 강화를 위한 국가·지자체·기관 등 주체별 역할 확대를 통해 추진되는 주요 정책과 사업은 세 가지로 압축된다. 첫째, 지역사회 내에 장애인 평생학습 인프라를 확충하는 사업이다. 이를 위해 ① 장애인에게 지역사회에서 필요한 평생학습 프로그램과 인프라를 제공하는 '장애인 평생학습도시'를 지속적으로 확대하는 사업이 포함되었다. 이에 대한 구체적인 목표로서 2023년 53개 도시에서 → 2027년에 100개 도시로의 확대 계획을 수립하였고, 장애인 평생학습도시 우수모델을 공유·확산할 수 있는 협의체 구성과 구체적인 운영

방안을 제시하였다. ② 지역 평생교육기관의 프로그램별 장애인 학습
가능 여부(장애정도별, 유형별 구분)와 시설 확보 여부 등 평생교육기관
의 장애인 관련 정보공개 강화가 명시되었다(관계부처 합동, 2022: 42).
둘째, 장애인 학습지원 및 맞춤형 프로그램 등을 개발하고 확대하는
사업이다. 이를 위해서 ① 장애인 생애주기별, 특성별(예: 임신·육아 중)
학습설계를 제공하고(지원정책 안내, 관련 평생교육 안내, 멘토링 지원, 상담
지원 등), 저소득층 장애인에게는 학습비 지원을 강화하는 정책을 포함
하였다. ② 장애인의 장애 유형·정도 등을 고려하여 맞춤형 프로그램
을 개발·확대하고, 저학력 장애인 대상 평생학습 지원을 강화하는 사
업을 설계하였다. 그 구체적인 방향으로 평생학습 목적별 매년 1~2개
분야의 집중개발을 추진하고, 발달장애인의 기초학력 보장을 위한 학
습자 및 교·강사용 문해교육 온라인 콘텐츠 개발과 보급을 명시하였
다. ③ 온라인 콘텐츠의 접근성 확대를 위해, K-MOOC 등 정부·공
공기관 제공 콘텐츠에 수어·자막 등 제공서비스를 지속 확대해나가는
사업이다('22년 기준, 전체 강의의 약 9% 강의(99개 강의)에서 수어·자막을
제공 중임). 마지막으로 셋째, 장애인 평생학습의 추진기반을 강화하는
전략이다. 이를 위해서 ① 장애인 평생학습 지원 확대를 위한 법적근
거를 강화하고, 국가·지방자치단체에 장애인 평생학습 지원체계를 확
대하는 과제를 강화하였다. ② 또한 맞춤형 프로그램 개발·고도화를
위해, 장애 유형·정도별 평생학습 참여실태 등 관련 데이터를 종합적
으로 구축해나가는 사업을 포함하였다(관계부처 합동, 2022).

　3) 장애인 평생교육 활성화 방안(2020-2022)

　교육부는 지난 2019년에 장애인 평생교육에 대한 국가 차원의 중장
기 계획을 수립하기 위하여 기초연구를 실시하고, 이 결과에 기초하여

2019년 12월에 '장애인 평생교육 활성화 방안(2020 – 2022)'을 발표했다. 이 방안은 2011년에 장애인 평생교육을 활성화하기 위한 교육부 대책에 이어 두 번째로 발표된 국가 차원의 장애인 평생교육 정책으로서 (전문가 자문회의 결과와 관계부처 등의 의견을 수렴하여 수립된) 최초의 장애인을 위한 범정부 차원의 종합적인 평생교육 지원 중장기 계획이다. 2011년 당시에는 평생교육에 대한 법적 근거가 미약했던 시기에 발표되어 학교형태의 장애인 평생교육과 장애인 평생교육 프로그램 확대 등 제한적인 내용만을 담고 있었다. 그러나 '제1차 장애인 평생교육 활성화 방안'에는 개정된 「평생교육법」에 따라 장애인 평생교육에 대한 구체적인 법적 근거를 갖추었고, 국가장애인평생교육진흥센터 등 장애인 평생교육 지원 및 전달체계를 구축하였기에, 정책의 실효성을 뒷받침할 수 있는 여건이 조성된 시기라 할 수 있다(김기룡 외, 2022: 25). 따라서 이 시기에 수립된 '장애인 평생교육 활성화 방안'은 평생교육진흥기본계획과 함께 장애인 평생교육의 실질적인 활성화에 기여할 수 있는 구체적인 방안을 포함하였다. 구체적인 세부내용을 검토해보면, 「평생교육법」에 규정된 국가 및 지방자치단체의 장애인 평생교육에 대한 책무를 이행하고, 장애인의 낮은 평생학습 참여율과 열악한 장애인 평생교육 지원 환경 개선을 위해 국가적 정책과제를 분야별로 제시하였다. 분야별 핵심내용을 제시하면 다음과 같다(김기룡 외, 2022: 25).

첫째는 장애 친화적 평생학습 환경 구축 과제를 추진하기 위해서 장애인 평생학습도시 조성, 원격시스템을 활용한 평생교육 지원 강화, 장애인 평생교육 편의 제공 지원 강화를 구체적인 과제로 제시하였다.

둘째는 장애인 맞춤형 평생교육 지원 강화 과제를 추진하기 위해서 장애 특성 및 요구를 고려한 맞춤형 지원 강화, 다양한 형태의 장애인 평생교육 프로그램 개발·운영 확대, 장애인 문해교육 증진 및 학력 인정체제 구축을 세부과제로 제시하였다.

셋째는 장애인 평생교육 지원 강화 과제를 추진하기 위해서 장애인 평생교육기관 확대 및 지원 강화, 장애인 평생교육 종사자 및 관계 기관 전문성 강화, 장애인 평생교육 지원 체계 구축을 세부과제로 제시하였다.

넷째는 마지막으로 장애인 평생교육의 체계적 관리 및 정보 제공 강화 과제를 추진하기 위해서 장애인 평생교육 체계적 관리 기반 구축, 장애인 평생교육 정보 제공 강화를 세부과제로 명시하였다

표 3.16 장애인 평생교육 활성화 방안의 체계

구분	세부내용	
비전	· 장애인과 함께 성장하는 평생학습사회 구현	
추진 목표	· 양질의 장애인 평생학습권 보장 · 장애인의 지역사회 참여 역량 강화	
추진 방향	· 지역 내 장애인 평생교육 활성화 촉진 · 장애유형별 맞춤형 평생교육을 위한 지원체제 확립 · 일반 및 장애인 평생교육기관 간 평생교육 연계 강화	
추진 과제	1. 균등하고 공정한 교육 기회 보장	· 장애인 평생학습도시 조성 · 원격시스템을 활용한 평생교육 지원 강화 · 장애인 평생교육 편의 제공 지원 강화
	2. 장애인 맞춤형 평생교육 지원 강화	· 장애 특성 및 요구를 고려한 맞춤형 지원 강화 · 다양한 형태의 장애인 평생교육 프로그램 개발·운영 확대 · 장애인 문해교육 증진 및 학력인정 체제 구축

3. 장애인 평생교육 지원 기반 강화	· 장애인 평생교육기관 확대 및 지원 강화 · 장애인 평생교육 종사자 및 관계기관 전문성 강화 · 장애인 평생교육 지원 체계 구축
4. 장애인 평생교육 체계적 관리 및 정보 제공 강화	· 장애인 평생교육 체계적 관리 기반 구축 · 장애인 평생교육 정보 제공 강화

출처: 김기룡 외, 2022, p. 24.

4. 장애인 평생교육 사업은 어떤 성과를 만들었는가?

그간 장애인 평생교육 관련 가장 큰 성과라면 2016년에 「평생교육법」 개정과 개정 이후의 장애인 평생교육을 체계적으로 지원할 수 있는 기반 구축(법적·제도적 기반, 운영체계, 평생교육기관, 전문인력 등)을 추진하였다는 점이다. 이는 네 가지 부문에서 주요 성과를 정리해볼 수 있다.

첫째, 장애인 평생교육을 체계적으로 지원하기 위한 법적 근거가 마련되었다.

「평생교육법」 개정으로 장애인 평생교육 및 장애학습자가 평생교육의 주변인에서 주체가 될 수 있는 토대를 구축하였다. 이는 법적 체계 내 교육의 한 대상으로만 고려되었던 상황에서 적극적으로 교육 및 학습에 대한 목소리를 높이고 이를 반영할 수 있는 장애인 평생교육 진흥을 위한 근거를 마련하게 된 것이다(김기룡 외, 2022: 44). 이를 계기로 국가와 지방자치단체는 「평생교육법」에 근거하여 장애인 평생교육 정책과 제도를 수립하여 시행하게 되었고, 장애인 평생교육 진흥을 위한 전담기관으로 국가장애인평생교육진흥센터를 국립특수교육원에 설립하였다. 정부는 국가장애인평생교육진흥센터를 중심으로 장애인 프로그램 개발 및 보급, 장애인 평생교육진흥을 위한 지원 및 조사 업무, 평생교육 전문가 양성 및 교육, 장애인 평생교육 기관 양성을 위한 지원 등 장애인 평생교육진흥 관련 업무를 체계적으로 추진하도록 하였다.

둘째, 장애인 평생교육을 지원하는 다각적인 협업체계를 구축하였다.

장애인 평생교육 지원체계를 구축하기 위한 범정부 관계부처 및 국가·지방자치단체 간, 장애인 평생교육기관 간의 연계·협조 체계를 조직화하였다(관계부처 합동, 2019: 19). ① 우선 첫 번째 층위는 장애인 평생교육을 중심으로 범정부 관계부처 및 유관기관 중앙상설협의체를 구성하여 장애인 평생교육 업무를 연계·협조하는 체계를 구축하였다. 본 협의체는 교육부, 복지부, 고용부, 국가장애인평생교육진흥센터, 한국장애인고용공단, 한국장애인개발원의 담당부서장 및 업무담당자로 구성되며, 범부처 유기적인 지원체제 구축을 통한 국가 차원의 장애인 평생교육진흥계획을 매년 수립하고 시행한다.

표 3.17 관계부처 및 유관기관 주요 역할

구분	교육부/ 국가장애인평생교육 진흥센터	보건복지부/ 한국장애인개발원	고용노동부 한국장애인고용공단
역할	· 제도 마련, 종사자 연수, 프로그램 개발 및 보급	· 평생교육 프로그램 운영, 복지서비스, 복지일자리 사업 지원	· 평생교육 프로그램 운영, 평생교육 학습자 대상 취업 알선, 상담

출처: 관계부처 합동(2019). 장애인 평생교육 활성화 방안(2020~2022), p. 22.

② 두 번째 층위는 국가 및 지방자치단체 간 협력 추진체계를 구축

하였다. 국가 및 지방자치단체 간의 체계적인 장애인 평생교육 협업을 위해 교육부-시·도-시·도교육청 장애인 평생교육 지원 협의체를 구성하고, 국가장애인평생교육진흥센터와 시·도평생교육진흥원과의 장애인 평생교육 실무협의체를 조직하여 운영하고 있다.

표 3.18 국가 및 지방자치단체 주요 역할

구분	역할
국가(국가장애인 평생교육지원센터)	· 장애인 평생교육 진흥 시행계획 수립, 행정기구, 전담·지원기구, 심의·협의기구 간 유기적인 지원체제 구축
시·도 (평생교육진흥원)	· 시·도 장애인 평생교육 진흥 계획 수립, 지역 내 유관기관 간 협의회 활성화, 장애인 평생교육시설 확충·운영
시·도교육청	· 장애인 평생교육시설 설치·운영 및 등록관리, 시설 기준 고시, 발달장애인 평생교육기관 지정 및 관리
각급 학교장, 평생교육기관	· 장애인 평생교육과정 설치·운영
읍·면·동 평생학습센터	· 장애인 평생교육 프로그램 운영 및 상담

출처: 관계부처 합동(2019). 장애인 평생교육 활성화 방안(2020~2022), p. 22.

③ 세 번째 층위는 시·도-시·도교육청 간 장애인 평생교육 협력 체계를 구축하였다. 지역 장애인 평생교육 지원 활성화를 위해 시·도와 교육청 간의 협의체를 운영하고 있다. 이 협의체는 시·도, 시·도교육청, 시·도평생교육진흥원, 시·군·구평생학습관 업무담당자 등으로 구성되어 운영된다. 또한 시·도평생교육진흥원 및 시·군·구 평생

학습관 중심 지역 단위 장애인 평생교육 네트워크를 활성화하는 연계를 강화하고 있다. 이를 위해 장애인 평생교육 전문가가 위원에 포함된 시·도평생교육협의회, 시·군·구평생교육협의회(평생교육법 제12조 및 제14조)를 활용하고 있다.

④ 마지막으로 네 번째 층위는 장애인 평생교육기관 간의 연계체계를 공고히 하기 위한 네트워크를 강화하였다. 국가장애인평생교육진흥센터에서 장애인 평생교육기관 간 최신 정보 공유 및 교류 활성화를 위한 연계체제를 구축하고, 시·도평생교육진흥원에서는 장애인 평생교육기관과의 장애인 평생교육 지원 협의회를 운영하고 있다.

셋째, 지역이 중심이 되는 장애 친화적인 평생학습도시를 조성하였다.

장애인 평생학습도시는 지역이 중심이 되어 장애인의 역량 개발을 지원하고 장애인 평생교육 활성화를 위한 기반 조성을 위해 도입되었다. 기초단위 도시를 중심으로 장애인 평생교육을 위한 편의시설의 구축과 장애인 평생교육 이동권 및 접근성 확보 등 지역의 장애인 평생교육 인프라 구축에 중점을 두고 있다. 장애인 평생학습도시에서 추진되는 사업은 지방자치단체가 장애인의 지역사회 통합을 촉진하기 위하여 지역별 및 장애 유형과 정도를 고려한 평생교육 프로그램을 운영하도록 지원하고, 지역의 공공 및 민간기관·복지시설·교육기관 간에 장애인 평생교육 지원 협의체를 운영하는 등 장애인 평생교육 네트워크 활성화를 위한 목적으로 추진되고 있다(조인식, 2022: 6). 장애인 평생학습도시의 구성은 지정을 신청한 기초 지방자치단체 중에서 심사를 통해 '장애인 평생학습도시'로 지정되어 운영되는데, 2020년 5개 도시에서 → 2022년 32개 도시로 2년간 6.4배 증가하였다(관계부처 합동, 2022: 5). 정부는 장애인 평생학습도시 지정·운영 확대를 통해 지역사회 장애인 평생학습 진흥을 활성화하는 기반 조성 및 장애인의 평생교

육 접근성 제고를 실질적인 목표로 삼고 있다. 연도별 지방자치단체의
장애인 평생학습도시 지정 현황은 <표 3.19>와 같다.

표 3.19 장애인 평생학습도시 지정 및 운영 현황

구분	지방자치단체
2020년 (10개)	· 경기: 광명시, 오산시 · 부산: 서구, 부산진구, 남구, 사하구, 연제구, 사상구 · 전라북도: 군산시
2021년 (19개)	· 경기: 김포시, 수원시, 안산시, 의정부시, 이천시 · 부산: 동구, 동래구, 서구, 사상구, 연제구, 수영구 · 대구: 수성구, 달서구/ 세종특별자치시 · 전라남도: 순천시/ 전라북도: 김제시 · 충청남도: 당진시, 아산시/ 충청북도: 충주시
2022년 (32개)	· 2021년 장애인 평생학습도시 운영 지자체: 19개/ 신규지정 (13개) · 강원: 춘천시/ 경기: 광명시, 용인시 · 경상북도: 김천시/ 광주: 남구, 북구, 서구 · 대구: 동구/ 부산: 남구, 영도구 · 서울: 서대문구/ 전라북도: 전주시 · 충청북도: 청주시

* 2022년 장애인 평생학습도시 신규지정에는 2020년 기운영 지방자치단체 3개 포함
출처: 교육부, 「국회입법조사처 제출자료」, 2022.3.(조인식, 2022: 6에서 재인용)

넷째, 장애인 평생교육기관 인프라 확충 및 제도적 기반을 구축하였다.
장애인 평생교육을 체계적·전문적으로 지원하기 위한 기본 인프라
로서 장애인 평생교육기관을 확충하는 일정 부분의 성과를 거두었다.
특히 지역별 발달장애인 평생교육기관을 지정하고 운영하는 등 인프
라 구축을 추진했다. 그 구체적인 성과로서 지방자치단체와 협업하여

성인발달장애인을 전문적으로 지원하는 발달장애인 평생교육센터 설치를 2019년 21개소에서 → 2022년 32개소로 확대하였다. 시·도 발달장애인 평생교육센터 설치 확대 추진의 우수 사례를 소개하면, 서울시의 경우 2019년 18개소에서 → 2020년까지 모든 자치구(25개소)에 1개소씩 설치하여 발달장애인 평생교육의 접근성을 강화하였으며, 울산광역시는 2019년 1개소에서 → 2022년까지 5개소를 설치하여 성인발달장애인을 위한 특화된 교육을 지원하였다(관계부처 합동, 2019: 19).

또한 장애인 평생교육기관 지원을 위한 제도적 기반을 마련하는 성과를 이루었다. 장애인 평생교육시설 및 장애인 평생교육 프로그램 운영기관 지원을 위해 모든 시·도 및 교육청의 '장애인 평생교육시설 지원 조례' 제정을 추진하여 시·도 9곳과 시·도교육청 7곳이 조례제정을 완료하였다(관계부처 합동, 2019: 20). 이와 같이 상당수의 지방자치단체는 장애인 평생교육에 관한 별도의 조례 제정을 완료하였고 이에 근거하여 장애인 평생교육 관련 사업을 추진하고 있다. 전국 지방자치단체별 장애인 평생교육 사업을 간략히 제시하면 <표 3.20>과 같다.

표 3.20 17개 시·도의 장애인 평생교육 조례에 따른 관련 정책 추진 현황

시·도	관련 조례 명칭	장애인 평생교육 관련 정책
서울	서울특별시 장애인 평생교육 지원 조례(자치구별 별도 조례 제정)	[서울특별시] · 발달장애인평생교육센터 별도 운영 (자치구별 1개소) [서울평생교육진흥원] · 장애성인 평생교육네트워크 구성 및 학습동아리 지원(77개 기관, 82개 프로그램, 18개 학습동아리)

		[서울특별시교육청]
		· 장애인평생교육시설 운영비 지원
부산	부산광역시 장애인 평생교육 진흥 조례	[부산평생교육진흥원]
		· 장애성인의 사회적 참여 확대를 위한 부산 장애인 평생교육 지원사업
대구	없음 (기존 일반 평생교육 관련 조례 활용)	[대구광역시]
		· 대학 기반 발달장애인평생교육센터 별도 운영
		[대구평생교육진흥원]
		· 장애인 평생교육기관 네트워크 및 DB 구축, 장애인 등 소외계층 평생학습 지원사업 운영
인천	인천광역시 장애인평생교육시설 지원에 관한 조례(서구 별도 조례 제정)	[인천광역시 및 서구]
		· 발달장애인평생교육센터 별도 운영(인천광역시 서구)
		[인천평생교육진흥원]
		· 찾아가는 장애인 평생학습 지원사업(3개 기관, 5개 프로그램, 참여자 75명)
		[인천광역시 교육청]
		· 장애인 평생교육기관(야학) 운영보조금 지원사업
광주	광주광역시 장애인 평생교육 지원 조례 광주광역시교육청 장애인 평생교육 지원 조례(동구 별도 조례	[광주평생교육진흥원]
		· 장애성인 '1강좌 1자리 나눔운동'(19개 기관, 306개 강좌) · 광주 장애인 평생학습 실태조사 · 장애인의 사회참여 확산을 위한 장애

		인 평생학습 프로그램 공모사업(10개 프로그램)
	제정)	[광주광역시교육청]
		· 장애성인 평생교육 프로그램 3개 기관 지원
대전	대전광역시 장애인 평생교육 지원조례 대전광역시 교육청 장애인 평생교육기관 지원조례	[대전평생교육진흥원]]
		· 장애인 등 소외계층 배달강좌제 운영 (1,400개 강좌)
울산	없음 (기존 일반 평생교육 관련 조례 활용)	[울산평생교육진흥원]
		· 장애인 평생교육 실태조사 실시 · 장애인 등 소외계층 대상 평생학습 역량개발사업
		[울산광역시교육청]
		· 장애성인 평생교육 프로그램 운영
세종	없음 (기존 일반 평생교육 관련 조례 활용)	[세종평생교육진흥원]
		· 장애인 평생교육 중장기 계획 수립
경기	경기도 장애인 평생교육 지원에 관한 조례 (광명시, 구리시, 동두천시, 안양시, 여주시, 이천시 별도 조례 제정)	[경기도]
		· 14개 장애인야학(수원, 용인 등) 평생교육사 배치 계획 · 발달장애인평생교육센터 별도 운영(시흥, 의정부, 구리)
		[경기평생교육진흥원]

		· 장애인 등 소외계층 대상 평생교육 프로그램 지원사업 · 장애인 평생교육 강사 역량 지원 · 장애인 평생교육 실태조사 실시
강원	강원도교육청 장애인 평생교육기관 지원 조례(속초시, 원주시 별도 조례 제정)	[강원평생교육진흥원] · 강원도형 지역특화 프로그램 활성화 사업(8개 기관)
충북	충청북도교육청 장애인평생교육시설 지원 조례	–
충남	천안시 장애인 평생교육 지원 조례(기초 자치단체 차원 조례 제정, 운영)	[충남평생교육진흥원] · 장애인 등 취약계층 평생교육 지원(8개 기관, 15개 프로그램, 참여자 500여명)
전북	전라북도 장애인 평생교육 지원에 관한 조례(전주시 조례 별도 제정)	[전라북도 군산시, 익산시] · 발달장애인평생교육센터 별도 운영
전남	없음 (기존 일반 평생교육 관련 조례 활용)	[전남평생교육진흥원] · 장애인 등 교육필요계층 찾아가는 평생학습강좌 운영
경북	경상북도 장애인 평생교육 지원 조례(경주시 조례 별도 제정)	[경북평생교육진흥원] · 지원대상으로서 성인장애인 포함
경남	경상남도 장애인 평생	–

	교육 지원에 관한 조례 경상남도교육청 장애인평생교육시설 지원 조례	
제주	제주특별자치도 장애인 평생교육 지원 조례	[제주평생교육진흥원] · 장애인 등 교육취약계층 스스로 희망교육과정 운영(2개 과정, 참여자 40명) · 평생교육 취약장애인 및 가족 평생교육 지원(5개 과정, 참여자 60명) [제주특별자치도교육청] · 장애성인 평생교육 지원사업 실시

자료: 김기룡 외, 2022, pp. 27-28.

　마지막으로 다섯째, 학령기 교육기회를 놓친 장애인을 위한 문해교육과정을 신설하고 이를 학력으로 인정하는 체계 마련을 통해 장애인에 대한 문해교육 지원사업을 강화하고 있다. 2020년에 장애인을 위한 맞춤형 문해교육 지원을 위해 「장애인 문해교육 교육과정 고시」를 제정하여 법적 근거를 마련하였고(관계부처 합동, 2019: 17), '장애인 문해교육 교육과정' 운영을 위해 국가평생교육진흥원의 문해교육센터와 협력하여 교재·교구 및 교원양성 프로그램 개발을 추진하였다. 2021년에는 장애인 평생교육시설 업무를 체계화하고 효율화하기 위해 학교형태의 장애인 평생교육시설을 지원하는 방안(시·도 및 시·도교육청 차원의 지원 근거)을 마련하고, 학령기 의무교육(초·중·고) 단계에서 교육기회를 놓친 장애인을 위한 학력인정 맞춤형 학습체계 구축을 추진하였다. 이를 통해 장애인 학력인정 맞춤형 교육 및 지원을 강화하고, 학교형태의 장애인 평생교육시설에 대한 프로그램 지원을 지속적으로 확대해나가고 있다. 학교형태의 장애인 평생교육시설 프로그램 참여 학생 수는 2019년 2,090명에서 2022년 2,185명으로 점차적으로 증가하고 있는 추세이다(관계부처 합동, 2019: 18).

5. 장애인 평생교육이 나아갈 길

「평생교육법」개정 이후 일어나고 있는 일련의 과정들은 장애인 평생교육을 장애인계라는 별도의 영역에서 경계지우는 것이 아니라, 평생교육이라는 전체의 토대에서 그 영역을 확장해가고 있다. 이 절에서는 향후 장애인 평생교육 정책과 사업이 확장되기 위해서 어떠한 노력과 지원이 필요한가에 대한 중점적인 과제를 모색한다.

첫째, 장애인 평생교육을 효과적으로 추진하기 위해 평생교육－고용－복지 체제가 유기적으로 연계되는 통합적 장애인 평생교육 지원체제를 강화할 필요가 있다. 앞서 밝혔듯이, 현재 관계부처 및 유관기관 협의회 등이 구성되어 운영되고 있으나 지속적인 장애인 평생교육을 체계적으로 지원하기 위해서는 평생교육－고용－복지가 통합적으로 연계되는 협조체계를 정비할 필요가 있다(관계부처 합동, 2019: 8). 평생교육의 대상으로 장애인을 고려했을 때, 성인장애인의 경우 일자리 획득 및 지역사회 자립생활 등을 통해 인간으로서 누릴 수 있는 권리와 의미있는 삶을 살 수 있도록 지원하고 촉진하는 매개체의 기능을 수행할 필요가 있다. 이를 위해서는 장애를 고려한 편의 제공뿐 아니라 장애인 복지서비스, 고용 등과의 긴밀한 연계체제가 결합될 필요가 있다. 그러나 현재 국가 단위에서는 장애인 평생교육 전담조직이 구성된 반면, 지역은 기존 평생교육 또는 장애인 업무 부서에서 해당 업무를 담당하고 있어 여전히 장애인 평생교육 지원체계는 미흡한 상황이다(김기룡 외, 2022: 20). 장애인 평생교육 정책은 교육부, 보건복지부, 고용노동부, 문화체육관광부 등 여러 부처가 관련이 되어 있는 만큼, 상호 시너지효과를 창출하기 위해 관련 기관 간의 긴밀한 협업체계가 중요하다. 향후 장애인 평생교육이 연결되어 있는 부처·부문 간의 상호 이해를 확대하고, 공동의 정책 기획과 추진을 위한 실질적인 노력을 가속화할 필요가 있다.

둘째, 장애인 평생교육을 추진하는 유관 기관 간에 연계와 협력 체제를 다각적으로 구축해야 한다. 앞의 내용과 연계해서 부처간 협력체계 구축뿐 아니라 국가평생교육진흥원과 국가장애인평생교육진흥센터, 시·도평생교육진흥원, 평생학습관 등 유관 기관 간에, 일반평생교육기관과 장애인 평생교육기관 간에, 장애인 평생교육기관 간에 연계와 협력 체계 구축 사안도 중요한 문제이다. 현재 장애인 평생교육 추진과정에서 가장 큰 문제 중의 하나는 관련 인프라가 절대적으로 부족하다는 점이다. 인프라의 부족은 곧 장애인의 평생교육 접근성을 어렵게 할 뿐 아니라, 이들의 낮은 평생교육 참여율로 이어지고 있다. 장애인 평생교육 참여율은 2011년 이후 평균 약 4.8%로 전체 성인의 평생교육 참여율 평균 약 44.5%보다 10배 낮은 것으로 나타나고 있다(관계 부처 합동, 2019: 7). 한국보건사회연구원이 실시한 <2017년 장애인 실태조사>에서도, 장애인 중에서 평생교육 프로그램에 참여한 경험이 없다고 응답한 비율이 98.5%로 장애인이 평생교육에 참여한 비율은 매우 낮다. 이러한 맥락에서 장애인 평생교육은 장애인의 평생학습권 실현과 지역사회 자립 실현 등을 위해 장애인 평생교육 관련 기관 간에 자원을 연계하고 협업할 수 있는 유기적인 지원체제를 결합해야 한다. 또한 이를 위해서는 무엇보다 장애인 평생교육기관이 현재보다 다양한 유형으로 설치·운영될 필요가 있다. 이를 위한 기반으로 신규 장

애인 평생교육기관의 발굴 및 기존 장애인 평생교육기관의 육성, 장애
인 평생교육기관의 질 관리 체계 구축 등 장애인 평생교육기관의 확충
과 내실화를 위한 토대가 마련되어야 할 것이다(김기룡 외, 2022:
20-21). 이에 대한 한 가지 방안으로서 고려해볼 사항은 비장애인 평
생교육기관을 활용하여 장애인의 평생교육 기회를 확대하는 방안이다.
장애인이 비장애인 평생교육기관에 접근할 수 있도록 시설을 정비하
고 교육과정을 개선하여 장애인과 비장애인이 함께 평생교육에 참여
할 수 있는 기회를 확대하면, 장애인을 위한 평생교육시설 구축과 인
력 등에 대한 비용을 절감할 수 있을 것이다(조인식, 2022: 13). 장애인
과 비장애인이 평생교육에 함께 참여할 수 있는 환경을 위한 전제조건
으로서는 평생교육시설과 기관 간에 연계와 협업을 위한 체제가 구축
되어 있어야 한다.

셋째, 장애인 맞춤형 평생교육 프로그램이 다양화·체계화되어야 한
다. 장애인을 위한 평생교육 프로그램과 교육과정이 부족하여 평생교
육에 참여하는 비율이 낮다는 지적이 집중되고 있다(조인식, 2022: 10).
장애인의 평생교육 프로그램 공급은 최근 5년간 평균 580개로 전체
성인 평생교육 프로그램 수(평균 212,330개)의 0.3%에 불과하다(관계부
처 합동, 2019: 7). 특성상 장애인의 장애는 지체장애, 뇌병변장애, 청각
장애, 시각장애, 지적장애, 자폐성장애 등 그 유형이 다양하고 장애의
정도가 상이한 것에 비해 장애 유형과 정도 등을 고려한 프로그램은
극히 부족한 상황이다. 여기에는 장애의 특성과 정도를 반영하여 평생
교육 세부 프로그램을 개발·제공하기 어려운 현실의 실정도 중첩되어
있다. 그러나 최근 장애인 평생교육은 장애 유형, 장애 정도 등 장애
특성을 고려한 프로그램, 장애인의 생애주기를 고려한 프로그램, 자립
생활, 노동생활, 사회참여 등 다양한 이슈를 고려한 장애인 평생교육

지원체제 구축의 필요성이 지속적으로 제기되고 있다. 그런 점에서 향후 장애의 유형과 특성, 연령을 고려한 평생교육 프로그램과 교육과정을 개발하여 보급할 필요가 있다. 또한 이와 결합해서 장애인 평생교육의 접근성을 높이기 위한 방안으로 특화된 교수방법의 개발과 장애인 평생교육 참여 활성화에 필요한 교육환경의 구축도 뒤따라야 한다. 특히 COVID-19 팬데믹 이후로 장애인 평생교육 분야도 오프라인 교육뿐 아니라 온라인 교육, 블렌디드 교육이 활성화되고 있어서, 다양한 매체 활용 방법뿐 아니라 보조공학기기 등의 제도화 부문도 고려할 사항이다(김기룡 외, 2022: 44).

넷째, 장애인 평생교육 전문인력 양성과 역량강화 체계가 세분화·전문화되어야 한다. 장애인 평생교육에 대한 다양한 자격과 경력을 보유한 인력이 전문적으로 양성되고 배치되어야 한다. 장애인 평생교육 정책 및 사업 추진과정에서 어려운 상황 중의 하나는 장애인 평생교육 전문인력이 극히 부족하다는 것이다. 장애인 평생교육 프로그램 개발 및 운영 전문가가 부족할뿐 아니라, 전문인력 양성 및 교육훈련 체계도 사실상 제한적이다.「평생교육법」제26조(평생교육사의 배치 및 채용)에 시·도평생교육진흥원, 장애인 평생교육시설 및 시·군·구평생학습관에 평생교육사를 배치하여야 한다고 규정하고 있지만, 평생교육사의 양성과정(선택 3학점)에서의 장애인에 대한 이해 및 대처와 관련한 부분이 턱없이 부족하다는 문제를 제기한다(권재현, 이정복, 윤미경, 2020). 이는 곧바로 준비되지 않은 인력 배치에 대한 우려로 이어지고 있다. 따라서 장애인 평생교육의 전문성 제고를 위해서는 전문인력 양성 및 배치 방안이 실질적으로 마련될 필요가 있다. 또한 장애인 평생교육시설은 법령(평생교육법 제26조, 시행령 제22조)에 근거하여 평생교육사를 배치하고 있지만, 장애인 복지시설의 경우 평생교육을 담당하는 인력이 매우 부족한 실정이다. 이에 장애인 복지시설에 평생교육사를 배치해 장애인 평생교육의 기획과 운영을 담당해 평생교육의 질을 높이는 방안도 신중하게 검토될 필요가 있다(조인식, 2022: 12). 이를 위해서 실제 장애인 평생교육의 지원과 관련된 행정·재정적 뒷받침이 충분히 이루어지도록 제도적 장치를 구체적인 차원에서 보완하는 것이 필요하다. 이와 더불어 장애인 평생교육기관 종사자의 양성과 배치만큼 이미 배치되어 있는 종사자에 대한 관리도 중요하다. 장애인 평생교육 종사자 및 관계기관 전문성을 강화하는 역량강화 교육을 통해 내실 있는 장애인 평생교육 지원 환경을 구축할 필요가 있다.

평생교육사업 성공사례_ 장애인평생교육(1)

강○○

평생교육사업(장애인평생교육) 면담자 소개

[본인 인터뷰]

저는 1990년생 자폐성장애 1급 멋진 클라리넷 연주자 강○○입니다. 남다른 음감과 재능으로 중학교 3학년 때 SBS '그것이 알고싶다' 프로그램에 서번트증후군의 한 표상으로 출연한 경험이 있어요. 7살 때부터 피아노를 배웠고, 지금은 피아노 연주도 아주 잘 합니다. 백석콘서바토리에서 관현악을 전공하였습니다. 고등학교 졸업 후, 대학교에서 비장애인들과 함께 공부하였는데, 클라리넷을 전공했습니다. 악기 연주를 통해 사람들로부터 큰 박수와 환호를 받는 것이 행복합니다.

[엄마 인터뷰]

저는 1990년생 자폐성장애 1급 멋진 아들 강○○의 엄마 최○○입니다. 우리 멋진 아들 ○○이는 남다른 음감과 재능을 갖고 클라리넷 연주자로, 사회생활과 직장생활을 하고 있어요. 악기 연주를 통해 아들이 사람들로부터 큰 박수와 환호를 받을 때에는 자랑스럽고 행복하지만 그 연습하는 과정을 지켜보는 것은 힘이 많이 드는 것이 사실이예요.

1. 평생교육사업(장애인평생교육) 참여동기 및 배움/활동 내용

[본인 인터뷰]

어머니가 장애인복지관 앞에 걸린 현수막을 보고 장애인평생교육 프로그램인 "삼삼오오" 프로그램을 신청해주셨어요. 이 프로그램은 악기를 좋아하고 즐기는 장애인들이 모여 앙상블을 만들고, 많은 사람들과 소통하면서 즐거움을 나눌 수 있는 프로그램이예요. 장애인평생교육 프로그램으로 강사비를 지원받을 수 있어요.

저는 악기 연주를 잘하긴 하지만, 혼자서 잘하지, 남들과 함께 하는 것은 비교적 잘하진 못했어요. 이 프로그램을 통해서 강사분께 레슨을 받으면서 박자, 정확한 음정 등 조금 더 완성도 높은 음악을 연주하는 법을 배웠어요. 그리고 앙상블이다 보니 바이올린, 비올라, 첼로 등 다양한 악기의 연주 소리를 들으면서 제가 맡은 악기인 클라리넷을 연주하는 법도 배웠고요. 조화를 만드는 법을 배운거죠. 다른 악기를 귀기울여 듣는 힘도 기를 수 있었고요.

특히 '캐논'과 '10월의 어느 멋진 날에' 두 곡을 배울 때 정말 재미있었던 기억이 납니다. 그렇게 앙상블의 일원으로 더욱 성장할 수 있었고, 열심히 배우고 연습한 곡으로 큰 자리에서 공연하는 기회도 가질 수 있었어요. 국회의원회관과 광명극장에서 큰 공연에 서기도 했는데, 이 프로그램 덕분이었습니다.

[엄마 인터뷰]

아이가 장애를 가졌다 보니 이런 저런 장애 관련 프로그램이나 행사에 항상 귀를 기울이고 있던 것이 도움이 되었던 것 같아요. 장애인복지관 앞에 걸린 현수막을 통해서 "삼삼오오"라는 프로그램을 알게 되었어요. 이 프로그램은 악기를 좋아하고 즐기는 장애인들이 모여 앙상블을 만들고, 많은 사람들과 소통하면서 즐거움을 나눌 수 있는 프로그램이예요. 강사비를 지원해주는 것이 가장 큰 장점이죠. 아무래도 음악은 레슨비가 무시를 못하잖아요.

악기 연주에 두각을 드러내는 아이라 이 프로그램을 통해서 시너지효과를 얻은 것 같아요. 프로그램에서 여러 곡을 배울 수 있었어요. 그 중에 "캐논"과 "10월의 어느 멋진 날에" 두 곡을 배울 때 정말 재미있어하더라고요. 그렇게 앙상블의 일원으로 성장할 수 있었고, 열심히 배우고 연습한 곡으로 국회의원회관을 비롯한 다양한 장소에서 큰 공연도 진행하기도 했어요.

2. 평생교육사업(장애인평생교육)을 통한 성장과 향후 계획

[본인 인터뷰]

혼자서 음악을 즐기는 것은 잘 하지만 배우는 건 달라요. 저는 듣고 연주하는 것은 할 수 있지만 악보는 볼 줄 몰랐어요. 그리고 다른 악기와 함께 연주하는 법도 몰랐죠. 이 프로그램을 통해서 악보를 보는 방법을 배울 수 있었어요. 악보를 읽는 법을 알게 된 거죠. 처음에는 화음 찾기도 어렵고, 합주소리도 이상하고 엉터리 투성이였지만, 강사님의 레슨과 제 끊임없는 열정과 노력으로 점차 성장할 수 있었어요. 이제는 악보를 볼 줄 알아요! 그리고 다른 악기를 듣는 귀도 트였어요. 다같이 모여 아름다운 소리를 낼 수 있어요. 더욱 발전된 연주자 강○○이 되었답니다! 그리고 스스로도 단순히 연주가 아니라 이제는 강약조절, 템포조절, 다른 소리와 어우러지는 소리를 내는 방법 등 풍요로운 소리를 내는 클라리넷 연주자가 되었어요. 연주하는 것이 정말 즐거워요.

우리 앙상블 이름이 "비움과 채움"이예요. 우리 앙상블이 이 프로그램을 통해 저를 비롯해서 구성원 모두가 많은 발전을 할 수 있었고, 새로운 경험도 할 수 있었어요. 앞으로도 이 프로그램에 계속 참여하고 싶어요. 새로운 곡도 배우고 싶고, 다른 친구들과 연주도 계속 하고 싶고요. 강사님도 너무 좋아요. 그리고 음악으로 많은 사람들과 소통하여 장애, 비장애를 가르지 않고 기쁨의 소통, 긍정의 소통을 하고 싶어요.

[엄마 인터뷰]

아무리 음악에 재능이 있다고 해도, 그것을 주변에서 알고 도와주지 않으면 그 재능을 썩히는 것이나 마찬가지잖아요. 저희 아들도 마찬가지예요. 혼자 아무리 열심히 애써가며 뭘 해나가려 하면 뭐하나요. 주변에서 어느정도 뒷받침이 되어주어야 하는데. 악보를 처음 접할 때 그것을 딱 느낄 수 있었어요. 그저 듣고 연주하고 이건 가능했지만, 앙상블의 일원으로서 다른 악기들과 함께 하모니를 이루기 위해서는 악보를 읽을 줄 알아야 해요. 악보를 처음 접할 때 너무 어려워 하더라고요. 화음찾기도 어려워하고, 합주 소리도 미흡하고... 하지만 장애인평생교육 삼삼오오 프로그램에서 꾸준한 연습과 반복적인 레슨을 통해 결국엔 극복하고 성장할 수 있었어요. 아름다운 소리를 낼 수 있게 된 것이죠. 그 아름다운 하모니를 처음 들은 날은 눈물이 나더라고요. 그렇게 힘들어했는데, 장애를 탓하기도 하고... 근데 그것을 극복해냈으니... 너무 뿌듯했죠. 악보를 보는 법을 배우고 다른 악기의 소리를 귀기울이는 법을 배우고... 스스로 연주자로서 성장한 것이죠. 그러다보니 본인이 내는 클라리넷 소리 역시 강약을 조절할 수 있고, 속도를 조절하는 등, 다른 소리와 어우러져 낼 수 있는 소리를 내면서 더욱 풍부해졌고, 본인도 그런 자신이 하는 연주를 너무나 즐거워했 답니다.

"비움과 채움" 앙상블이 저희 앙상블 이름이예요. 광명 평생학습원 '삼삼오오' 프로그램을 통해 많은 발전을 할 수 있었고, 사회의 일원 으로 함께 하는 것이 가능하다는 긍정적인 힘 역시 얻을 수 있었죠. 앞으로도 이 프로그램에 참여하고 싶어요. 스스로도 계속해서 새로운 곡도 배우고, 다른 악기와 협주도 많이 하고 싶어해요.

3. 평생교육사업(장애인평생교육)에 대한 느낌과 바람

[본인 인터뷰]

평생학습원의 장애인평생교육 삼삼오오 프로그램을 통해서 만난 사 람들의 관심과 응원을 받으면서 자존감이 많이 커졌어요. 비장애인 속에서 생활할 때에는 안되는 것만 가득하고, 위축된 상황들이 가득 했는데, 여기선 그렇지 않았어요. 스스로도 자존감도 향상되고, 자신 감도 생겼죠. 그리고 연주실력도 많이 향상되었고, 앙상블 단원들과 친밀감 역시 생기면서 사회생활을 배울 수 있었어요.

다만 지속적인 진행이 어렵다는 것이 아쉬워요. 20회기 전후로 사업 구성이 끝나다 보니, 지속적으로 진행되어야 발전적인 연주도 가능한

데 현재는 사업이 끝나서 쉬고 있는 상태거든요. 그동안 연주를 비롯한 많은 것들, 친구 사귀는 법, 더불어 살아가는 법 등 여러 배운 것을 까먹을까 하는 걱정도 되고, 두려워요. 그래서 이 사업이 장기 사업으로 진행되거나, 잠시 쉬더라도 짧은 휴식기와 함께 지속적으로 할 수 있게 되기를 바랍니다.

[엄마 인터뷰]

사실 장애를 가진 아이를 키우는 것이 정말 고되고 힘든 일이잖아요. 이 프로그램을 통해서 저와 같은 아이를 둔 부모님들을 많이 만날 수 있었어요. 저 개인적으로는 이렇게 하나의 커뮤니티가 형성되었다는 것이 정말 좋았어요. 힘든 일, 어려운 일도 나눌 수 있고, 각자 아이의 즐거운 일, 행복한 일도 함께 나눌 수 있었는데, 이게 혼자 끙끙대고 혼자 좋아할 때보다 훨씬 좋더라고요. 괜히 슬픔은 나누면 반이 되고, 즐거움은 나누면 배가 된다는 말이 있는 것이 아닌 것을 몸소 체험할 수 있었어요.

아이의 입장에서는 평생학습원의 장애인평생교육 삼삼오오 프로그램을 통해서 만난 사람들의 관심과 응원을 받으면서 자존감이 많이 커졌어요. 비장애인 속에서 생활할 때에는 안되는 것만 가득하고, 위축된 상황들이 가득했는데, 여기선 그렇지 않았어요. 스스로도 자존감도 향상되고, 자신감도 생겼죠. 그리고 연주실력도 많이 향상되었고, 앙상블 단원들과 친밀감 역시 생기면서 사회생활을 배우기 시작한 것 같아요.

다만 지속적인 진행이 어렵다는 것이 아쉬워요. 20회기 전후로 사업 구성이 끝나다 보니, 지속적으로 진행되어야 발전적인 연주도 가능한데 현재는 사업이 끝나서 쉬고 있는 상태거든요. 그래서 이 사업이 장기 사업으로 지속적으로 진행되기를 간절히 바래봅니다.

평생교육사업 성공사례_ 장애인평생교육(2)

김○○

평생교육사업(장애인평생교육) 면담자 소개

[본인 인터뷰]

김○○(21세)은 서울장애인부모연대 서대문지회 산하기관인 카페 '소소한 일상'에서 바리스타로 일하고 있는 건강한 청년입니다. 쌍둥이로 태어났는데, 동생은 비장애인이고, 김○○군은 발달장애를 가지고 있다. 발달장애가 있지만 소통도 할 수 있고, 자신의 생각도 표현할 수 있지만, 친구를 사귀는 데는 조금 어려움이 있습니다.

[사무국장 인터뷰]

저는 서울장애인부모연대 사무국장 정○○입니다. 서울장애인부모연대 서대문지회 산하기관인 '소소한 일상'이라는 카페에서 근무하고 있고요, 이곳에서 바리스타로 일하고 있는 건강한 청년 김○○(21세)을 만나게 되었답니다. ○○이는 쌍둥이인데, 동생은 비장애인이고, ○○이는 장애를 가지고 있어요. 부모님께서 양육하시기 힘드셨겠죠. 근데 ○○이는 또 중증은 아니예요. 소통도 할 수 있고, 자기 생각도 표현할 수 있어요. 그러다 보니 주변의 차별적인 시선을 또 알아차릴 수 있고, 몸으로 느낄 수 있다는 거... 그게 참 안타깝죠.

1. 평생교육사업(장애인평생교육) 참여동기 및 배움/활동 내용

[본인 인터뷰]

이 프로그램 참여는 어머니의 권유가 가장 큰 동기였어요. 장애인평생교육 프로그램을 통해서 친구도 사귈 수 있고, 많은 사람들과 함께하는 법을 배울 수 있다고 했어요. 그리고 일도 할 수 있고, 직업을 가지고 돈도 벌 수 있다고 한 점이 가장 좋았어요. 다른 사람들처럼 할 수 있다고요! 그렇게 차근차근 프로그램에 참여하기 시작했어요. 처음에는 서대문구 자체에서 장애인 복지 기금 사업으로 '장애인 바리스타 양성 사업'이 있었어요. 그 사업을 통해 바리스타 공부를 해서 자격증 과정을 수료했어요. 그리고 평생교육 국립특수교육원에서 하는 장애인평생교육 프로그램인 '발달장애인 직업능력 개발 및 직무연계 프로그램'을 통해서 청소를 마스터 할 수 있었어요

[사무국장 인터뷰]

원래는 어머니께서 장애아를 두고 계시다 보니, 이런 일에 관심을 많이 가지고 있으셨어요. 저희도 이런 사업을 꾸리면서 ○○이가 이 사업의 수혜자로 알맞다는 생각에 어머니께 연락을 드렸죠. 저희가 진행했던 사업은 '발달장애인 직업능력 개발 및 직무연계 프로그램'이에요. 직업능력을 개발시키고, 취업까지 연계할 수 있게 하는 게 취지였어요. 그리고 장애인 친구들이 취업을 가장 많이 할 수 있는 것이 무엇인가 찾아보니 '청소'더라고요. 그래서 어딜 가더라도 취업에 용이할 수 있게 특화 교육으로 '청소'를 택했고요. 10회기 프로그램이었는데, 전반적인 청소 도구에 대해 아는 것부터, 다루는 법, 청소 순서 등 아주 기초적인 것부터 배울 수 있었어요. 대상이 장애인이다 보니 이론은 짧고, 실습에 초점을 맞추었었어요. 그러다 보니 저희 연대에서 카페를 운영하는 것이 큰 이점이었죠. 이 공간을 활용해서 실제로 많은 실습도 할 수 있었습니다. ○○이는 이 프로그램을 통해 사회로 나갈 수 있는 발걸음을 한걸음 더 뗄 수 있었어요. 가지고 있던 자격증과 함께 카페에서 일할 수 있는 능력을 더욱 학습하고 나니 카페에서 실제로 일할 수 있는 적합한 인재가 될 수 있었던거죠.

2. 평생교육사업(장애인평생교육)을 통한 성장과 향후 계획

[본인 인터뷰]

이 프로그램 이전에는, 사실 저는 사람들이 말하는 것을 어느정도 알아들을 수 있어서 남들과 내가 다르구나, 저 사람은 나를 차별하는 눈

빛으로 바라보고 말을 해, 이런 걸 어렴풋이 알 수 있었어요. 그래서 자존감도 떨어지고, 위축되고, 스스로 작아졌죠. 하지만 이 프로그램은 제가 할 수 있는 일이 있다는 것을 알게 해주었어요. 그리고 제가 필요한 곳이 어디인지도 알 수 있었어요. 주변 분들도 좋은 말들을 많이 해주신 것도 저는 긍정적인 영향을 주었다고 생각해요. 그렇게 점차 제 움츠려든 어깨가 펴진 것 같아요. 자존감도 생기고, 자신감도 커지고, 그리고 사람들 속에서 어울리는 법, 교류하는 법도 알 수 있었어요. 그게 기쁜 일이라는 것도요!

앞으로 더 하고 싶은 것은, 계속 정규직으로 일하고 싶어요. 일하는 것이 즐겁습니다.

[사무국장 인터뷰]

사람들이 장애인이 바리스타한다 하면 '아 바리스타? 커피만 내리면 되는 거잖아.'하고 생각하는 게 일반적이죠. 근데 바리스타라는 직업 자체가 단순히 커피만 내리는 것이 아니고, 매장 관리, 손님 응대 등 할 일이 많아요. 그리고 근무지 자체가 청결과 위생을 가장 신경써야 하는 곳인 카페죠. 그럼 또 청소가 간단한가 하면, 그것도 아니예요. 순서대로 해야 하고, 정해진 도구가 있고.. 복잡해요. 그걸 다 학습한 거죠. 이 장애인평생교육 프로그램을 통해서요.

○○이를 처음 봤을 때는 조금 많이 위축되어 있고, 자신감도 떨어져 있어 보였어요. 근데 여기서 일하는 방법을 차근차근 배웠고, 사람들과 함께 하는 방법도 배웠죠. 카페에 오시는 새로운 손님들과 응대하기도 해요. 자신감이 생긴거죠. 물론 오시는 분들께서 일 잘한다, 잘 생겼다 등 다양한 말을 해주시는데, 이런 말들이 긍정적인 영향을 주었다고 생각해요. 처음과 달리 굉장히 적극적으로 변했고, 이제는 먼저 말도 걸어줘요. 인사도 먼저 하고. 자신이 맡은 일이 있고, 그 일을 통해 월급이라는 보상을 받을 수 있다는 게 정말 큰 것 같아요.

3. 평생교육사업(장애인평생교육)에 대한 느낌과 바람

[본인 인터뷰]

이전에는 사람들과 어울리는 것이 어렵고, 스스로 작아지는 기분을 많이 느꼈었는데, 이 프로그램을 통해 직업을 얻고 나니 자신감을 많이 가질 수 있었습니다. 그리고 청소와 바리스타 직업 자체가 쉬워보여도, 이게 은근히 집중도가 높아요. 이 전에는 제가 가진 많은 에너지를 어디로 발산해야 할지 몰랐는데, 이제는 집에 가면 여기서 너무나 많은 에너지를 쏟고 가다보니 조금 차분해집니다. 집에서 가족들도 좋아하세요. 저도 더욱 자랑스러운 아들이 될 수 있었고요!

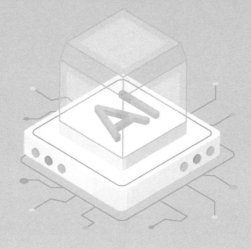

PART 03

AI시대 평생교육의 과제

평생학습: 내 삶의 행복레시피

누구나 누리는 맞춤형 평생학습 시대를 위하여

남윤철(교육부)

1. 이제는 새로운 교육 패러다임이 필요한 시점

우리나라 교육시스템은 생애 초기에 집중되어 있다. 대학까지 잘 마치고 나면 안정적인 삶이 보장될 것이라는 사회적 믿음이 여전히 강하다. 작년 '글로벌인재포럼'에 연사로 나선 마이클 펑은 이를 두고 '한국의 정부·학부모·학생은 12~20세까지 엄청난 교육투자를 하지만, 사회에 진출한 26세부터는 교육투자를 멈춘다'라고 했다.

그러나, '평생학습 시대'는 미래에 대한 불안과 함께 우리의 곁에 성큼 다가왔다. 디지털 대전환, 인공지능(AI)의 발달 등 기술혁신에 따라 지식이 폭발적으로 증가하면서 학교를 졸업하고 나서도 '학습'이 계속 필요해졌기 때문이다. 이미 세계경제포럼은 2020년 발표한 한 보고서에서 '앞으로 5년 이내에(2025년까지) 전 세계 모든 근로자의 50%가 재교육이 필요할 것이다'라고 강조하고, '적극적인 학습'을 미래의 핵심 역량으로 손꼽기도 한 바 있다.

2020년 한 통계조사에 따르면, 자기개발의 필요성을 느끼는 직장인의 비율이 95%나 되고, 강박감을 느끼는 비율은 36%나 된다고 한다 (잡코리아, 2020). 4차 산업혁명, 빅데이터, 인공지능, 디지털 대전환, 메타버스 등 신기술 혁명이 낳은 어려운 단어들과 연일 쏟아지는 취업과 퇴직 관련 뉴스의 바닷속에서 우리나라 성인들은 자기개발 또는 평생학습이라는 구명보트를 찾아 오늘도 헤매고 있다. 학교교육은 더 이상 평생직장을 담보해주지 못하고, 몇 년 전에 쓰인 교과서는 당장 내일 발표될 신기술을 따라잡지 못한다. 이는 평생학습이 국민 한 개인에게 절실하게 피부로 와 닿게 된 배경이자, 국가가 학교 교육만큼 혹은 그 이상 평생교육을 중요하게 생각해야 하는 이유이다.

그렇다. 생애 초기에 '교육을 마친다'라는 생각에서 벗어나야 한다. 이제부터는 전 사회가 '삶과 학습이 하나'라는 생각을 시작할 때이다.

2. 「평생학습 진흥방안」 수립: 제5차 평생교육진흥 기본계획(2023~2027년)

2022년 12월 28일, 교육부는 「평생학습 진흥방안」을 발표하였다. 이는 윤석열 정부 5년의 평생학습 정책의 기틀이 되는 '기본계획'이다. 이번 방안은 '누구나 누리는 맞춤형 평생학습 진흥'이라는 슬로건 아래, 디지털 대전환, 초고령사회 등 시대적 변화에 대비한 '평생학습 대전환'을 정책 방향으로 삼았다.

'평생학습 대전환'의 골자는 다음과 같다. 우선, 그간 국민 일부의 시혜적 복지로 인식되던 평생학습을 국민 모두의 실질적인 권리로 전환한다. 이를 위해, 모든 국민의 평생학습 시간을 보장하는 정책 등을 추진한다. 다음으로, 정부가 주도하던 공급자 중심의 정책 방식을 정책 수요자인 국민의 관점으로 전환한다. 또한, 지금까지 그간 전통적 교육방식으로 주로 이루어졌던 평생학습을 앞으로는 AI, 디지털 등의 기술을 적극적으로 활용하여 개인별 맞춤형 학습으로 전환한다.

그림 1.1 평생학습 대전환

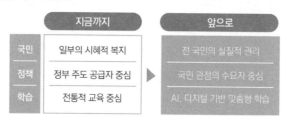

　교육부는 이번 방안의 비전을 "누구나 계속 도약할 수 있는 기회, 함께 누리는 평생학습사회"로 세우고, 관계부처와 함께 앞으로 5년간 6대 핵심과제를 내실 있게 추진해 나갈 계획이다. 대학과 지자체의 역할을 강화하고 3050 생애도약기를 특별히 지원하며 사각지대를 위한 지원도 확대한다. 또한 학습경험 간 연계를 강화하며 AI 기술을 평생학습에 적극적으로 활용할 예정이다. 방안의 핵심적인 내용은 다음과 같다.

그림 1.2 평생학습 진흥방안 핵심내용

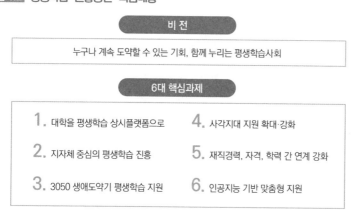

가. 대학의 역할을 전 국민 재교육·향상교육의 상시플랫폼으로

디지털 대전환 등 4차 산업혁명 가속화에 따라 대학에서 양질의 재교육과 향상교육을 받고자 하는 사회적 요구가 많으나, 아직 대학의 교육환경은 학령기를 주 대상으로 하는 학위과정 중심으로 되어 있다. 이에 대학이 재직자 등의 재교육·향상교육을 위한 양질의 교육을 적극적으로 담당할 수 있도록 관련 제도를 마련할 계획이다. 특히, 대학 재학생이 아닌 일반성인도 대학에서 개설되는 다양한 비학위과정(예: 1~3개월의 단기과정 등)을 수강하고 이를 누적하여 학점·학위까지 취득할 수 있도록 제도를 신설할 예정이다.

> ※ 예) A씨는 00대학에서 운영하는 일반성인 대상 마이크로디그리(비학위과정)를 취득하고 이를 계속 누적하다가 대학 3학년으로 편입

나. 지자체-대학-기업이 함께 진흥하는 지역의 평생학습

지자체 중심의 지역 평생학습 체계를 구축한다. 지자체가 자율적으로 지역산업, 지역주민 등의 학습수요를 발굴하고 대학, 기업 등과 연계하여 지역주민에게 평생학습을 제공하는 방식이다. 지역 평생학습 진흥을 위한 국가 사업방식도 그간 중앙정부가 직접 지자체를 평가하고 지원하던 방식에서 앞으로는 지자체가 구성한 지자체-대학-기업 협력체계(컨소시엄 등)를 중앙정부가 지원하고 협력하는 방식으로 전환한다. 이처럼 지자체 스스로 지자체별 특성(산업특성, 인구지형, 학습인프라 여건 등)에 맞는 평생학습 정책을 추진할 수 있도록 지원하여, 지역의 정주여건 개선, 국가 균형발전, 지역소멸 방지 등에 평생학습이 역할을 톡톡히 할 수 있도록 중앙·지방정부가 협력을 강화해 갈 계획이다.

다. 3050 생애도약기를 위한 평생학습 지원, 평생학습을 위한 휴가 · 휴직제 도입 추진

통계청에 따르면, 2020년 기준으로 우리나라 총인구를 나이순으로 정렬했을 때 가장 중간에 있는 사람의 나이를 뜻하는 중위연령은 43.7세이다. 2040년에는 우리나라 중위연령이 54.6세가 될 것으로 예측된다. 즉, 30~50대는 청년과 중년 대부분이 속해 있어, 계속교육, 이 · 전직 교육 등이 가장 활발한 우리나라 인구구조의 '허리'라고 할 수 있다. 이러한 현실을 고려하여, 30~50대 국민을 생애도약기로 지정하고 학습상담(컨설팅), 학습시간, 학습비용, 학습콘텐츠 등을 종합적이고 획기적으로 지원하는 한편, 체계적이고 내실 있는 지원을 위해 관계부처 · 지자체 · 민간 등과의 협업도 지속해 나갈 예정이다.

표 1.1 인구수 및 총인구대비 비중

('22.9월 기준)

총인구	0~29세	30~59세	60~89세	90세~
5,147만명	1,477만명	2,335만명	1,306만명	28만명
100%	28.7%	45.4%	25.4%	0.5%

특히, 평생학습을 국민의 실질적 권리로 보장하기 위한 특단의 조치로서, 평생학습 휴가 및 휴직제 도입을 검토할 계획이다. 이를 위해, 관계부처, 지자체, 기업 등의 의견을 충분히 수렴하고 사회적 공론화를 위한 국민 의견수렴 등을 실시할 예정이다.

※ 평생학습 불참요인(%): 1위. 직장업무로 인한 시간부족(40.3%) (한국교육개발원, 2021년)

라. 사회부총리가 총괄·조정하는 국가-지자체-민간 평생학습 협력체계 구축

평생학습은 학력보완, 직업능력향상, 인문교양, 문화예술 등 그 영역이 넓고 다양하여 각 부처, 지자체, 기업 등 민간에서 개별적이고 산발적으로 추진하고 있는 것이 현실이다. 이러한 상황을 개선하기 위해 앞으로는 평생학습 정책을 사회부총리가 주재하는 사회관계장관회의를 중심으로 총괄하고 조정하여 정책의 중복 및 사각지대 발생 문제를 해소하고 정책효과를 극대화해 나갈 계획이다. 우선 올해부터 우리나라 평생학습 정책의 실태를 조사·분석하여 정책의 사각지대를 발굴하고 중복되는 유사한 사업 현황 등을 파악할 예정이다.

마. AI 등 디지털 기술 활용, 국가 학습경험인정제 신설, 사각지대 지원강화

이 외에도 AI 등 디지털 기술을 활용하여 맞춤형 평생학습 시대를 열어갈 계획이다. AI 기술을 통해 개인별 맞춤형 학습진단·상담(컨설팅)·경력관리·학습추천 등을 지원하고 평생학습 데이터를 민간과 연계하여 기업 채용 등에도 활용할 수 있도록 할 예정이다.

아울러, 재직경력을 국가에서 학점·학위로 인정하는 '국가 학습경험인정제도'를 신설하고, 고령층, 장애인, 저소득층, 북한이탈주민, 다문화가정, 재외동포 등 우리 사회의 사각지대에 대한 지원도 강화해 나갈 계획이다.

※ 국가 학습경험인정제 예) 고교졸업 직후 관광가이드로 근무한 A씨는 국가 학습경험인정제를 통해 대학 2학년 학력을 인정받고, OO대학 관광학과에 편입학

3. 평생학습 시대, 평생학습 사회를 위하여

사람은 교육을 통해 성장한다. 이것은 인류가 오랜 시간 경험을 통해 밝혀낸 진리다. 물론 교육'만'으로 성장하는 건 아니겠지만 어쨌거나 교육은 사람의 성장에 깊게 관여되어 있다. 즉, 인간의 삶을 성장의 과정으로 묘사한다면, 우리의 삶 속에는 늘 '학습'이 함께한다. 그래서 인생을 오래 살아본 어르신들이 이렇게 말씀하시는 게 아닐까. '사람은 죽을 때까지 배우는 존재다.'

'죽을 때까지 배운다'라는 말은 어떻게 듣기에는 기괴하고, 어떻게 듣기에는 희망적이다. 기괴하다고 느끼는 사람은 아마도 '아니, 지금도 배우는 게 힘든데, 죽을 때까지 공부해야 한다고?!'라고 생각할 것이다. 끝이 보이지 않는 길 위에서 계속 자전거 페달을 밟는 느낌일 것이다. '죽을 때까지 배운다'라는 말이 희망적이라고 느끼는 사람은 아마도 '지금 잠깐 넘어져도 괜찮아. 배움의 기회는 계속 있어'라고 이 말을 해석하고 있을 것이다.

같은 말이라도 사람마다 느끼는 것이 다르듯이, 사람마다 그리는 '평생학습 사회'의 모습 또한 다를 것이다. 이번 '평생학습 진흥방안: 제5차 평생교육진흥 기본계획(2023~2027년)'을 통해서 강조하고자 했던 것은 평생학습을 통한 '기회'와 '성장'이다. 비전도 '누구나 계속 도약할 수 있는 기회, 함께 누리는 평생학습사회'이다. 이번 기본계획에서 제시된 과제들이 하나씩 달성되어 가면서, 국민 누구나 우리 사회를 평생학습을 통한 '기회'와 '성장'이 있는 사회라고 더 믿을 수 있었으면 좋겠다.

그러나 아직 우리나라는 생애 전반에 걸친 기회와 성장보다는 생애 초기에 만든 '첫 출발'을 더 중요하게 생각하는 것 같다. '첫 출발 신화'

가 여전히 있다. 바로 좋은 학교 좋은 대학으로 대표되는 '첫 출발'이
좋으면, 그 이후의 삶이 안정적으로 보장될 것이라는 신화 말이다.

좋은 학교, 좋은 대학에서 인생을 출발하고 싶은 마음 자체는 문제
가 되지 않는다. 누구나 그런 마음이 드는 건 자연스러울 수 있기 때문
이다. 그러나 '첫 출발'이 마음에 들지 않는다고 해서 심각한 수준의 좌절
감이나 패배감을 느끼고 그런 현상이 사회적 문제가 되는 건 부자연스
러운 걸 넘어서 말 그대로 '문제'다. 그리고 이 문제는 그동안 국내·외
에서 늘 지적되어 왔던 우리 사회의 흔한 문제이기도 하다.

'평생학습 사회'는 많은 사람에게 계속 양질의 배움의 기회를 주는
것을 넘어서, 우리나라가 오랜 시간 계속 앓아왔던 바로 이 '첫 출발
콤플렉스'를 벗어나게 해줄지도 모른다. 평생교육 정책의 진정한 가치,
그리고 평생학습 사회의 진정한 가치가 바로 여기에 있을 수 있다. 이
때문에 평생학습 정책이 교육정책 그 이상의 사회정책으로서도 의미
를 갖는 것이다. 제도가 변하고 정책이 변하고 많은 사례가 생겨나면
서, 우리 사회는 평생학습 사회로 계속 나아갈 것이다. 그러면 어느 날
우리의 인식도 자연스럽게 바뀔 것이다.

그날이 오기를 바라본다. 그리고 그날이 오면 국민 누구나 이렇게
진심으로 말할 수 있기를 바라본다. "사람은 교육을 통해 계속 성장할
수 있다고."

참고문헌

PART 01

권대봉. (2001). 평생교육의 다섯마당. 서울: 학지사.

임언, 권희경, 김안국, 류기락, 서유정, 최동선, 최수정. (2013). 한국인의 역량, 학습과 일−국제성인역량조사(PIAAC) 보고서(Programme for the International Assessment of Adult Competencies, PIAAC 2013). 한국직업능력개발원.

정순둘, 정주희, 전혜상, 최혜지. (2016). 연령통합적 관점에서 본 OECD 각국의 교육체계 비교. 입법과 정책, 8(2), 427−450.

조대연, 정홍인, 김대영, 장은하, 김은비. (2021). 미래사회 성인역량 탐색과 평생교육 정책을 위한 시사점. 서울: 고려대학교 HRD정책연구소.

조대연, 현영섭, 박지원, 조현희, 김정원, 장은하, 박선민, 고남선. (2022). 지속적인 성인역량 강화를 위한 체제 구축: 한국형 성인역량 모형 개발. 서울: 고려대학교 HRD정책연구소.

통계청. (2021). 2021 출생 통계

통계청. (2022). 2022 고령자 통계.

UN(2022). World Population Prospects, the 2022 Revision.

PART 02

CHAPTER 01

Ⅰ. K-MOOC

성균관대학교(2023). 공지사항−통합공지 <https://sw.skku.edu/sw/notice_total.do>에서 2023년 2월 2일 검색.

전라북도교육청(2023). 2022학년도 교원연수 운영계획. 전라북도교육청 교
　원인사과.

K-MOOC(2023). 커뮤니티-자료실<https://www.kmooc.kr/comm_list/R/>
　에서 2023년 2월 2일 검색.

Ⅱ. 매치업

고려사이버대학교 미래교육원(2023). 매치업 공지사항<https://future.cuk.
　edu/mod/ubboard/article.php?id=41&bwid=969>에서 2023년 2월
　10일 검색.

국가평생교육진흥원 공식블로그(2023). 매치업<https://blog.naver.com/
　prologue/PrologueList.naver?blogId=nile_kr>에서 2023년 2월 1일
　검색.

연암대학교 평생교육원(2023). 매치업 <https://www.yonam.ac.kr/mbshome/
　mbs/edujob/subview.do?id=edujob_030400000000>에서 2023년 2월
　1일 검색.

매치업(2023). 홈페이지<https://www.matchup.kr/>에서 2023년 2월 10일
　검색.

Ⅲ. 대학의 평생교육체제지원사업(LiFE)

관계부처합동(2022). 제5차 평생교육진흥 기본계획('23~'27년).

교육부(2015). 선취업 후진학 활성화를 위한 평생교육단과대학 지원사업 기
　본계획.

교육부(2016). 후진학 평생학습자를 위한 「평생학습중심대학 지원사업」 기
　본계획.

교육부(2017). 2017년 대학의 평생교육체제 지원사업 기본계획.

교육부(2018a). 2018년 대학의 평생교육체제 지원사업 기본계획.

교육부(2018b). 제4차 평생교육진흥 기본계획(안)(2018~2022).

교육부(2020). 대학의 평생교육체제 지원사업 기본계획.

교육부(2019). 대학의 평생교육체제 지원사업 기본계획.

교육부(2021). 대학의 평생교육체제 지원사업 기본계획.

교육부(2022). 2022년 대학의 평생교육체제 지원사업 기본계획.

교육부(2023). 2주기 대학의 평생교육체제 지원 사업 (LiFE 2.0) 기본계획.

교육부, 국가평생교육진흥원(2008~2015). 평생학습중심대학 육성사업 설명
　　회 자료집. 서울: 국가평생교육진흥원.

교육부, 국가평생교육진흥원(2018－2021). 평생교육백서.

양은아(2020). 대학의 평생교육체제 지원사업의 설계 오류. 평생학습사회,
　　16(4), 1－34.

양은아(2023). 대학 평생교육체제에서 '성인친화적' 교육 개념화의 논리와
　　접근방식 탐색. Andragogy Today, 26(1), 31－70.

임영희, 권인탁(2018). 대학평생교육정책의 실태분석과 전략. 열린교육연구,
　　26(1), 95－115.

채재은, 한숭희(2015). 고등평생학습체제의 형성과정 분석. 평생학습사회,
　　11(4), 1－24.

한숭희(2019). 교육개혁, 이제는 고등평생학습개혁에 사활을 걸어라. 교육비
　　평, 44, 121－154.

IV. 학점은행제

교육개혁위원회(1995). 신교육체제수립을 위한 교육개혁방안. 대통령자문
　　교육개혁위원회.

국가평생교육진흥원(2022). 2022년 학점은행제 길라잡이. 국가평생교육진흥원.

교육부(2022). 학점인정법에 따른 제27차 표준교육과정. 교육부.

교육부 보도자료(2022.12.28). 제5차 평생교육진흥 기본계획('23~'27년). 교
　　육부.

교육부, 국가평생교육진흥원(2023). 2022 평생교육백서. 교육부, 국가평생교
　　육진흥원.

백은순(2008). 학점은행제 성과분석. Andragogy Today, 11(1), 1−26.

이범수(2022). 학점은행제의 정책 변화 과정 및 성과 분석 연구. 서울대학교 대학원 박사학위논문.

이범수, 엄문영(2022). 학점은행제의 현황과 향후 과제. 지방교육경영, 25(1), 137−159.

학점은행제 정보공시(https://www.cbinfo.or.kr/)

아시아경제(2009.2.23). 송유근 학점은행제로 학사학위. <http://www.asiae. co.kr/news/view.htm?idxno=2009022310044261579>에서 2023년 8월 5일 검색.

중앙일보(2018.8.21). 최연소 박사 유효정 "학원 싫어 중·고·대학 독학". <https://news.joins.com/article/22900745>에서 2023년 8월 5일 검색.

CHAPTER 02

Ⅰ. 평생학습도시

관계부처 합동(2022). 제5차 평생교육진흥 기본계획('23~'27년). 평생학습진흥방안

교육부(2020). 평생학습도시 재지정평가 시행계획. 세종: 교육부

국가평생교육진흥원(2022). 2021 평생교육백서.

국가평생교육진흥원(2013). 글로벌 평생교육동향 1호.

Ⅱ. 지역시민대학

고려대학교 HRD정책연구소(2021). 포스트코로나 시대 평생교육 발전을 위한 추진체계 제안 연구. 서울: 고려대학교HRD정책연구소.

광명시 평생학습원(2023). 광명자치대학. <https://lll.gm.go.kr/lll/contents. do?key=1520>에서 2023년 2월 1일 검색.

권두승, 이윤조(2018). 대학 평생교육 협력 및 활성화 방안 연구. 경기도: 경기도평생교육진흥원.

김수용(2010). 독일 계몽주의. 서울: 연세대학교 출판부.

박성희, 권양이(2019). 독일 시민대학 100년 발달사 및 성인교육에의 시사점. 교육문화연구, 25(1), 339−357.

서울특별시평생교육진흥원(2023). 서울시민대학 소개. <https://smile.seoul.kr/program/openUniv/intro.do>에서 2023년 2월 1일 검색.

이경이 등(2021). 서울시 평생직업교육 추진 방향 및 전략 수립 연구. 서울: 서울특별시 평생교육진흥원.

희망제작소(2013). 해외 평생교육 사례: 영국, 독일, 미국, 일본의 평생교육을 만나다. The Hope Report, 14호, 서울: 희망제작소.

DVV (2021). DVV International: Education for Everyone. <https://www.dvv−international.de/en/>에서 2021년 5월 6일 검색.

MVHS(2023). Münchner Volkshochschule. <https://www.mvhs.de/en/sprachen/english>에서 2023년 2월 2일 검색.

Social Science Centre(2019). Learn about the SSC. <https://socialscience centre.wordpress.com/>에서 2023년 2월 3일 검색.

UDC Initiative(2020). UNCD. <udc−initiative.com/udc/udcn/>에서 2023년 2월 3일 검색.

VHS (2017). Adult education centres in Germany. <https://www.volks hochschule.de/verbandswelt/d

vv−english/adult−education−centres−germany.php>에서 2021년 4월 13일 검색.

Ⅲ. 평생교육사

김진화, 신다은(2017). 평생교육사의 직무중요도 변화에 관한 연구: 2007년과 2017년 비교분석과 논의. 평생교육학연구, 23(4), 55−84.

이해주, 윤여각, 이규선(2016). 평생교육실습. 한국방송통신대학교출판문화원.

현영섭(2017). 평생교육 담당자 연구동향: 1998년~2016년 국내 학술지 게재 논문을 대상으로. Andragogy Today, 20(1), 65−93.

박진영, 양병찬, 현영섭, 김유정, 이정숙, 임숙경, 최선주(2021). 평생교육사 배치대상 및 기준 정비 방안 연구.

국가평생교육진흥원(2022). 평생교육사 자격취득 안내자료.

교육부(2015). 평생교육실습 과목 운영 지침.

서대문구청 홈페이지. 서대문구 시간선택제임기제공무원(평생교육분야) 채용시험계획 공고. https://www.sdm.go.kr/news/notice/notice.do 2023.02.11. 발췌

CHAPTER 03

Ⅰ. 평생교육바우처

교육부(2023). 2023년 평생교육바우처 지원사업 기본계획.

교육부, 국가평생교육진흥원(2023). 2022년 평생교육백서, 서울: 교육부, 국가평생교육진흥원

교육부, 한국교육개발원(2021). 한국 성인의 평생학습실태. 서울: 교육부, 국가평생교육진흥원.

국가평생교육진흥원(2021a). 평생교육바우처 사용기관 등록 안내서. 서울:국가평생교육진흥원

국가평생교육진흥원(2021b). 2020년 평생교육바우처 확대·발전 토론회 자료집. 국가평생교육진흥원.

변종임, 홍준희, 박윤수, 조순옥, 김용성, 박소현(2020). 평생교육바우처 성과분석 연구. 서울: 국가평생교육진흥원.

변종임, 서영아(2021). 저소득층 성인의 평생교육바우처를 이용한 평생교육 참여경험 분석.「평생학습사회」제17권 제3호(2021. 8. 31), pp. 241−265

영등포구 홈페이지(2023). <https://www.ydp.go.kr/reserve/contents.do?key=5425&>에서 2023년 8월 5일 검색.

윤창국(2021). 평생교육이용권(바우처) 지원사업의 효과적인 전달체제 구축 방안을 위하여[주제발표]. 국가평생교육진흥원 제20차 국가평생교육정책포럼. 서울.

정광호(2007). 바우처 분석: 한국과 미국을 중심으로. 행정논총, 45(1), 61-109.

제주평생교육장학진흥원(2023). <https://www.jiles.or.kr>에서 2023년 8월 5일 검색.

평생교육바우처(2023). 사업안내. <https://www.lllcard.kr/guide/bizVcUser.do>에서 2023년 8월 5일 검색.

화성시 온국민평생장학금 홈페이지(2023). <https://lls-hstree.org>에서 2023년 8월 5일 검색.

Ⅱ. 성인문해교육

교육부(2023). 2023년 성인 문해교육 지원 사업 기본계획. <https://www.moe.go.kr/boardCnts/viewRenew.do?boardID=294&boardSeq=93775&lev=0&searchType=null&statusYN=W&page=1&s=moe&m=020402&opType=N>에서 2023년 2월 10일 검색.

교육부, 국가평생교육진흥원(2018). 2017년 성인문해능력조사. 서울: 교육부, 국가평생교육진흥원.

교육부, 국가평생교육진흥원(2021). 2020년 성인문해능력조사. 교육부, 국가평생교육진흥원. <https://www.le.or.kr/contentView.do?menuId=8>에서 2022년 9월 14일 검색.

국가문해교육센터(2022). 자료마당. <https://www.le.or.kr/contentView.do>에서 2023년 2월 10일 검색.

국가문해교육센터(2023). 소개마당. <https://www.le.or.kr/contentView.do>에서 2023년 2월 10일 검색.

국가평생교육진흥원(2014). 2014년 성인 문해 능력 조사 보고서. 서울: 국가평생교육진흥원.

국가평생교육진흥원(2021). 제3차 성인 문해 능력 조사: 결과보고서. 서울: 국가평생교육진흥원.

국립중앙박물관(2006). 국립중앙박물관 한글날 기념 『광복이후 한글교육 한 글사랑』 작은전시 마련. <https://www.museum.go.kr/site/main/archive/ post/archive_2788>에서 2015년 10월 15일 검색.

삼성꿈장학재단(2017). 꿈을 담는 모퉁이 아미골 프로젝트. 2017 배움터 교 육지원사업 우수 사례집 4. 서울: 삼성꿈장학재단.

서울특별시평생교육진흥원(2021). 스마트폰 천지인 연습 프로그램 설치 파 일 배포. <http://smile.seoul.kr/program/literacyCenter/noticeView.do?t BoardIdx=4380&pageIndex=1&searchCondition=ALL>에서 2023년 2월 13일 검색.

신은경, 현영섭, 김선화(2019). 지역별 비문해 인구 규모 및 문해영역별 오답 률 분석: 2017년 성인 문해능력 조사를 중심으로. 평생학습사회, 15(3), 61-93.

한상길 (2017). 문해의 개념과 문해교육 실천 방향. Andragogy Today, 20(2), 29-50.

현영섭(2019). 비문해자와 문해자의 인지적 구조 능력 차이: 위계적 인지 구 조 능력과 나열적 인지 구조 능력. Andragogy Today, 22(1), 1-25.

현영섭(2022). 문해교육의 새로운 방향: 비문해인구 변화와 생활문해. 부산 인재평생교육진흥원(편저). 2022년 부산평생교육 이슈페이퍼(67-79). 부산: 부산인재평생교육진흥원.

현영섭, 신은경 (2018). 비문해의 시작과 지속, 문해교육의 의의 그리고 비문 해자의 변화: '12~'17년 전국 성인문해 시화전 작품을 중심으로. 평생학 습사회, 14(1), 101-129.

황종건 (1962). 사회교육. 서울: 현대교육총서출판사.

Goody, J. (1977). The domestication of the savage mind. Cambridge: Cambridge University Press.

Ⅲ. 장애인평생교육사업

관계부처 합동(2019). 장애인 평생교육 활성화 방안(2020~2022).

관계부처 합동(2022). 제5차 평생교육진흥 기본계획('23~'27년).

교육부(2018). 제4차 평생교육진흥 기본계획(안)(2018~2022).

권재현, 이정복, 윤미경(2020). 일반 평생교육과 장애인 평생교육 통합체제 구축의 정책변화과정 영향 요인 분석: 옹호연합모형(ACF)을 적용하여. 평생교육학연구, 26(2), 103-134.

김기룡, 강성하, 박미진, 이경준, 정소영, 조민제, 허선주(2022). 제2차 장애인 평생교육 활성화 방안 기초 연구. 교육부·국립특수교육원.

김기룡, 이경준(2017) 평생교육법 개정 시행에 따른 장애인 평생교육 지원 체계 구축 및 향후 과제. 장애인 평생교육·복지연구, 3(1), 1-30.

김주영(2018). 제4차 평생교육 진흥 기본계획 실행과 장애인 평생교육의 발전 방향 및 과제. 장애인평생교육복지연구, 4(2), 1-28.

조인식(2022). 장애인 평생교육 현황과 개선과제. 국회입법조사처. NARS 현안분석. 2022. 05.18. 제250호.

PART 03

관계부처 합동(2022). 「평생학습 진흥방안」, 제5차 평생교육진흥 기본계획('23~'27년).

통계청(2021), 「장래인구추계:2020~2070년」.

한국교육개발원(2021), 「2021년 국가평생교육통계조사」.

World Economic Forum(2020), The Future of Jobs Report 2020.

찾아보기

저자 약력

조대연
서울교대를 졸업하고 10년간 학교 교사로 근무하며 pedagogy를 실천하였다. 고려대학교 대학원 성인계속교육학 전공으로 석사, 미국 Ohio State University 에서 박사학위를 취득하였다. 2005년부터 4년간 숙명여대 교수로 재직하였고, 2009년부터 고려대 학부 및 대학원에서 HRD와 성인교육을 연구하고 강의하며 학생들과 함께하고 있다. 고려대학교 평생교육원장으로 봉사했고, 현재는 고려대 HRD정책연구소장, 한국연구재단 사회과학단장으로 역할을 하고 있다. 주요 연구 관심사는 요구분석과 직무분석을 통한 교육프로그램 개발과 성인학습이론 등이다.

남윤철
고려대학교 정치외교학과를 졸업하고 현재 교육부에서 근무 중이다. 매일 아침에 출근해서 저녁에 퇴근하는 대한민국의 평범한 공무원이다.

서영아
고려대학교 교육학과 성인계속교육학 석사학위를 받고, 동 대학원에서 박사과정을 수료하였다. 평생교육정책, 성인문해교육, 소외계층 평생교육사업에 관심을 갖고 국가평생교육진흥원에서 근무하고 있다. 현재 국가평생교육진흥원에서 국가문해교육센터장으로 책임을 맡고 있다.

양은아
서울대학교 대학원 교육학과에서 평생교육전공으로 박사학위를 받고, 같은 대학교 미술대학에서 미술경영학전공으로 박사학위를 취득했다. 대학 졸업 후 LG기업에 입사, 전략팀에서 사업장부설 평생교육기관을 총괄하게 된 것을 계기로, 평생교육 실천과 이론, 철학에 깊은 관심을 갖게 되었다. 주 관심은 평생교육의 이론적 실천─실천적인 이론의 가교로서 평생교육철학, 성인학습이론, 문화이론, 문화예술교육 및 경영, 평생학습과 대학혁신, 지역 평생학습체제 연구를 심화·확장하고 있다. 현재 나사렛대학교 특수교육과 교수로 재직 중이다.

유기웅
고려대학교에서 학사학위를 받고, 미국 조지아대학교(University of Georgia) 에서 인적자원개발 및 조직개발 전공으로 석사학위와 성인교육 전공으로 박사학위를 받았다. 인재개발, 코칭, 근거이론방법 등에 관심을 갖고 있으며, 최근 저서로는 <평생교육론>, <근거이론 방법의 체계적 접근>, <질적 연구방법의 이해> 등이 있다. 현재 숭실대학교 평생교육학과 교수로 재직 중이다.

이범수

서울대학교에서 평생교육 전공으로 교육학 박사학위를 취득하였다. 지금까지 국가평생교육진흥원에서 기획조정실장, (학점은행제)평가인정실장 및 사후관리실장, 국가문해교육센터장, 평생교육사자격제도실장 등을 역임하면서 평생교육에 관한 다양한 제도 및 정책 업무를 수행하였다. 현재 국가평생교육진흥원 대학평생교육실장과 고려대학교 교육대학원 겸임교수로 재직 중이다.

정홍인

숙명여자대학교에서 학사, 석사학위를 받고, 고려대학교에서 교육사회학 및 성인계속교육학으로 박사학위를 받았다. 우리나라 중장년의 삶을 성찰하고, 상황과 위기를 극복하기 위한 연구를 수행하고 있으며, 평생교육 정책, 미래인재와 관련된 정책과제에 활발히 참여 중이다. 현재 대구대학교 지역사회개발·복지학과 조교수로 재직 중이며, 국가평생교육진흥원 이사(2023.8.3.~2026.8.2.)로 선임되어 활동하고 있다.

현영섭

고려대학교에서 학사, 석사, 박사학위를 교육학(성인계속교육전공)으로 받았다. 평생교육과 기업교육 분야에서 학습전이를 포함한 프로그램 평가, 마케팅 이론을 적용한 평생교육기관 경영, 소외계층의 평생교육 기회 확대를 위한 다양한 정책, 사회연결망이론 등 다양한 양적 연구방법에 대한 연구를 계속하고 있다. 최근까지 고려대학교HRD정책연구소의 공동연구원으로 취약계층인적자원개발 등 정규과제에 참여하였고, 기초자치단체 평생학습지수 고도화 연구, 대구평생학습 중장기 발전방안 연구 등 다양한 수준의 연구프로젝트를 수행하고 있다. 현재 경북대학교 사범대학 교육학과 교수로 재직 중이다.

평생학습: 내 삶의 행복레시피

초판발행   2024년 1월 1일

지은이   조대연·남윤철·서영아·양은아·유기웅·이범수·정홍인·현영섭
펴낸이   노 현

편 집   배근하
디자인   이영경
제 작   고철민·조영환

펴낸곳   ㈜ 피와이메이트
               서울특별시 금천구 가산디지털2로 53 한라시그마밸리 210호(가산동)
               등록 2014. 2. 12. 제2018-000080호
전 화   02)733-6771
f a x   02)736-4818
e-mail   pys@pybook.co.kr
homepage   www.pybook.co.kr
ISBN   979-11-6519-458-1   93370

정 가   22,000원

박영스토리는 박영사와 함께하는 브랜드입니다.